다문화주의와 만난 한반도 통일론

김 창 근 지음

교육과학사

이 도서의 국립중앙도서관 출판시도서목록(CIP)은 서지정보유통지원시스템 홈페이지(http://seoji.nl.go.kr)와 국가자료공동목록시스템(http://www.nl.go.kr/kolisnet)에서 이용하실 수 있습니다.(CIP제어번호: CIP2013007417)

머리말

이 책은* 필자가 2007년 출판한 『평화를 위한 통일교육: 하나 될 미래를 위한 출발』 이후의 통일에 대한 관심과 부산교육대학교 교육대학원에 개설한 다문화교육전공의 운영에 관여하면서 갖게 된 생각들을 연관지은 지난 4년 남짓의 결과물이다.

지난 몇 년간 우리 사회의 최대 화두 가운데 하나는 다문화였다. 다문화 사회로 가파르게 변화하고 있는 추세에 맞추어 우리 사회와 학교, 그리고 정부에서 나타낸 다문화적 관심과 논의는 상당했다. 그 중심에는 언제나 다문화주의가 있었다. 다문화주의는 그 자체가 논란의 대상이기도 하지만 앞으로도 한국 사회의 변화를 가늠할 주요 쟁점이기도 하다.

한국 사회 변화에 미칠 또다른 핵심 요인은 한반도 통일이다. 그것은 한국 사회와 한반도 주변국 모두에게 지각변동을 가져올 엄청난 사안이다. 통일은 국제정치적으로 한반도를 둘러싼 커다란 현상타파이고, 남북한에게는 정치 · 경제 · 사회 · 문화 등 모든 면에서의 새로운 틀을 요구하는 변혁이며, 남북한 주민 개개인에게는 실생활에서 부딪혀야 할 실질적인 문제이기 때문이다.

---

* 이 저서는 2013년도 부산교육대학교 교육연구원의 지원을 받아 연구되었음.

이런 이유로 필자는 다문화주의와 한반도 통일이라는 화두를 연관지어 보려고 했다. 이 책은 이를 위해 다문화 시민성, 한반도 통일론의 방향, 북한의 도덕규범, 유럽통합의 경험, 대북 개발지원, 북한이탈주민의 남한 사회적응, 민족 통일과 교육 등의 주제를 다문화주의의 관점에서 생각해 보았다.

이 책은 여러 해에 걸친 연구를 기반으로 하다보니 주제별 계통성이 다소 부족해 보인다. 정책적이고 실증적 연구로 뒷받침되었으면 하는 아쉬움도 있다. 하지만, 이 책이 갖고 있는 문제의식이 제기되고 이를 바탕으로 실천적인 후속 연구로 이어진다면 나름의 의미가 있을 것이라고 기대한다.

이 책이 이러한 형태를 갖추게 된 것은 도서출판 교육과학사의 편집진 여러분의 공로 덕분이다. 이 책의 편집방향과 내용이 구체화된 것은 2011년 8월부터 2012년 7월까지 미국의 Fuller Theological Seminary에서 Visiting Scholar로 보낸 1년의 시간이 귀한 기회가 되었다. 이 지면을 빌어 그곳에서 교제하며 함께 공부했던 여러분께 감사의 인사를 드린다. 미국에서의 생활에 함께해준 아내와 두 딸, 그리고 언제나 든든한 힘이 되어주는 부모님과 장모님께 사랑의 말을 전한다.

2013년 5월
김 창 근

CONTENTS

CONTENTS

제 6 장 북한이탈주민의 남한 사회적응과 다문화적 통일교육

제 7 장 다문화 시대의 민족 통일과 교육

들어가는 글

통일이 우리의 미래에 미칠 영향을 생각한다면 통일 준비는 아무리 강조해도 지나치지 않을 것이다. 통일 독일의 초대 대통령인 리하르트 폰 바이츠제커(Richard von Weizsäcker)는 "준비되지 않은 통일은 재앙이나 준비된 통일은 축복"이라고 했다. 통일이 언제, 어떤 모습으로 다가올지 누구도 단언할 수 없기에 통일 준비는 분명 미룰 수 없는 지금의 과제이다.

통일 준비를 위한 기본적인 과제 중의 하나는 지금 시대에 대한 면밀한 점검과 그에 기반한 통일론의 방향을 찾아보는 일일 것이다. 이를 통해 제기되는 통일론은 지금 시대와 연관된 통일 인식과 교육의 범주가 될 것이며, 지금 시대와 다음 시대를 연결하는 통일 담론의 주축이 될 수 있을 것이다.

이 책은 지금의 다문화 시대와 연관된 한반도 통일론의 방향을 모색하고 있다. 다문화 시대의 주요 사조인 다문화주의의 관점에서 다문화 시대의 통일론을 짚어보고자 한다. 다문화주의와 만난 한반도 통일론은 지금 시대에 걸맞는 통일에 대한 인식과 교육의 과제를 찾아줄 것이며, 우리의 통일 담론을 한층 채워줄 것이다.

다문화 공존의 힘

2011년 8월부터 2012년 7월까지 1년간 필자는 미국 캘리포니아의 파사데나(Pasadena)에 있는 풀러신학교(Fuller Theological Seminary)에 방문학자(Visiting Scholar)로 체류했다. 다인종·다민족의 미국 사회에서 깊은 인상을 받은 것 중 하나는 E Pluribus Unum의 정신이었다. 이는 여럿이 이루어진 하나(one out of many)라는 뜻을 가진 라틴어로서, 미국 정부의 문장(紋章)에 그려진 독수리와 함께 새겨진 문구이다. 1950년대까지 사용된 미국의 국가구호이지만, 여전히 미국의 동전과 지폐에 새겨져 있다. 이 표현은 다인종·다민족의 사람들이 함께 번영할 수 있는 하나의 정신과 시스템을 추구해 나가자는 미국의 이상(理想)이다.

Fuller Theological Seminary에 있으면서 자주 듣던 표현 중 하나는 Unity in Diversity(다양성 속의 일치)이다. 이는 여러 인종과 민족, 문화적 정체성을 지닌 사람들이 모여서 이룬 다양성 속에서 서로를 인정하고 존중하면서도 함께 구현해가야 할 새로운 일치성을 추구하자는 정신이다. 이 정신은 통합을 위해 다름을 부인하지 않으며 하나됨을 위해 다양성을 파괴하지 않는다.

'여럿이 이루어진 하나'와 '다양성 속의 일치'는 다문화 시대가 추구할 다문화 공존의 힘을 보여준다. '여럿'이라는 표현에는 단일성이나 전체성에 기반한 통합의 힘을 앞세우기 보다는 다양성이나 개별성에 기반한 분리의 힘을 추구한다는 뜻이 담겨 있다. 이는 흔히 지적되는 "시너지(synergy)에서 세너지(senergy)로"의 의미와 유사하다. 함께(syn)와 힘(energy)의 합성어인 시너지가 결합의 힘을 표현했다면, 분리(separate)와 힘(energy)의 합성어인 세너지는 분리를 통해 각각의 개성과 강점을 살려 더 큰 힘을 발휘하는 정신을 강조하기 때문이다. E Pluribus Unum이나 Unity in Diversity의 정신은 세너지의 의도에 가까우며, 다문화 공존의 힘을 의미한다.

다문화 사회로 접어든 한국

우리 사회의 다문화 추세가 가파르다. 행정안전부(현 안전행정부)가 2012년 8월에 발표한 『2012년 지방자치단체 외국인주민 현황』(2012.1.1 기준)에 따르면 우리나라에 거주하는 외국인 주민수는 140만 명을 훌쩍 넘었다. 이는 우리나라 전체 주민등록인구의 2.8%에 해당하며, 2011년의 126만 명과 비교해 11.4%가 증가한 것이다. 교육과학기술부(현 교육부)의 발표에 따르면 2012년 현재 국제결혼가정이나 외국인 가정에 태어나 국내 초·중·고교에 재학 중인 학생은 4만 6954명이다. 이는 2011년 보다 21%가 증가한 것으로, 다문화 학생 현황을 처음으로 파악한 2006년보다는 5배가 늘어난 수치이다. 2014년도에는 다문화 학생이 7만여 명에 이를 것이며, 전체 학생 중에서 차지하는 비율은 1%가 넘을 것이라고 한다.

혈통이나 언어에 기초한 종족의 다양성이 다문화 사회로 접어드는 가장 뚜렷한 변인이라고 보면, 이상의 추세는 한국이 이미 다문화 사회 초기로 진입했음을 보여주고 있다.

종족의 다양성과는 무관하지만, 우리 사회에서 다문화가정의 범주로 간주되고 있는 북한이탈주민 입국 인원도 2012년 말로 2만 5천여 명에 근접하고 있다. 이러한 가운데 해외에 거주하는 700여 만 명의 코리안 디아스포라와 성적소수자, 장애우 등 다양한 소수자 집단들에 대한 사회적 관심도 더욱 늘어나고 있다.

다문화 사회란 문화적 다양성이 개인적 차원을 넘어 집합적 정체성과 연결되고, 서로 다른 공동체들 사이의 사회경제적 재분배와 문화적 인정의 문제가 구조적이고 제도적인 차원으로 확대되는 사회이다. 아직은 초기라고 하지만 민족적·인종적·문화적 다양성이 집단간 집합적 정체성으로 나타나면서 사회의 긴장요인이 되는 다문화 사회의 속성은 우리 사회에서도 나타나고 있다.

다문화주의의 의미와 진정성의 조건

다문화 추세는 다문화주의에 대한 관심을 크게 증가시키고 있다. 덕분에 과거에 비해 사회적 관심이 늘고 정책적 모색이 증가하고 있으며, 학문적 성과도 커지고 있다. 다문화주의에서 제기하는 다양성에 대한 논의와 교육, 그리고 이주민들에 대한 배려와 포용은 우리 사회의 중요한 현안이 되어 있다.

포털 사이트 네이버(NAVER)의 지식백과사전에 의하면, 다문화주의란 "민족마다 다른 다양한 문화나 언어를 단일의 문화나 언어로 동화시키지 않고 공존시켜 서로 승인·존중하는 것을 목적으로 하는 사상·운동·정책"을 말한다.

이러한 정의에서 보듯이 다문화주의는 다양한 문화와 정체성에 대한 집합적 인식과 태도의 차원에서부터 정치적이고 정책적인 대응의 차원에까지 이르는 포괄적인 개념이다. 자연히 다문화주의는 정치적 논쟁의 대상이 되기 십상이고 정책의 입법과 추진을 둘러싸고 많은 갈등을 낳게 된다. 정체성의 인정에 대해서는 동의하면서도 정책적 지향에 대해서는 서로 반목하는 일이 빈번해진다.

사실 다문화주의가 다문화 사회를 위한 전적인 해법인가에 대해서도 논란이 있다. 다문화주의 자체가 이론적 논쟁의 대상이기 때문이다. 다문화주의는 자유주의란 명분으로 포장된 사실상의 동화주의에 빠지거나 사회통합을 위한다는 구실로 국민국가 형성에 동원될 가능성도 있다. 다문화라는 이름으로 의도치 않은 또다른 경계(境界)를 만들거나 사회적 연대를 침해할 수도 있다. 다문화주의는 자칫 사회적·경제적 불평등을 은폐하거나 개인성을 침해할 소지도 있다.

이러한 점에서 다문화주의의 진정성은 그것이 다문화 사회에 어떻게 투영되고 있고 문화적 다양성을 얼마나 잘 관리하는가 하는 문제와 관련되어야 한다. 적어도 다음의 세 가지 조건을 다문화주의는 지향해야 한다.

첫째, 다문화주의는 다문화 사회의 구성원들이 동질적 집단이 아닌 인종, 문화, 민족적으로 다양한 배경을 가지고 있다는 사실을 드러내야 한다. 둘째, 다문화주의는 다문화 사회의 다양한 문화적 정체성을 사회구성원들로 하여금 긍정적으로 인식하고 존중하도록 하는 사회적 이념으로서 역할해야 한다. 셋째, 다문화주의는 사회경제적 재분배와 문화적 인정을 통한 공정한 사회통합을 목표로 문화와 정체성의 다양성을 사회정치적으로 제도화하기 위해 노력해야 한다.

다문화주의는 이론과 실천에서의 논란에도 불구하고 이러한 조건을 추구한다면 다문화 사회에서 일정한 해법이 될 수 있을 것이다.

다문화는 가려져 있었을 뿐

엄밀히 말하면, 다문화 사회가 새로운 현상은 아닐 것이다. 정도의 차이는 있었겠지만 어느 사회이건 언제나 다양화되어 있었다. 완벽하게 단일한 문화와 정체성을 가진 사회는 불가능에 가깝다. 모든 사회에 있어온 문화와 정체성의 다양성은 단지 가려져 있었다고 하는 것이 타당하다. 캐나다의 정치철학자 킴리카(Will Kymlicka)의 지적처럼 그 이유는 통합된 국가, 단일한 민족, 단합된 국민 등을 '만들려는' 의지와 필요가 컸기 때문이었을 것이다.

이러한 동질화의 의지와 필요는 대개 동화주의적 접근으로 나타났다. 동화주의 사회에서 문화적 동질성은 사회적 규범이었으며, 다양한 소수문화와 정체성은 사적인 영역으로 간주되어 배제되거나 부정되었다. 소수집단들은 다수집단의 사회와 문화 속에 적용되거나 녹아져야 했다. 물론 공동의 문화로 통합된 사회는 상호 이해와 신뢰나 유대감 형성에 용이했다. 통치자에게도 공동의 문화와 정체성을 공유하는 사회가 통치하기에 훨씬 수월했을 것이다. 문제는 근대 이후 단일한 문화와 정체성의 강조가 국가와 민족의 연대성과 정당성을 보장한다는 명분으로 국민들에게 강요되었다는 점이다. 물론 사회적응을 위한 일정한 동화주의적 접근도 필요하겠지만, 그렇게 강제된 동화주의적 접근은 쉽게 우월주의적인 사회 인식으로 이어져 또다른 폐해를 가져오기도 했다.

동화주의적 접근과 달리 다원주의적 접근은 문화와 정체성의 다양성을 받아들인다. 다원주의자들은 문화를 개인과 집단의 접촉에 의해 형성되고 변화되는 결과로 보며, 사회도 문화적 믿음과 특성이 만들어내는 실체로 이해한다. 다원주의적 접근은 소수자의 권리가 공정하게 자리매김할 때 국가가 보다 많은 역할을 감당할 수 있다고 믿는다. 물론 다원주의적 접근이 가치다원주의나 문화적 상대주의로 표류할 수 있다는 점은 주의해야 한다. 그릇된 문화에 동일한 가치를 부여하고, 나아가 모든 문화적 관행을 용인하게 되면 가치균등주의나 평등주의의 오류를 범하게 되기 때문이다.

다문화 공존을 위한 다문화교육

다문화 시대에는 과거의 통합성과는 다른 새로운 통합성을 추구해야 할 것이다. 지난 시절의 화두였던 전체화, 획일화, 유일화 등의 발상은 다문화 시대에 걸맞지 않다. 다문화 시대의 통합성이란 다양한 관점이나 신념체계, 관심영역 등이 상호 열린 소통을 통해 이루어내는 또다른 차원의 정체성이다.

이런 의미에서 다문화교육이 주목하는 것은 서로 다른 문화를 이해하고 새로운 휴머니즘을 발견해 가는 21세기의 시대정신이다. 소통, 열림, 융합, 포용 등이 거스릴 수 없는 시대적 덕목이 되는 이유는 여기에 있다. 이러한 덕목은 오늘의 세계적 가치이자 보편윤리이다.

다문화교육은 다문화주의의 의미와 조건을 염두에 두면서 그동안 가려져 있었던 다문화를 드러내며, 그것이 우리 사회에서 다문화 공존의 힘으로 작용하도록 해야 한다. 이러한 목표를 추구할 때 다문화교육은 바로 우리 모두를 위한 교육이 된다.

다문화교육은 다문화 공존을 위한 사회환경을 만들어가는 일에도 주목해야 한다. 소통, 열림, 융합, 포용의 시대적 덕목을 일상에서부터 실천하는 일은 그 출발이 된다. 나와 다른 것에 대한 편견에 매이지 않고 열린 관계를 형성해가는 다문화 공존의 능력은 우리 사회를 성숙시키는 사회적 자본(social capital)이 될 것이며, 우리나라와 시민이 국제사회에서 건강하게 역할할 수 있도록 하는 동력이 될 것이다.

재통일이 아닌 신통일

세계화와 국제화 속에 다문화 사회가 전지구적인 현상이 되고 있고, 자본과 노동의 이동에 따른 정치・경제적, 문화・지리적 변동은 더욱 심화될 것이다. 어느 사회이건 다문화 시대의 사회 안정과 통합을 위한 고민이 깊어질 수밖에 없을 것이다. 한반도 통일문제도 다문화 시대의 영향을 받지 않을 수 없다.

다문화 시대의 통일은 분단으로 인해 훼손된 전통적 가치관과 민족 정체성을 새롭게 회복하고, 새로운 민족 구성원을 포괄하며, 복잡한 사회적 갈등을 치유하는 '수단'의 의미가 부각되어야 한다. 통일은 단순히 재(再)통일이 아니라 신(新)통일이 되어야 하기 때문이다. 다문화 시대에는 분단 상태의 문제점과 갈등을 다양한 민족 구성원과 함께 극복해 가는 '과정'으로서의 통일이 필요한 것이다.

통일의 과정에서 우리는 대외적으로 열린 민족의식과 보편성을 추구하며, 대내적으로는 포용적인 사회의식을 성숙시켜 나가야 한다. 배타적 민족주의로는 국제사회와 한반도 주변국들로부터 우리의 통일에 대해 협조나 동의를 구하기 어려울 것이다. 폐쇄적 사회의식으로는 북한 주민과의 통합을 추구하기도 전에, 이미 우리 사회의 구성원인 이주노동자, 결혼이민자, 혼혈인, 북한이탈주민 등과의 갈등과 대립이 먼저 부각될 것이다.

다문화 시대의 통일은 적어도 시민권적 가치, 민주주의적 가치, 국제주의적 가치를 포괄해야 한다. 시민권적 가치란 기본권과 정치권 등 개인의 시민권적인 기본 권리를 보장하는 것에서부터 시작해 궁극적으로 민족공동체를 자발적인 시민공동체로 발전시켜가는 것을 뜻한다. 민주주의적 가치란 통일과정에서 이질성과 다양성에 대한 관용과 조화가 이루어질 수 있도록 민주주의에 기반해 관련 정치·사회적 기제를 수립해 나가는 것을 말한다. 국제주의적 가치란 국제주의적 보편성을 구현하는 체계를 갖추어 가면서, 민족적 특수성 대신 보편적 인류애를 기반으로 타민족과 공존하며 국제사회의 평화와 화해·협력을 구현해가는 것을 뜻한다.

민족주의는 '열린' 가치의 방향으로 재구성되어야

다문화 시대라고 해서 민족주의적 가치가 완전히 다문화주의적 가치로 대체되어야 하는 것은 아닐 것이다. 다문화 시대에는 다문화주의적 문제의식과 실천이 필요하지만, 다문화주의가 모든 문제를 해결해 줄 것이라고 기대하는 것은 순진한 발상이다. 다문화주의의 진정성은 자유주의적인 맥락의 계속된 확장과 동질한 국민만들기에 치중했던 역사에 대한 성찰, 그리고 새로운 휴머니즘에 기초한 시민공동체의 모색 등에 있는 것이다.

우리 시대에 민족주의의 가치는 여전히 필요하다. 지금의 우리 사회는 엄밀히 분단과 다문화 시대가 공존하고 있는 '분단·다문화 시대'에 처해 있다. 통일을 위한 접근방법 혹은 공통분모는 여전히 민족주의에 있다. 글로벌 시대에도 민족은 여전히 인류의 삶의 단위이며, 민족주의는 그 기반이다. 문제는 '어떤' 민족주의인가 하는 것이다.

다문화 시대의 민족주의는 다양한 민족과 문화의 관점을 수용할 수 있는 '열린' 가치의 방향으로 재구성되어야 한다. 다문화 시대에 걸맞게 과거의 배타성과 종족성에서 벗어나 다문화적 포용력을 갖추어야 하는 것이다.

다문화 시대의 통일교육

다문화 시대의 통일교육은 우선 탈분단의 과정에 대해 이해할 수 있도록 해야 한다. 탈분단의 과정이란 맥락에서 보면, 통일은 분단에 의해 만들어진 이분법적인 사고와 관행, 획일성과 전체성, 군사주의와 대결주의, 권위주의와 배타적 민족주의 등을 성찰하고 극복해가는 장기적인 과정이 된다. 궁극적으로는 차이에 대한 인정과 소통을 통해 타자의 존재를 받아들일 수 있는 포용력을 넓히는 과정이 된다. 이러한 맥락에 대한 이해는 다문화 시대에 필요한 소양이기도 한 것이다.

다문화 시대의 정체성은 복수이며 다중심의 것이다. 통일교육을 통해 한국인이면서 동시에 아시아인이자 세계인이라는 정체성을 가질 수 있도록 해야 한다. 그래야 배타적인 단일민족주의에 근거한 민족 정체성의 개념에서 벗어나 다문화 시대의 민족 정체성을 생각할 수 있을 것이다.

배타적이고 종족적인 민족주의 개념은 개방적이고 보편적인 민족주의의 개념으로 재설정되어야 한다. 배타적 민족주의 혹은 맹목적 국가주의의 심성으로는 다문화 시대의 통일교육을 이루기 어렵다. 민족주의의 의미를 재구성하는 것은 한반도 통일환경의 조성이라는 차원에서도 필요하다. 다문화 시대에 우리 민족 중심의 통일

논의는 자칫 한민족 중심의 배타적인 '한(韓)이즘(ism)'으로 치부되어 통일과정에서 외교적 갈등과 배척을 초래할 가능성이 클 것이다.

다문화 시대의 통일교육은 우리 국가나 민족에 대한 건강한 애정을 기반으로 하면서, 그 책임성을 인류와 국제사회로까지 확장시켜가는 일에도 초점을 두어야 한다. 책임성의 동심원을 확장하는 방법은 두 가지 논리적 접근으로 가능할 것이다. 하나는 "우리 민족이 소중한 것처럼 다른 민족도 소중할 수 있다."이며, 다른 하나는 "우리 민족이 다른 민족에 의해 존중받기 위해서 다른 민족을 먼저 존중할 수 있어야 한다."이다.

다문화 시대의 통일교육은 세계시민으로서의 의식을 고양시켜 세계 속의 한반도 통일에 대한 비전을 갖게 하는 일에도 관심을 두어야 한다. 한반도 통일이 대(大)한국 건설이나 한(韓)민족 중심주의의 관념을 넘어 국제사회의 평화와 보편적인 가치를 담아야 하기 때문이다.

통일을 준비하는 또다른 길

다문화 시대의 한반도 통일은 이미 다양화되어 있는 사회 구성원들과 함께 북한 주민이라는 새로운 주체를 만나 함께 어우러져 살아가는 과정이자 때로는 결과를 지칭하는 복합적인 말이다. 그렇다면, 지금부터 개인과 사회의 차원에서 북한에 대한 관심과 북한 주민들에 대한 포용력을 넓히려는 노력은 통일을 준비하는 또다른 길이 된다. 다문화교육은 그에 관한 일정한 역할을 담당할 수 있다. 다문화 시대의 통일의 의미와 교육의 방향을 다문화주의의 관점에서 짚어보는 것은 그래서 의미가 적지 않은 것이다.

이 책의 구성

이 책은 다문화주의와 한반도 통일의 연관성에 관한 고민을 7개 장으로 구성했다.

1장은 다문화 시대에 다문화 공존을 추구하는 시민성의 실체를 찾아보았다. 다문화적 시민의 이상형(理想型)은 다문화주의가 갖는 이론적 복합성과 정치성의 맥락을 이해하는 데 도움이 될 것이다. 다문화 시대의 한반도 통일을 추구하는 시민성의 모습도 함께 그려볼 수 있을 것이다.

2장은 다문화 시대의 한반도 통일론의 방향성을 제시했다. 다문화 시대의 통일의 의미의 변화, 시민권의 확장, 민족·민족주의 범주의 재구성 등의 세 가지 쟁점에 관해 다문화주의가 주는 함의는 개괄적이지만 한반도 통일론의 방향을 인식하는 근거가 될 수 있을 것이다.

3장은 북한의 도덕규범을 소학교용 『공산주의 도덕』(현 『사회주의 도덕』) 교과서를 중심으로 분석하고 통일교육에 주는 시사점을 찾아보았다. 다문화 시대의 흐름과 동떨어진 채 북한이 추구하고 있는 가치의 단면을 확인할 수 있을 것이다.

4장은 유럽의 통합과정에서 나타나는 역사적 경험이 한반도 통일과정을 인식하는 데 주는 시사점을 찾아보았다. 통합의 목표, 방향, 접근, 지속 등의 차원에서 유럽의 경험을 살펴보면 다문화 시대의 한반도 통일과정에 주는 일정한 시사점이 있을 것이다.

5장은 대북 개발지원을 위한 민간단체의 역할과 과제를 제시했다. 대북 개발지원은 북한 스스로가 식량문제와 여타 인도적 상황의 개선을 추구하면서, 점차 시스템 차원의 능력을 향상시켜 갈 수 있도록 하는 데 초점을 두어야 한다. 이를 위한 그간의 역할을 돌아보면, 향후 민간단체가 추진할 과제를 찾아볼 수 있을 것이다.

6장은 북한이탈주민의 남한 사회적응의 문제를 다문화주의적 인식의 틀에서 접근해보고 다문화적 통일교육에 주는 시사점을 찾아보았다. 북한이탈주민이 남한 사회와의 관계유지에 적극적으로 느끼는 요소와 북한 사회의 문화적 정체성 유지에 긍정적으로 느끼는 요소를 근거로 남한 사회적응에 관한 통합적 인식을 모색해 볼 수 있을 것이다.

7장은 민족주의와 다문화주의의 조화론적 관점에서 다문화 시대의 통일 이념으로서의 민족주의의 조건과 교육적 방향을 짚어보았다. 분단의 현실과 다문화 추세가 중첩해 있는 우리 사회에서 통일을 위한 이념으로서 두 가치가 조화롭게 인식되어야 할 필요와 방향이 제기될 것이다.

이미 밝혔듯이, 이상의 주제들은 정책적이고 실증적인 연구로 뒷받침되었으면 하는 아쉬움이 남는다. 관련된 연구들이 이어졌으면 한다.

1장

다문화주의와 다문화 시민성

1. 다문화주의와 다문화 공존
2. 다문화주의의 이론적 논쟁
3. 다문화주의에 대한 사회적 논란
4. 다문화 공존을 위한 시민성
5. 다문화 공존을 위한 다문화교육

1. 다문화주의와 다문화 공존

다문화 사회는 이제 전지구적인 현상이 되고 있다. 국가 출범 초기부터 다양한 인종과 문화로 구성된 국가의 경우나, 이주노동자와 문화·종교의 유입으로 비교적 동질국가에서 다문화 사회로 변모하고 있는 국가의 경우 모두에게서 그렇다. 다문화 사회로 인한 정치·경제적, 문화·지리적 변동은 더욱 심해질 것이며, 소수집단의 권리 자각 현상도 보다 두드러질 것이다. 정도의 차이는 있겠지만, 현대의 다문화 사회는 새로운 사회통합을 위해 다양한 문화와 정체성을 계속 인정하게 될 것이다. 다문화주의는 통합이데올로기로서 더욱 강조될 것이며, 다문화 공존은 중요한 덕목으로 간주될 것이다. 다문화 공존은 다문화 사회에서 다문화주의가 추구하는 문화와 정체성 인정의 상징이 될 것이며, 다문화 시대에 필요한 시민성의 요체로 인식될 것이다.

그런데, 문제는 다문화 공존의 원천으로서 다문화주의가 반드시 다문화 공존을 의미하지 않는다는 데 있다.[1] 그런데도 우리의 인식에는 마치 다문화 공존의 원천은 다문화주의이며, 다문화주의는 곧바로 다문화 공존을 의미하는 것처럼 당위적·규범적으로 전제(前提)해 버리는 경우가 있다.

다문화주의는 그 자체가 야누스적이다. 때로는 보수의 이름으로, 때로는 진보의 이름으로, 그 추구하는 본질과 방향이 다를 수 있다. 다문화주의는 다양한 문화와 집단의 공존의 필요성은 인정하지만, 다문화주의가 다문화 공존을 추구하는 유일한 제공자는 아닌 것

---

1 곽준혁, "다문화 공존과 사회적 통합", 대한정치학회, 『대한정치학회보』, 제15집 2호(2007), pp. 3~4.

이다. 다문화주의는 그 자체가 다문화 사회에서 이론적으로 논쟁이 되고 있으며 논리적 도전을 받고 있다. 다문화주의는 일상에서 정치화되기 십상이며 자유주의란 명분으로 동화주의에 빠지거나 사회통합을 위해 국민국가 형성에 동원될 가능성이 있다. 다문화라는 이름으로 또다른 경계(境界)를 만들거나 사회적 연대를 침해할 수 있으며, 사회적·경제적 불평등을 은폐하거나 개인성을 침해할 소지도 있다.

종합하면, 다문화주의가 당위적·규범적으로 수용되어서 다문화 공존의 교육적 원천으로 당연시되어서는 안될 것이다. 그 보다는 역으로 다문화 공존을 위한 시민성이라는 관점에서 다문화주의가 다루어져야 한다. 이를 위해 현대 사회에서 다문화주의가 갖는 이론적 복합성과 정치성의 함의를 먼저 검토할 필요가 있다. 그 다음에 다문화 공존을 위한 시민성의 실체를 찾아보는 것이 적절하다.

이러한 점은 선행연구를 통해서도 어느 정도 확인할 수 있다. 먼저, 아래 각주에서 지적하고 있는 연구들은 모두 다문화주의의 의미와 함께 다문화 공존과 교육의 필요성을 잘 지적하고 있다.[2] 일부는 다문화주의를 비판적으로 보고 과제를 지적하고 있으며, 세계시민적 규범으로서의 다문화주의를 강조하기도 한다. 공통적으로 느껴지는 아쉬운 점은 다문화주의의 규범적 당위성을 전제하고 있으

---

2 구견서, “다문화주의의 이론적 체계”, 한국인문사회과학회, 『현상과 인식』, 제27권 3호(2003 가을), pp. 29~53; 김비환, “포스트모던 시대에 있어서 합리성, 다문화주의 그리고 정치”, 성균관대학교 사회과학연구소, 『사회과학』, 제42호(1996), pp. 205~236; 김욱동, “다문화주의의 도전과 응전”, 한국아메리카학회, 『미국학논집』, 제30권 1호(1998), pp. 29~49; 김은중, “세계화, 정체성, 다문화주의”, 한국라틴아메리카학회, 『라틴아메리카연구』, 제18권 1호(2005), pp. 137~179; 라종일, “세계시민연구와 다문화주의적 정체”, 한국유럽학회, 『유럽연구』, 제5권 1호(1997), pp. 281~299; 정상준, “다문화주의를 넘어서”, 서울대학교 미국학연구소, 『미국학』, 제24집(2001), pp. 77~93.

며, 다문화주의가 도전받고 있는 현대 사회의 맥락에 대한 지적이 소홀하다는 점이다.

다음으로, 아래 각주에서 소개하고 있는 연구들은 다문화 사회에 필요한 시민적 자질이나 교육 방법들을 잘 지적하고 있다.[3] 또다른 연구들은 다문화주의에 대한 관심을 한국 사회의 당면과제로 지적하면서 정책 대안을 구체적으로 모색하고 있다.[4] 연구의 초점이 시민의 자질이나 교육 방법 또는 정책대안에 맞추어져 있는 탓이 크겠지만, 이러한 연구들에서도 우리가 지향할 시민성의 실체에 대한 논의는 미흡하다고 하겠다.

물론 이 장이 목적하는 바와 유사하게, 다문화주의가 도전받는 정치사회적 맥락 속에서 다문화 공존의 실체를 찾고 있는 선행 연구들도 있다.[5] 이러한 연구들이 공통되게 강조하고 있는 것은 다문화 공존의 필요성과 함께 다문화 공존이 기초할 수 있는 정치 · 사회적

---

3 박남수, "다문화 사회에 있어 시민적 자질의 육성: 사회과를 통한 다문화교육의 모색", 한국사회과교육연구학회, 『사회과교육』, 제33호(2000), pp. 101~117; 박철희, "다문화 교육의 관점에 기초한 초등 사회 · 도덕 교과서 내용에 대한 비판적 고찰", 한국교육사회학회, 『교육사회학연구』, 제17권 1호(2007), pp. 109~129; 장원순, "우리안의 차별과 배제, 일상적 삶에서의 다문화교육 접근법", 한국사회교과교육학회, 『사회과교육연구』, 제13권 3호(2006), pp. 27~46; 추병완, "다문화 도덕교육 정립을 위한 시론", 한국초등도덕교육학회, 『초등도덕교육』, 제28집(2008.12), pp. 295~330.

4 김남국, "다문화시대의 시민: 한국사회에 대한 시론", 한국국제정치학회, 『국제정치논총』, 제45집 4호(2005), pp. 97~120; 문경희, "국제결혼 이주여성을 계기로 살펴보는 다문화주의(multiculturalism)와 한국의 다문화 현상", 21세기정치학회, 『21세기정치학회보』, 제16집 3호(2006.12), pp. 67~93; 박병섭, "다문화적 소수자 문제에서 한국의 특수성", 『이주민과 다문화 가정과 함께 하는 다문화주의 철학』(서울: 실크로드, 2008); 오경석 외, 『한국에서의 다문화주의: 현실과 쟁점』(파주: 한울, 2007).

5 김남국(2005), pp. 97~120; 곽준혁(2007), pp. 23~41. 특히 곽준혁은 다문화주의에 대한 도전을 이론적으로 잘 설명하고 있으며, 다문화주의가 가져와야 할 정치적 결과로서의 사회적 통합이라는 관점에서 다문화 공존을 분석하고, 하나의 조정원칙으로서 비지배적 상호성을 제시하고 있다.

원칙 및 그 제도적 표현이다. 이러한 지적들은 다문화주의가 막연히 보편적·당위적 규범으로 전제되어서는 안된다는 점을 강조한 의미가 있다.

이 장은 이러한 선행연구에 기반하여 다문화 공존을 위한 시민성의 모습을 그려보고자 한다. 다문화 공존을 위한 실체로서의 시민성에 대한 검토가 이루어진다면, 여러 선행연구에서 지적된 다문화주의의 제도적 표현과 정책적 시사, 교육방법 등에 대한 고민이 유기적으로 보완될 수 있을 것이다.

2. 다문화주의의 이론적 논쟁

가. 다문화주의, 다문화 공존, 시민권

1) 다문화주의의 정치성

다문화주의는 일반적으로 사회와 인종적·문화적 다양성을 설명하기 위한 용어이다. 사전적으로는 "한 나라 안에서 여러 문화가 공존"하는 것을 의미한다. 다문화주의는 1970년대 캐나다가 다문화주의 정책을 공식적으로 시행하면서부터 본격적으로 자리잡기 시작했다. 이후 다문화주의는 북미, 유럽, 호주 등에서의 논의를 거쳐 이제는 전지구적 현상의 하나로 간주되고 있고, 학문적 논의도 심화되고 있다.

다문화주의는 국민통합을 위한 동화주의의 한계를 극복하기 위한 문화갈등해소이론으로 등장했다. 그동안 동화주의라는 이름 아래 소외되어 왔던 소수문화의 공존과 소수집단의 사회적 권리를 인정하면서 문화와 정체성의 다양화에 따른 사회갈등을 해소하려는 목적이 있다. 이렇게 된 데는 이민 · 유학생 · 노동력 등의 국제적 이동 및 국제결혼 · 난민 · 망명자 등의 증가와 함께 선(先)주민과의 갈등이나 다양한 소수자 권리의 자각이 보편화된 세계추세 때문이다. 그러다 보니, 다문화주의의 의미는 기존의 민족주의적 정서에 도전하거나 근대성에 대한 인식론적 도전 혹은 세계화에 따른 부작용의 해결 등의 차원에서 주목받고 있다.

이러한 경향 때문에 다문화주의는 하나의 운동과도 관련된다. 차이의 정치(politics of difference), 정체성의 정치(identity politics), 인정의 정치(politics of recognition) 등이 그것이다. 자연히 다문화주의의 실현을 둘러싼 수준이나 정책은 다양하다. 그것은 국가 수준, 사회공공 수준, 개인 수준 등이나 다문화정책, 다제도화정책, 다사회화정책, 다평등화정책 등으로 나타난다.

유념할 것은 다문화주의가 기능할 때 정치성을 띠게 된다는 점이다. 첫째, 다문화주의는 국민국가가 새로운 사회갈등을 해소하기 위해 염두에 두는 통합이론이지만, 그것이 다루어지는 방식에 따라 의미가 달라지게 된다. 예컨대, 다문화주의라는 이름으로 또다른 국민만들기(nation-building)의 가능성이 상존하는 경우가 있는 것이다.

둘째, 다문화주의는 이념적으로 진보적인 면과 보수적인 면의 이중성을 띠고 있다. 캐나다의 정치철학자 킴리카(Will Kymlicka)의 지적처럼[6] 보수주의자들에 의해 주장될 경우, 다문화주의는 공동체

6 Will Kymlicka, *Contemporary Political Philosophy*, 장동진 외 역, 『현대 정치철학의 이해』(서울: 東明社, 2006), pp. 508~509.

주의적인 공동선의 정치를 추구하는 자신들의 이해관계가 침해될 것을 우려하기 때문일 가능성이 있다. 혹은 기존 엘리트들이 급격한 사회변화를 제한하여 자신들의 기득권을 옹호하며 자신들의 기존 문화를 유지하기 위해 주장되기도 할 것이다. 반면 개혁적인 진보주의자들에 의해 주장될 경우, 다문화주의는 자유주의적 가치에 기반해 소수자들의 사회적 권리를 배제시켜 왔던 기존 질서와 관습에 대항하기 위해 호소될 수 있는 것이다.

이러한 경우를 감안해 보면, 다문화주의라는 동일한 언어를 사용하는데도 입장이 갈리는 정치적 결과가 나타나기 십상인 것이다. 따라서 우리가 전제해야 할 관점은, 다문화주의를 국민만들기의 정치와 연관지어 보아야 한다는 점이며, 궁극적으로 다원성(plurality)에 관한 자유주의적 전제들이 어떻게, 얼마나 받아들여지는지를 직시해야 한다는 점이다.[7] 이러한 전제들은 다문화 공존의 진정성과 직결되며, 그것은 다문화 시민성의 실체를 모색하는 데 고려되어야 할 것이다.

2) 시민권의 확장과 다문화 공존

과거 전통적 시민권의 목표는 시민들 간의 공통적인 국민 정체성을 증진시키는 데 있었다. 여기서 공동의 사회적인 권리가 중요했다. 공동의 사회적 권리란 공통의 공적 제도를 통해 공통의 이익을 향유할 수 있는 권리를 말한다. 자연히 전통적 시민권의 모델에서 다양성은 관심의 대상이 아니었다. 소수집단과 문화는 배제되거나 혹은 동화될 대상이었다. 이런 상황에서 설령 일부 소수집단이나 소수자들이 공동의 시민권리를 소유했다 하더라도 그들이 느끼는 소외와 사회적 냉대는 여전했다.[8]

---

7 위의 책, pp. 477~482.

이러한 배경에서 차등적 시민권(differentiated citizenship)은 진일보한 개념처럼 보인다. 그것은 집단적으로 특수화된 형태의 차등적 시민권을 통해서 그러한 소수집단과 소수자들을 공통의 국민 정체성으로 수용하는 것이 바람직하다고 보았기 때문이다. 차등적 시민권은 단순히 개인으로서가 아니라 집단을 통해서 특정 집단의 구성원들이 정치공동체에 병합된다고 보았으며, 부분적으로 그들의 권리는 그들의 집단구성원의 자격에 의존한다고 보았던 것이다.[9] 그러나 차등적 시민권의 발상도 여전히 다문화 시대에 필요한 핵심이라고 할 수는 없다. 그것은 차등적 시민권이 여전히 개인의 권리에 초점을 두지 않았으며, 소수집단과 소수자의 권리를 공통의 국민 정체성에 수용되어야 할 대상으로 간주했기 때문이다.

다문화 시대는 새로운 시민의 개념을 필요로 한다. 다문화 사회의 문제는 경계 안의 모든 사람을 종교, 신분, 가족, 지역 등에 관계없이 하나의 범주로 묶을 수 있는 보편적인 시민의 개념을 뛰어 넘는다. 그것은 기본적으로 문화간 차이를 인정하는 문제와 연관되어 있고, 인종적 격차나 우월의 문제와 같은 인종주의와도 관련되어 있으며, 정치·경제·사회적 계급의 차이와도 얽혀 있기 때문이다.[10]

---

8 위의 책, pp. 455~458.

9 Iris Marion Young, "Polity and Group Difference: A Critique of the Ideal of Universal Citizenship", *Ethics*, Vol. 99, No. 2(1989), pp. 250~274.

10 경제와 복지 등 재분배 중심의 전통적 관점에서 다문화주의를 비판한 연구로는 Brian Barry, *Culture and Equality: An Egalitarian Critique of Multiculturalism* (Cambridge: Harvard University Press, 2001), 문화를 중심으로 한 사회적 인정이라는 패러다임의 변화를 다룬 연구로는 Nancy Fraser and Axel Honneth, eds., *Redistribution or Recognition?: A Political-Philosophical Exchange* (New York: Verso, 2003), 지구화가 초래하는 다문화 시대의 시민권에 대한 연구로는 Will Kymlicka, *Multicultural Citizenship* (Oxford: Oxford University Press, 1995)와 _______, *Politics in Vernacular*(Oxford: Oxford University Press, 2001) 등 참조.

따라서 다문화 시대에 필요한 다문화 공존은 경제적 위계에서 출발한 재분배의 문제, 신분위계구조에서 제기된 인정의 문제, 문화 차이를 보는 조정의 문제 등에서 시작되어야 하는 것이다.

이렇게 보면, 다문화 공존의 진정성을 다문화주의가 반드시 보장하는 것은 아니다. 오히려 재분배나 인정의 문제 혹은 문화의 조정과 같은 다문화주의 정치의 맥락에서 다문화 공존이 논의되어야 하는 것이다. 그렇게 될 때, 다문화주의가 막연히 공존의 문제로만 치중되던 차원을 넘어 어떤 정체성과 이익을 증진시킬 것인가 하는 구체적 문제와 마주할 수 있게 될 것이다. 자연히 다문화주의 정치의 맥락은 다문화주의의 이론적 논쟁과 다문화주의에 대한 현대 사회의 논란을 살펴보면 보다 확연해 질 것이다.

나. 다문화주의 논쟁과 시민성

다문화주의를 둘러싼 논쟁은 일상이나 정치영역에서, 그리고 여러 학문의 영역에서 다양하게 나타날 것이며, 나라마다 시대마다 다를 것이다. 여기서는 그러한 논쟁을 세 가지 정도로 나누어 보고자 한다.

1) 일상에서의 다문화주의와 정치화

일상에서의 다문화주의는 그 자체로는 정치적이지 않지만, 정치화되면 현실에서는 복잡한 논쟁의 대상이 된다. 흔히 요리, 음악, 의복 등 생활양식이나 소비양식에서 문화의 다양성을 추구하고 가치를 부여하는 것을 일상에서의 다문화주의라고 할 수 있다. 그 외에 경제적 손실이나 경영이익을 목적으로 다양성을 장려하는 경우도 있다.[11]

---

11 마르코 마르티니엘로 지음, 윤진 옮김, 『현대사회와 다문화주의: 다르게, 평등하게 살기』(파주: 한울, 2002), pp. 89~105.

이러한 일상에서의 다문화주의가 문화연구(cultural studies)로 영역화되고, 그 문화연구가 해당 집단의 권리를 주장하는 기초가 되면, 일상에서의 다문화주의는 정치적 영역에 이르게 된다. 물론 일상에서의 다문화주의가 정치화되는 것은 소수집단들의 문화적 정체성과 특수성이 공적으로 인정되는 의미가 있다는 점에서 시민적 다원주의의 발전에 기여하는 것이기도 하다.

그러나 문제는 그것이 정치화되면서 복잡한 논쟁의 형태로 변할 가능성이 크고, 그렇게 되면 일상에서의 다문화주의나 소수집단의 의미가 전도될 수 있는 이중성을 띤다는 점이다. 벨기에의 정치학자 마르티니엘로(Marco Martiniello)에 의하면, 그것은 두 가지 점에서 주의해야 할 것이 있다. 우선, 소수집단의 권리가 공공정책화를 통해 보장되는 경우이다. 공적 개입은 공적 지출을 통해서 가능한 것이다. 그렇게 되면 일상에서의 다문화주의는 사회경제적 재분배의 문제로 변모되며, 동시에 사회정의의 문제로 확대된다. 다음은, 소수집단의 권리가 공적으로 인정되면 여타 소수집단의 결사는 다양하게 분출될 것인데, 문제는 이들 소수집단 자체가 동질적인 실체가 아니라는 점이다. 이들은 세대, 성별, 정치·경제적 차이 등에 따라 요구나 결사의 수단이 다를 수 있다. 따라서 소수집단이 언제나 다문화주의적인 의도와 정책의 입장을 취하고, 다수집단은 언제나 그에 반대한다고 생각하는 것은 적절치 않은 것이다.

2) 공동체주의와 자유주의의 대립과 절충

1970년대와 1980년대의 초기 다문화주의의 논쟁은 공동체주의자와 자유주의자 간의 논쟁처럼 여겨졌다. 그것은 공동체주의가 공동체주의적 요소로서 소수자 권리보호를 위한 집단권리(group rights)

를 추구하는 것으로 인식되었기 때문이다. 자연히 다문화주의에 관한 입장은 자유주의와 공동체주의 논쟁의 핵심이 되는 개인과 집단 간의 상대적 우선성에 관한 논쟁과 동일시되었다. 그래서 다문화주의를 옹호하는 것은 자유주의에 대한 공동체주의의 비판을 지지하는 것을 의미했다. 공동체주의자들은 다문화주의를 개인의 자율성으로 인한 폐해로부터 공동체의 가치를 지키는 방법으로 간주했던 것이다.

그러나 문제는 공동체주의가 갖는 위험성 때문에 다문화주의가 떠안게 되는 한계이다. 공동체주의는 정치공동체에서 다수의 의견을 중심으로 한 일체감 형성을 강조하는 경향이 있다. 사회적 소수의 의견이 억압될 가능성이 큰 것이다. 따라서 공동체를 위한다는 명분으로 사회적 소수자가 기대하는 시민으로서의 정치적 권리가 제한되고 그저 법적 권리만이 인정되는 경우가 있게 된다. 그렇게 되면, 다문화 시대의 시민이 진정으로 필요로 하는 권리를 충족시키는 데 공동체주의는 한계가 있게 된다.

이렇게 보면, 다음 단계의 다문화주의 논쟁의 핵심은 킴리카의 지적처럼 자유주의의 의미에 관한 자유주의자들 간의 논쟁이 된다.[12] 그것은 자유주의 이론 내에서 가능한 다문화주의의 수용 범위는 어디까지인가 하는 문제와 연관된다. 기본적으로 자유주의는 강제력을 갖는 국가권력이 어느 특정 집단의 생활방식을 옹호해서는 안된다는 입장이다. 문제는 시민의 역할을 공적 영역으로 제한하고 있고, 문화와 종교 등의 차이에 관계없이 문제해결을 위한 국가의 최소 개입 원칙을 견지한다는 점이다. 그러나 이는 갈수록 다문화되고 있는 현실을 외면한 것이다. 다문화 사회의 갈등은 공적 영역에

12 Kymlicka, 장동진 외 역(2006), p. 470.

서보다 사적인 결사의 영역에서 비롯된 경우가 많으며, 자칫 사회적 소수가 차별되는 시장구조의 개선을 위한 의도적인 국가개입마저 배제함으로써 의도치 않은 결과를 가져올 수 있게 된다. 나아가 그렇게 되면, 다문화 사회라는 하나의 공동체로 존재하기 위한 상호 신뢰의 기초를 어디에 두어야 하는지도 모호해지는 경우가 있게 되는 것이다.

그러나 자유주의가 이러한 취약성이 있다고 해서 그것이 곧 공동체주의의 필요를 의미하지는 않는다. 다문화주의와 관련해서 자유주의에서 제기되는 이러한 문제의 핵심은 앞서 지적한 것처럼 결국 자유주의 내에서 자유주의의 의미에 관한 문제인 것이다. 때문에 해결의 실마리는 소수자 권리보호를 위한 공동체로서의 의미를 염두에 둔 가운데 법적 권리와 시민적 권리를 동시에 보장하기 위한 자유주의의 범주를 넓혀가야 하는 데 있게 된다.

이러한 의미에서 킴리카는 자유주의적 문화주의(liberal culturalism)를 해결 방안으로 주장한다.[13] 그는 자유주의를 보장하는데도 소수자권리의 문제가 제기되는 것은 문화와 정체성 간에 강력한 이익이 존재하기 때문으로 본다. 다시 말해, 문화의 인정 자체가 정체성의 문제이며 권리를 인정하는 문제가 된다는 것이다. 그는 자유주의적 문화주의를 통해 집단들 간의 다양한 문화권리를 보장해야 정치·경제적 권력으로부터 소수자 권리의 취약성을 축소시킬 수 있다고 본다. 이를 위해 그는 소수자 권리가 집단 내에서 개인의 자유를 보호하고 집단 간의 비지배관계를 추구해야 한다고 주장한다.

---

13 위의 책, p. 471.

킴리카는 또한 자유주의 틀 내에서의 공동체주의를 절충한 시도로서 다문화적 시민권의 모델을 제시했다.[14] 그는 국가가 문화와 다양성의 영역에서 중립적이지 않으며 중립적이어서도 안된다고 본다. 인권만으로 소수집단에 가해지는 차별적 정책을 조절하는 것은 불가능하다는 것이다. 그는 다문화주의 사회에서 정의에 관한 주장은 개인에게 인정된 보편적 권리를 넘어 특정 소수집단에 대해서는 특수한 권리와 위상을 포함해야 한다고 주장한다.

종합하면, 다문화주의를 둘러싼 논쟁은 공동체주의와 자유주의 간의 논쟁이라기보다는 자유주의의 틀 내에서 공동체 보호를 위해 보다 자유주의적인 맥락을 확장해 나가는 문제라고 할 수 있다. 이와 함께 검토할 것은 자유주의 국가의 성격과 역할에 관한 또 한 축의 논쟁으로서 동화주의와 다원주의의 공과이다.

3) 동화주의와 다원주의의 공과

다문화주의를 둘러싼 동화주의와 다원주의의 논쟁은 자유주의 국가의 성격과도 관련되며, 공동체를 위한 국가의 역할과도 연관된다. 그것은 기본적으로 국민만들기의 의미와 시도에 관한 문제이기도 하기 때문이다.

문화와 정체성의 다양성이라는 다문화주의의 화두는 사실 새로운 현상은 아니다. 인간 사회는 그 정도가 달랐을 뿐이지 언제나 다양화되어 있었다고 보아야 한다. 문제는 그 다양성이 어떻게 일정 기간 가려져 왔으며, 어떻게 다문화주의라는 이름으로 그 장막이 거두어지기 시작했느냐 하는 점일 것이다. 그것은 바로 문화적 동질성을 추구하면서 같은 국민만들기를 추진했던 역사와 관련된

14 Kymlicka(1995).

다.[15] 보다 구체적으로는 국민주의나 민족주의와 연관되며, 그 의도는 "정치적 경계와 문화적 경계를 일치시키려는 의지"로 압축된다.[16] 이러한 동질화의 의지는 동화주의적 접근을 의미했다. 동화주의 사회에서 문화적 동질성은 사회적 규범이었으며, 다양한 소수문화와 정체성은 사적인 영역으로 치부되었다. 자연히 같은 국민만들기의 과업 속에서 소수집단들은 다수집단의 사회와 문화 속에 적용되거나 녹아져야 했다.

동화주의는 통치자의 입장에서도 필요했다. 통치자에게도 공동의 문화와 정체성을 공유하는 사회가 통치하기에 훨씬 수월했을 것이다. 공동의 문화로 통합된 사회는 상호 이해와 신뢰나 유대감 형성에 용이했다. 문제는 근대 이후 단일한 문화와 정체성의 강조가 국가와 민족의 연대성과 정당성을 보장한다는 명분으로 국민들에게 강요되었다는 점이다. 이는 역사적으로도 1648년 베스트팔렌조약(Peace of Westfalen) 이후 보편화된 국가 주권과 프랑스혁명 이후 근대적 정치이념으로 발전한 민족주의가 결합되고, 그것이 20세기 초의 두 차례 전쟁으로 이어지는 흐름 속에서 잘 나타난다. 그 경향은 2차 대전 이후 냉전 속에서 더욱 강화되었다.

동화주의에서 사회적 권리란 공통의 공적 제도를 통해 공통의 이익을 향유할 수 있는 권리로 이해되었다. 그래서 공동의 권리로서의 시민권의 전통적 모델은 국민통합의 개념과 결부되었던 것이다. 주목할 것은 동화주의가 공동체주의의 맥락에서보다 자유주의의 맥락에서 더욱 긴밀하게 결합되었다는 점이다. 그것은 바로 국민만들기를 통한 공동의 사회적 권리를 부여하려는 것을 자유주의적 민족

15 Kymlicka, 장동진 외 역(2006), pp. 477~482.
16 마르코 마르티니엘로 지음, 윤진 옮김(2002), p. 23.

주의로 간주했기 때문일 것이다. 킴리카의 지적처럼 자유주의적 민족주의자(liberal-nationalist)들은 국민만들기 정책이 분배 정의나 심의민주주의 등을 증진시킨다고 믿었던 것이다.[17]

그러나 보다 중요한 것은 동화주의가 다문화주의에 미치는 영향이다. 자유주의적 민족주의자들의 주장과 달리 국민만들기의 진정성은 소수 권리에 의해 제한받기도 하고 소수 권리를 통해 보충되기도 하면서 이루어지는 것이다. 소수집단의 권리를 배제하거나 동화하는 접근을 통해서는 또다른 국가의 부담을 양산할 뿐인 것이다. 소수자 권리가 적절하게 자리매김할 때, 국민만들기는 보다 많은 기능을 수행할 수 있을 것이다. 따라서 국가도 하나의 사회적 문화를 추진하기 보다는 건강한 국민만들기를 추진하는 데 주력해야 한다. 국민들 역시 국가 위상의 약화에도 불구하고 국가는 여전히 정치·경제적 조정의 중요한 장(場)이라는 점을 인식해야 하는 것이다.

동화주의와 달리 다원주의적 접근은 문화와 정체성의 다양성을 받아들인다. 다원주의자들은 문화를 개인과 집단의 접촉에 의해 형성되고 변화되는 결과로 보며, 사회도 문화적 믿음과 특성이 만들어 내는 실체로 이해한다. 다원주의적 접근은 소수자의 권리가 공정하게 자리매김할 때 국가가 보다 많은 역할을 감당할 수 있다고 믿는다.

그러나 다원주의적 접근에서도 주의해야 할 것이 있다. 첫째, 다문화주의에 대한 다원주의적 접근에서 필요한 것은 개별 문화들 간에 대립을 피하는 방법으로서 상대를 용인하는 문제일텐데, 문제는 자칫 다원주의적 접근이 문화적 상대주의로 표류할 수 있다는 점이다.[18] 상대주의란 모든 믿음이 비교의 대상이 아니라는 점을 전제

17 Kymlicka, 장동진 외 역(2006), p. 480.

18 마르코 마르티니엘로 지음, 윤진 옮김(2002), p. 115.

하고 있다. 여기에 매몰되면, 그릇된 문화에 동일한 가치를 부여하고 나아가 모든 문화적 관행을 용인하게 된다는 데 문제가 있게 된다. 이는 가치균등주의나 평등주의의 오류를 범하게 되기 때문이다. 윤리적으로 문제가 될 수 있는 문화에 대해서까지 인정하는 것은 무책임한 다문화주의일 뿐이다.

둘째, 다원주의적 접근은 문화의 다양성 간의 교류를 통해 서구의 도덕적 우월성을 공식적으로 획정하려고 시도할 수도 있다는 점이다. 스터바(James P. Sterba)는 이러한 점을 경계하여 다문화주의는 실천적 요구사항으로서 최소한의 기본 수요를 충족할 수 있는 권리와 동등한 기회를 부여받을 수 있는 권리를 갖는다고 전제했으며, 서구의 도덕적 우월성을 드러내려는 것은 다문화의 이상이 아니라는 점을 강조했다.[19] 그는 합리성이나 도덕적 행위야말로 인간의 고유한 능력이고, 이를 존중하는 것이 인간으로서 더 번성하는 방법이라고 덧붙였다.

종합하면, 다문화주의를 둘러싼 동화주의와 다원주의의 논쟁은 국민만들기의 역사와 다원주의의 진정한 의미를 동시에 보여준다. 일상에서의 다문화주의가 정치화되는 것이나 공동체주의와 자유주의의 논쟁과 절충, 동화주의와 다원주의의 공과 등의 논점에서 보듯이, 다문화주의는 그 자체로 다문화 공존의 논점을 지닌다기 보다는 이러한 논쟁 속에서 그 영역을 확보해가야 하는 실체라고 보는 것이 적합하다. 이는 다문화주의가 현대 사회에서 도전받고 있는 요소들과 함께 검토하면 보다 분명해 질 것이다.

---

19 James P. Sterba, *Contemporary Social and Political Philosophy* (Belmont: Wadsworth Publishing Company, 1995), pp. 98~100, 102~103.

3. 다문화주의에 대한 사회적 논란

다문화주의는 그 쓰임에 따라 다양한 입장과 현실을 반영하고 있다. 따라서 다문화주의 자체가 고정된 것으로 간주되어서는 안된다. 그 보다는 현대 사회에서 다문화주의의 표류 가능성을 감안하고 다문화주의에 대한 도전을 파악해야 할 것이다. 다문화주의에 대한 도전으로는 다문화라는 이름의 또다른 경계, 사회적 연대 침해, 사회·경제적 불평등 은폐, 개인성 침해 등이 있다.

가. 다문화라는 이름의 또다른 경계

첫째, 다문화 사회에서 문화는 다양하게 재해석되어야 하지만, 자칫 다문화의 담론이 의도와 무관하게 문화 간의 또다른 경계를 구분짓는 사회적 결과를 초래할 수도 있다. 기본적으로 다문화는 각 개별 문화의 존재를 인정하는 것을 전제로 하기 때문에 결과적으로 타문화를 지속적으로 타자로서 확인하게 되는 역설의 역할을 한다는 것이다.[20] 근대국가의 속성으로 볼 때 이러한 점은 더욱 확대되는 경향이 크다. 그것은 문화적 동질성의 강조를 통해 민족국가 단위의 강화에 기여하게 되는 것으로 나타나기 때문이다. 결과적으로 다문화주의는 그 주장과 달리 끊임없이 타자성과의 차이를 확인하면서, 동시에 내부의 통합성을 재생산하는 역설에 있게 되는 것이다.

이러한 역설을 막기 위해서는 근대국가적인 통합의 이상이나 단일한 집단적 정체성을 신봉하는 것에서 벗어나도록 해야 할 것이다. 또한 타자와 타자의 문화를 고정된 것으로 인식하려는 시각에서도

---

20 천선영, "'다문화 사회' 담론의 한계와 역설", 한·독사회과학회, 『한·독사회과학논총』, 제14권 2호(2004 겨울), pp. 363~380.

벗어나야 한다. 이러한 문제와 관련해서 안잘두아(Gloria Anzaldua)는 문화적 경계(borders)와 경계지대(borderland)를 구분하면서 문화적 경계는 약화시키되, 경계지대의 문화는 만들어야 한다고 주장한다.[21] 그가 말하는 경계란 우리와 그들을 나누는 공간이자 명확하고 간결하게 분리하는 선이다. 반면, 경계지대 문화란 다양한 교류를 통해 관계가 형성되면서 공적인 논의와 행동이 이루어지는 문화적 공간이자 끊임없는 변화가 일어나는 절충지대인 것이다.

나. 사회적 연대 침해

둘째, 다문화주의가 사회적 연대를 해치고 결국에는 분열과 갈등을 초래해 사회통합을 저해할 수도 있다. 일상에서의 다문화주의가 정치화되는 과정에서 보듯이, 어떤 집단의 정체성을 인정하는 것은 또다른 경쟁 집단을 유발할 수 있다. 소수집단의 결사는 다양하게 분출될 것이며, 소수집단 자체도 동질적이지 않다. 때문에 사회적 연대가 위협받을 것이라는 지적은 일리가 없지 않다.

이러한 문제제기는 특히 토착주의자와 자유주의적 보수주의자들의 논의에서 부각되고 있다. 미국의 경우를 예로 들면, 토착주의자들의 견해는 1965년 이민법 개정 이후 유럽 등지에서 밀려드는 이주자들이 사회변화나 경제 활동에 안정적으로 기여하지 못하고 있고, 오히려 자국 하층민의 생계를 위협하고 있다고 본다. 나아가 토착주의자들은 다문화정책이 이주자들의 주류문화에의 동화과정을 오히려 방해하고 있다고 주장한다.[22] 자유주의적 보수주의의 견해

---

21 Gloria Anzaldua, *Borderlands: The New Mestiza* (San Francisco: Spinsters/Aunt Lute, 1999), p. 3.

22 Peter Brimelow, *Alien Nation: Common Sense about America's Immigration Disaster* (New York: Harper Perrenial, 1995).

를 가진 헌팅턴(Samuel Huntington)은 최근 미국의 정체성이 심각하게 위협받고 있는 원인은 다문화주의가 추구하는 문화상대주의, 정체성의 정치, 사해동포주의 등으로 인해 애국심이 약화된 때문이라고 주장한다.[23] 슐레진저(Arthur Schlesinger)는 다원주의도 서로 다른 것을 수용할 수 있는 공통분모가 존재해야 가능한데, 다문화주의의 주장은 그러한 공통분모 없이 종족적·민족적 갈등을 초래하고 있다는 견해를 내세운다.[24] 앤더슨(Benedict Anderson) 역시 이민, 난민, 외국인 노동자 등은 '원격지 민족주의자'이자 동시에 분리주의의 성격을 띤 '신민족주의자'의 역할을 하고 있기 때문에 국민통합이 쉽지 않다고 지적한다.[25]

이러한 우려를 외면하고 다문화주의가 국민사회의 평화와 조화를 위한 유일한 대안이라고 한다면, 그것은 순진한 발상일 것이다. 오히려 그 보다는 다문화 공존을 통한 새로운 정체성의 형성을 위해서 다문화주의의 함의를 빨리 정착시키는 것이 필요하다는 인식이 바람직할 것이다. 유의할 것은 새로운 집단의 결사와 주장이 민주주의 사회의 전체 맥락과 함께 갈 수 있을지 고민하는 것이며, 극단적이거나 교조주의적인 다문화를 추구해서는 안된다는 점이다. 다문화주의 자체가 평화적 공존의 유일한 정치적 원천이 아니라는 점에서 다문화주의는 그 자체로 규범화되지 않고 평화적 다문화 공존을 위한 토대가 되어야 할 것이다.

---

23 Samuel Huntington, *Who Are We? The Challenges to America's National Identity* (New York: Simon & Schuster, 2004), pp. 246~256, 295~335.

24 Arthur Schlesinger, *The Disuniting of America: Reflections on a Multicultural Society* (New York: W. W. Norton & Company, 1998).

25 Benedict Anderson, "The New World Disorder," *New Left Review*, Vol. 193 (1992), pp. 3~13.

다. 사회 · 경제적 불평등 은폐

셋째, 다문화주의가 문화적 영역에서의 다양성 인정에 치중함으로써 사회 · 경제적 불평등의 문제를 은폐할 수도 있다. 이렇게 지적하는 이들은 다문화주의가 사회를 읽는 유일한 창으로서 문화를 설정하고 사람들로 하여금 문화적 관계에 집중하도록 만들며, 문화와 사회 · 경제 영역 간의 상호작용을 소홀히 취급한다고 비판한다. 구체적으로 하이엄(John Higham)은 다문화주의가 집단의 문화적 유산에 대한 인정만을 고집함으로써 계급의 역사적 의미와 분배의 문제에 소홀했다고 본다. 그는 다양성 이전에 보편주의가 사회 · 경제적 불평등의 문제를 해결하기 위해서라도 먼저 필요하다고 주장한다.[26]

물론 이와 다른 견해도 있다. 프레이저(Nancy Fraser)는 현대 사회에서도 사회적 신분 질서에 따른 불평등이 여전히 존재하는데, 이는 근본적으로 경제적 차이에서 보다는 신분의 위계질서를 결정짓는 문화적 차이에서 비롯된다고 본다.[27] 그래서 그는 문화의 차이를 인정하는 정치를 통해 재분배의 정치가 이루어질 수 있다고 주장한다.

종합하면, 다문화 공존을 위한 다문화주의의 또다른 함의는 문화의 차이에 대한 논의가 궁극적으로 사회적 배제와 불평등에 관한 논의와 분리되어선 안된다는 점일 것이다.

라. 개인성 침해

넷째, 소수집단의 문화적 권리를 보호한다는 다문화주의가 자칫 개인의 인종적 · 문화적 분리나 공동체에서의 고립을 조장하여 개인

26 John Higham, "Multiculturalism and Universalism: A History and Critique," *American Quarterly*, Vol. 45, No. 2(1993), pp. 195~219.
27 Fraser and Honneth(2003), pp. 48~69.

성을 침해하는 경향이 있을 수 있다. 개인의 정체성이란 복수의 유동적인 개념인데 소수자가 사회 내에서 소수자로서의 권리를 인정받고 누리다 보면, 동시에 전체 공동체 내에서의 고립을 초래할 수도 있을 것이다. 따라서 소수집단에 대한 존중은 자칫 개인의 자유와 충돌할 수 있고, 그러다 보니 특정 집단을 보호한다는 것이 오히려 그들을 소외시키는 제안과 정책들로 표류할 수도 있게 된다.

이러한 주장은 자유주의적 여성주의자나 자유주의적 평등주의자들에게서 찾아 볼 수 있다. 오킨(Susan Moller Okin)은 다문화주의가 집단 간의 차이에 대한 인정을 요구하면서, 다른 한편으로 문화적 특성을 인정받음으로써 소수집단내 여성의 인권을 위협할 수 있다고 지적한다. 또한 다문화주의가 추구하는 소수집단의 문화적 권리에 대한 인정은 자칫 집단 내에서 자행되는 폭력과 인권침해를 묵인할 가능성이 있다고 주장한다.[28]

자유주의적 평등주의의 입장을 견지하는 베리(Brian Barry)는 다문화주의가 특수성이라는 이름으로 사람들을 분리하고 있다고 지적하고, 종족적 · 민족적 소수 문화집단에게 예외적 권리를 인정하는 것은 공동선을 위한 공동의 제도가 시행되기 어렵게 만들고 결국 특정 집단의 이익을 추구하는 것으로 변질되고 만다고 비판한다.[29]

여기서 주목할 것은 소수집단의 인정 속에서 발생할 수 있는 또 다른 소수자의 문제를 고려하는 것이 중요하다는 점이며, 다문화주의가 궁극적으로는 다문화 공존의 시민을 위한 것이어야 한다는 점이다. 또한 다문화주의에 의해 소수자와 소수집단을 인정하는 것이

---

28 Susan Moller Okin, "Feminism and Multiculturalism: Some Tensions", *Ethics*, Vol. 108, No. 4, pp. 678~679.

29 Barry(2001).

과연 언제나 정당한가도 늘 염두에 두어야 할 것이다. 경우에 따라서는 자발적 이주자처럼 개인의 선택에 의한 소수자일 수도 있을 것이며, 이로 인해 다수의 다른 구성원의 입장에서 보면, 새로운 인종차별이나 역차별을 유발할 가능성도 있기 때문이다.

4. 다문화 공존을 위한 시민성

다문화 공존을 위한 시민성을 언급하기 위해 앞에서 다문화주의가 갖는 이론적 논쟁과 사회적 논란의 요인들을 살펴보는 것이 필요했다. 그러한 내용을 기초로 아래에서는 다문화 공존을 위한 시민성의 구성요소로 다원적 문화의식, 자유주의적 공화주의의식, 열린 민족의식, 세계시민의식 등을 들고 있다. 이러한 네 가지 의식은 하나의 표준일 뿐이다. 그것은 다문화 공존을 위해 기대하는 일정한 수준의 성취를 의미한다. 중요한 것은 네 가지 의식의 조화이다. 그렇게 될 때, 한편으로 민주주의의 안정과 통합을, 다른 한편으로 문화와 정체성의 다양성에 대한 공적 인정을 조화시키는 인식의 기초가 될 수 있을 것이다.

가. 다원적 문화의식

첫째, 다원적 문화의식이 필요하다. 이는 한 사회 내에서의 다양한 문화와 정체성의 공존에 대한 기본적인 인식과 추구를 의미한다. 여기에는 문화와 문화 정체성에 대한 인식, 문화간 대화의 합리성 인식 등이 필요하다.

문화란 특정 집단의 고정된 속성이 아니다. 다양한 집단이 역동적으로 상호작용한 결과 생겨난 산물이다. 자연히 문화적 정체성은 서로 다른 문화 간의 관계 속에서 형성되며 그 관계에 따라 재형성되는 과정에서 끊임없이 변모하는 것이다. 주목할 것은 문화의 변형과정이 정치적이기 십상이라는 점이다.[30] 그것은 앞에서 살펴보았듯이, 근대 이후 국가와 국민의 형성에 발맞추어온 국민만들기의 역사에서 잘 드러난다. 따라서 문화와 문화적 정체성에 대한 인식과 함께 다원적 문화의식에서 필요한 것은 문화간 대화의 합리성인 것이다.[31]

문화의 변형과정이 정치적이라는 점에서 문화간 상호작용은 또한 이중적이다.[32] 다양한 문화들의 상호작용이란 한편으로는 각자의 정체성을 유지·발전시켜가는 다양화 혹은 분화의 과정이며, 다른 한편으로는 공통의 문화를 형성해가는 융합 혹은 통합의 과정인 것이다. 이 점에서 다원적 공존을 위해 필요한 것은 문화간 상호작용이나 간문화주의 못지 않게 문화간 대화의 합리성이라는 점이 재확인된다.

문화간 대화의 합리성이 무엇이냐에 대해서는 많은 논지가 필요할 것이지만, 무엇보다 형식이나 절차의 면에서 의사소통적 합리성을 위한 이상적인 담론의 규칙과 함께, 내용의 면에서 다양한 문화의 지평들을 포괄하는 개념 체계가 확보되어야 할 것이다.[33]

---

30 Henry Louis Gates, Jr., "Pluralism and Its Discontents", *Profession*, Vol. 92(1992), p. 37.

31 장원순, "다문화적 시민교육의 성격과 방법", 한국사회교과교육학회, 『사회과교육연구』, 제11권 2호(2004), pp. 198~199; 천선영(2004), pp. 375~377.

32 Bhikhu Parekh, *Rethinking Multiculturalism: Cultural Diversity and Political Theory* (London: Macmillan Press Ltd., 2000), pp. 219~224.

33 장원순(2004), pp. 198~199; 유홍림, "담론윤리와 토의민주주의: 하버마스의 재구성적 정치이론", 『현대 정치사상 연구』(고양: 인간사랑, 2003), pp. 177~211.

나. 자유주의적 공화주의의식

둘째, 자유주의적 공화주의의식이 필요하다. 일상에서의 다문화주의나 문화의 변형과정이 정치적이라는 점에서 정치영역과 유리된 시민성은 취약할 수밖에 없을 것이다.[34] 흔히 공화주의라 하면 자유롭고 평등한 사람들이 모여 공통의 가치공동체를 추구하는 사상을 말한다. 그것은 공동체에 대한 열정과 책임있는 참여를 강조한다는 점에서 자유주의에 입각한 개인주의적 전통과 대비되기도 한다. 자유주의적 공화주의는 이 두 전통을 결합하고 있다. 상호 의존적인 공동의 기반을 중시하면서도 공적 헌신을 당연시하여 요구하지 않으며, 공동체의 문화적 동질성을 추구하지도 않는다. 인식론적으로는 개인적 선호를 존중하면서, 제도적으로는 개인의 자율성과 다양성을 보장하는 정치체의 구성에 초점을 둔다. 이런 점에서 자유주의적 공화주의는 다수집단이나 소수집단 모두에게 법·제도를 통한 사회신뢰 형성과 그를 통한 사회통합 추진의 기초가 될 수 있을 것이다. 자유주의적 공화주의의식은 소수집단에게도 주류 제도와 정치과정으로부터 소외되지 않도록 하는 사회의식의 토대가 될 수 있을 것이다.[35]

다문화 공존을 위해 자유주의적 공화주의의식은 몇 가지 내용으로 구성되어야 한다. 그것은 다양성을 보장하기 위한 정치제도의 필요에 대한 인식, 공적 심의를 위한 정치적 평등과 자유 인정, 법·제도를 통한 상호 신뢰 형성과 그에 기초한 사회적 통합성 중시 등을 들 수 있다.[36]

---

34 곽준혁(2007), pp. 23~41; 김남국(2005), pp. 111~117.
35 곽준혁(2007), pp. 35~36.
36 위의 논문, pp. 35~36.

첫째, 다양성을 보장하기 위한 정치제도의 필요에 대한 인식은 기본적으로 인종·민족·문화적 정체성이 아니라 다양성이 보장되는 정치제도를 통해 새롭게 형성된 정체성을 추구하는 것을 의미한다. 그 이외의 차이는 개인의 선택으로 보며, 다문화 공존을 위해 필요한 정치공동체에 대한 소속감은 정치제도를 통해 새롭게 구축되는 상호 신뢰로 충족시켜가게 된다.

둘째, 공적 심의를 위한 정치적 평등과 자유 인정은 개인의 자유 실현과 자율성 확보를 위한 기초이며, 다수와 소수의 모든 시민들이 공적 심의를 통해 합의를 이루어낼 수 있게 하는 기본 조건이 된다. 물론 자유주의적 공화주의가 모든 시민의 정치참여를 정치적 이상으로 간주하지는 않는다. 그보다 그 이전에 더 중요하게 보는 것은 모두의 정치참여를 위한 평등과 자유의 정치적 원칙과 함께 민주적 심의를 위한 동등한 기회부여이다. 자연히 공동선(common goods) 보다는 공유된 선(shared goods)을 시민적 덕성으로 간주하게 된다.

셋째, 법·제도를 통한 상호 신뢰 형성과 그에 기초한 사회적 통합성 중시는 다문화주의에 대한 도전을 극복하기 위해서도 중요한 요소이다. 이는 다문화 공존을 위한 제도적 틀을 법·제도를 중심으로 고민하고, 그를 통한 상호 신뢰를 사회적 통합의 근거로 제시한다는 점에서 의미가 있다. 주의할 것은 여기서 말하는 사회적 통합성이 동질성을 의미하는 것이 아니라는 점이다. 그것은 법·제도에 기초한 통합성을 의미하며, 다문화 공존을 통해 사회적 연대의 침해를 막는 차원에서의 통합성을 지칭한다.

다. 열린 민족의식

셋째, 열린 민족의식이 필요하다. 이는 그동안 다문화주의가 국민만들기에도 활용되어 왔으며, 다문화주의의 강조점이 여전히 국내라는 경계와 사고에 머물러 있었다는 점에서 중요하다.[37] 열린 민족의식은 과거의 민족국가 또는 민족주의 중심의 사고를 세계화와 다양화의 추세에 맞추어 재구성하려는 의도를 갖는다. 분명한 것은 배타적 민족주의나 다양한 문화적 권리를 경계하는 국가주의적 주장은 다문화 공존의 기초가 될 수 없다는 점이다.

오히려 논란이 되는 것은 민족이나 민족주의 자체의 존폐론이다. 민족국가와 민족주의가 초래한 부정적인 역사와 논리적 속성을 근거로 폐기를 주장하는 입장과 현실적인 실체로서 민족과 민족주의 정서를 존치시켜야 한다는 입장이 대립한다. 그러나 결론부터 말하면, 다문화 공존을 위한 시민성의 기초로서 민족의식은 필요하다. 오히려 과거의 부정적 역사를 넘어설 수 있도록 민족의식을 잘 인식하도록 하려는 문제의식이 더 필요할 것이다.

민족주의와 관련해서 다양한 개인과 집단이 공존하기 위해서는 공통의 정체성과 상호 신뢰가 필요한데, 민족적 정체성 이외의 그 어떤 사회적 정체성도 이를 제공하지는 못했다는 평가가 있다.[38] 사실 민족주의는 정치적 주체로서 인민을 정당화시키며 새로운 정치적 연대감을 형성함으로써 인민주권의 의미를 구현하는 데 기여한 측면이 있다. 또한 민족의식은 집단적인 책임성을 갖도록 하는 민주적 심의와 결정과정에 긍정적으로 작용할 수 있다.[39] 나아가 민족의

37 양영자, "분단-다문화시대 교육 이념으로서의 민족주의와 다문화주의의 양립가능성 모색", 한국교육과정학회, 『教育課程硏究』, 제25권 3호(2007), p. 39.
38 David Miller, *Citizenship and National Identity* (Cambridge: Polity, 2000), pp. 81~96.

식을 개개인의 자율적 선택을 가능하게 하는 문화적 맥락의 하나로 이해함으로써 민족성을 문화적 정체성의 발현으로 존중할 수 있을 것이다.[40] 물론 민족주의는 개인의 자율성을 풍부하게 해주고 사회적 연대의 기초가 될 수 있지만, 반면 전체주의를 지향하게 되면 개인의 자유를 침해하고 특정 집단의 독점적 지배를 유발할 수 있다.

양면성을 가진 이러한 민족주의 가치를 다문화 시대에 단순히 폐기처분해야 할 대상으로만 치부한다면, 소속감이나 정체성의 상실과 같은 또다른 폐해가 있을 수 있다. 민족과 민족주의가 그릇된 개념이었다기 보다는 그러한 가치를 잘못 선동하고 폐쇄적으로 가두어 버린 야욕에 더 큰 책임이 있는 것이다. 이러한 점에서 열린 민족의식은 다문화 시대에 걸맞는 글로벌한 공존과 소통의 가치로서 새롭게 자리매김해야 한다.

요컨대, 열린 민족의식은 다문화 공존의 틀이 될 수 있다. 문제는 민족의식이 열린 의식을 추구해서 기본적으로 사회적 연대에 기여할 수 있도록 해야 한다는 점이다. 여기서 '열린'의 진정한 의미는 "자기를 지키며 타인에게 문을 여는 것"이며,[41] 자민족 중심의 배타성과 폐쇄성을 버리는 것이다.

라. 세계시민의식

넷째, 세계시민의식이 필요하다. 이는 열린 민족의식과도 일맥상통하면서 글로벌한 가치로 한 걸음 나아간 시민성의 요소이다. 이는

---

39 Liah Greenfeld, "Nationalism and Modernity", *Social Research*, Vol. 63, No. 1 (1996), pp. 3~40; Craig Calhoun, *Nations Matter: Culture, History, and the Cosmopolitan Dream* (London: Routledge, 2007), pp. 27~49, 147~167.

40 Yael Tamir, *Liberal Nationalism* (Princeton: Princeton University Press, 1993).

41 마르코 마르티니엘로 지음, 윤진 옮김(2002), p. 164(역자후기).

자칫 국가경계 내에 머물 수 있는 다문화주의의 초점을 세계차원으로 확대하는 의미가 있다. 세계시민의식이란 지구적 연대로서의 세계시민사회와 세계시민으로서의 책임성을 자각하는 것을 의미한다.

세계시민사회는 시민사회의 세계적 확장으로서 국가경계를 뛰어넘는 새로운 집합적 정체성을 의미한다. 여기에는 과거의 배타적·폐쇄적 민족국가와 민족주의가 다양한 문화와 정체성의 시대에는 적절하지 않다는 전제가 깔려 있다. 세계정체이론에서 볼 수 있듯이 교류, 공론장 형성, 일정한 규범의 공유, 일정한 역할의 제도화 등을 통해 세계시민으로서의 정체성을 만들어 나가고, 이를 통해 일정한 세계시민적 연대가 가능할 것이다. 이러한 세계시민사회는 새로운 사회정의의 차원에서 민족국가의 경계를 뛰어 넘는 새로운 정치적 영역과 정체성의 원칙이 될 수 있을 것이다.

물론 이러한 세계시민사회의 주장은 아직 운동적 성격이 강하다. 실제로 운동적 성격을 대체할 만한 제도성을 갖추고 있는 것도 아니다. 그러나 분명한 것은 세계시민사회의 의식을 다문화 공존을 위한 틀로서 추구해야 한다는 점이다. 세계시민사회는 운동적 성격의 여부와 관계없이 지나친 효율성과 이윤만을 추구하는 '1차적 세계화'를 견제하는 역할을 해야 하기 때문이다.[42]

요컨대, 세계시민사회는 세계화로서의 결과물이 아니라 현상으로서의 세계화를 견제하는 윤리적 가치로서 긴요한 의미가 있다. 세계시민의식은 국가와 지역의 맥락으로부터 세계차원에서의 인권, 평화, 관용 등의 가치와 문화로 확장한 것이며, 사회정의를 지켜가기 위한 연대의 영역이자 또다른 책임성의 문제인 것이다.

---

42 설규주, "세계시민사회의 대두와 다문화주의적 시민교육의 방향", 한국사회과교육연구학회, 『사회과교육』, 제43권 4호(2004), pp. 34~35.

여기서 한 가지 논란이 있을 수 있다. 그것은 세계시민의식을 위해 민족성이나 애국심과 같은 정체성을 버려야 하는지에 관한 것이다. 일반적으로 다양한 정체성이나 문화공동체에 대한 애착을 가지면 민족이나 국가에 대한 정체성이 흐려진다는 생각을 할 수 있다. 그러나 정체성은 고정되고 정체된 것이 아니다. 복합적으로 변화하고 상호 중첩되는 맥락적인 실체가 정체성이다. 다문화적 정체성의 연구에 따르면,[43] 문화적 애착심이 없는 시민보다는 소속 공동체의 문화에 명료하고 사려깊은 애착심을 가진 시민이 국가에 대한 반성적 정체성을 형성할 가능성이 높다고 한다. 그러한 시민들은 세계공동체의 시민으로서의 책임성을 자각할 가능성도 더 클 것이라고 한다. 또다른 연구에 의하면,[44] 세계시민성을 둘러싸고 있는 풍부한 다문화적 기초가 서구로부터 파생되어 전체화하는 문화 정체성에 종속되는 것을 막아줄 수 있다고 한다. 세계시민사회 의식이 다문화적 다양성의 기초가 된다는 주장이다.

이상에서 다문화 공존을 위한 시민성의 네 가지 요소로 다원적 문화의식, 자유주의적 공화주의의식, 열린 민족의식, 세계시민의식 등을 지적했다. 정리하면, 다문화적 시민의 이상형은 다양한 문화공존에 대한 의식을 가지고 있으며, 자유와 평등과 참여에 기초한 공적 심의 및 법·제도를 기반으로 한 사회적 신뢰와 통합성을 중시하는 사람이다. 나아가 자기가 속한 공동체에 정체성을 가지면서도 열린 민족의식을 바탕으로 세계시민으로서의 책임의 범주를 확장해 가는 사람이다([그림 1-1] 참조).

---

43 James A. Banks, *An Introduction to Multicultural Education*, 4/E, 모경환 외 공역, 『다문화교육 입문』(서울: 아카데미프레스, 2008), pp. 37~38.

44 R. Falk, "The Making of Global Citizenship", Bart Van Steenbergen, ed., *The Condition of Citizenship*(London: Sage Publications, 1994), p. 140.

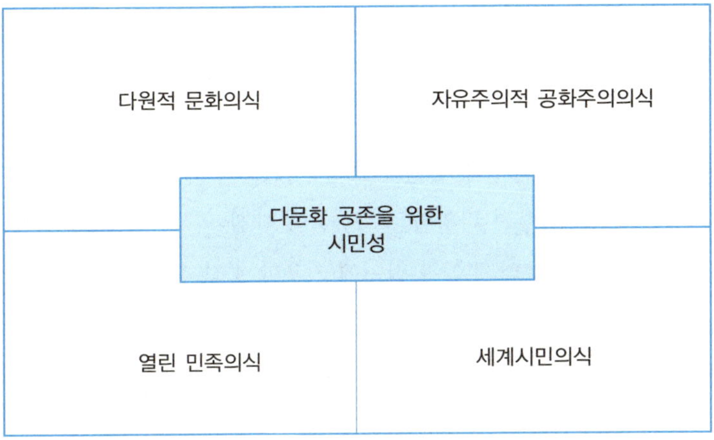

[그림 1-1] **다문화 공존을 위한 시민성**

5. 다문화 공존을 위한 다문화교육

다문화주의는 다문화 공존의 이상을 추구하지만, 그것이 반드시 다문화 공존을 보장하는 것은 아니다. 그러한 점은 다문화주의가 처한 이론적 논쟁과 사회적 논란의 맥락에서 찾아볼 수 있다. 다문화주의는 일상에서 정치화되기 쉽다. 자유주의란 명분으로 동화주의에 빠지거나 사회통합을 위해 국민국가 형성에 동원될 가능성이 있다. 다문화라는 이름으로 또다른 경계를 만들거나 사회적 연대를 침해할 수도 있다. 다문화주의는 사회적·경제적 불평등을 은폐하거나 개인성을 침해할 소지도 있다.

다문화주의는 규범적·당위적으로 수용되어서 다문화 공존의 이념으로서 당연시되어서는 안될 것이다. 우리는 다문화주의가 갖는 현대

사회에서의 이론적 복합성과 정치성의 함의를 먼저 검토한 후, 그에 기초해서 다문화 공존을 위한 시민성의 실체를 찾아보아야 한다.

다원적 문화의식, 자유주의적 공화주의의식, 열린 민족의식, 세계시민의식 등은 다문화 공존을 위한 시민성의 네 가지 요소이다. 다문화적 시민은 우선 다양한 문화공존에 대한 의식을 가지고 있어야 한다. 이어 자유와 평등과 참여에 기초한 공적 심의 및 법·제도를 기반으로 한 사회적 신뢰와 통합성을 중시해야 한다. 나아가 자기가 속한 공동체에 정체성을 가지면서도 열린 민족의식을 바탕으로 세계시민으로서의 책임의 범주를 확장해가야 한다.

다문화 시대에는 전체화, 획일화, 유일화 등을 추구했던 과거의 통합성과는 다른 새로운 통합성이 중시되어야 할 것이다. 다문화 시대의 통합성이란 다양한 관점이나 신념체계, 관심영역 등이 상호 열린 소통을 통해 이루어내는 또다른 차원의 정체성이다.

이런 의미에서 다문화교육이 주목하는 것은 서로 다른 문화를 이해하고 새로운 휴머니즘을 발견해가는 시대정신이다. 소통, 열림, 융합, 포용 등은 거스릴 수 없는 시대적 덕목이며, 오늘의 세계적 가치이자 보편윤리인 것이다.

다문화교육은 우리 모두를 위한 교육이 되어야 한다. 다문화교육은 다문화주의의 의미와 조건을 염두에 두면서 그동안 가려져 있었던 다문화를 드러내며, 그것이 우리 사회에서 다문화 공존의 힘으로 작용하도록 해야 한다. 다문화 공존을 위한 시민성은 다문화교육의 근간이 되어야 한다.

나와 다른 것에 대한 편견에 매이지 않고 소통, 열림, 융합, 포용의 시대적 덕목에 기반한 다문화적 관계를 형성해 가는 다문화 공존의 능력은 우리 사회를 성숙시키는 자산이자 동력이 될 것이다.

[참고문헌]

곽준혁. "다문화 공존과 사회적 통합." 대한정치학회. 『대한정치학회보』. 제15집 2호(2007).

구견서. "다문화주의의 이론적 체계." 한국인문사회과학회. 『현상과 인식』. 제27권 3호(2003 가을).

김남국. "다문화 시대의 시민: 한국사회에 대한 시론." 한국국제정치학회. 『國際政治論叢』. 제45집 4호(2005).

김비환. "포스트모던 시대에 있어서 합리성, 다문화주의 그리고 정치." 성균관대학교 사회과학연구소. 『사회과학』. 제42호(1996).

김욱동. "다문화주의의 도전과 응전." 한국아메리카학회. 『미국학논집』. 제30권 1호(1998).

김은중. "세계화, 정체성, 다문화주의." 한국라틴아메리카학회. 『라틴아메리카연구』. 제18권 1호(2005).

라종일. "세계시민연구와 다문화주의적 정체." 한국유럽학회. 『유럽연구』. 제5권 1호(1997).

마르코 마르티니엘로 지음. 윤진 옮김. 『현대사회와 다문화주의: 다르게, 평등하게 살기』. 파주: 한울, 2002.

문경희. "국제결혼 이주여성을 계기로 실펴보는 다문화주의(multiculturalism)와 한국의 다문화 현상." 21세기정치학회. 『21세기정치학회보』. 제16집 3호(2006.12).

박남수. "다문화 사회에 있어 시민적 자질의 육성: 사회과를 통한 다문화 교육의 모색." 한국사회과교육연구학회. 『사회과교육』. 제33호(2000).

박병섭. "다문화적 소수자 문제에서 한국의 특수성." 『이주민과 다문화 가정과 함께 하는 다문화주의 철학』. 서울: 실크로드, 2008.

박철희. "다문화 교육의 관점에 기초한 초등 사회·도덕 교과서 내용에 대한 비판적 고찰." 한국교육사회학회. 『교육사회학연구』. 제17권 1호(2007).

설규주. "세계시민사회의 대두와 다문화주의적 시민교육의 방향." 한국사회과교육연구학회. 『사회과교육』. 제43권 4호(2004).
양영자. "분단-다문화시대 교육 이념으로서의 민족주의와 다문화주의의 양립가능성 모색." 한국교육과정학회. 『教育課程研究』. 제25권 3호(2007).
오경석 외. 『한국에서의 다문화주의: 현실과 쟁점』. 파주: 한울, 2007.
유홍림. "담론윤리와 토의민주주의: 하버마스의 재구성적 정치이론." 『현대 정치사상 연구』. 고양: 인간사랑, 2003.
장원순. "다문화적 시민교육의 성격과 방법." 한국사회교과교육학회. 『사회과교육연구』. 제11권 2호(2004).
______. "우리안의 차별과 배제, 일상적 삶에서의 다문화교육 접근법." 한국사회교과교육학회. 『사회과교육연구』. 제13권 3호(2006).
정상준. "다문화주의를 넘어서." 서울대학교 미국학연구소. 『미국학』. 제24집(2001).
천선영. "'다문화 사회' 담론의 한계와 역설." 한·독사회과학회. 『한·독사회과학논총』. 제14권 2호(2004 겨울).
추병완. "다문화 도덕교육 정립을 위한 시론." 한국초등도덕교육학회. 『초등도덕교육』. 제28집(2008.12).
Anderson, Benedict. "The New World Disorder." *New Left Review*. Vol. 193(1992).
Anzaldua, Gloria. *Borderlands: The New Mestiza*. San Francisco: Spinsters/Aunt Lute, 1999.
Banks, James A. *An Introduction to Multicultural Education*. 4/E. 모경환 외 공역. 『다문화교육 입문』. 서울: 아카데미프레스, 2008.
Barry, Brian. *Culture and Equality: An Egalitarian Critique of Multiculturalism*. Cambridge: Harvard University Press, 2001.
Brimelow, Peter. *Alien Nation: Common Sense about America's Immigration Disaster*. New York: Harper Perrenial, 1995.
Calhoun, Craig. *Nations Matter: Culture, History, and the Cosmopolitan Dream*. London: Routledge, 2007.
Falk, R. "The Making of Global Citizenship." Bart Van Steenbergen. ed.

The Condition of Citizenship. London: Sage Publications, 1994.
Fraser, Nancy and Axel Honneth. eds. *Redistribution or Recognition?: A Political-Philosophical Exchange.* New York: Verso, 2003.
Gates, Henry Louis. Jr. "Pluralism and Its Discontents." *Profession.* Vol. 92(1992).
Greenfeld, Liah. "Nationalism and Modernity." *Social Research.* Vol. 63, No. 1(1996).
Higham, John. "Multiculturalism and Universalism: A History and Critique." *American Quarterly.* Vol. 45, No. 2(1993).
Huntington, Samuel. *Who Are We? The Challenges to America's National Identity.* New York: Simon & Schuster, 2004.
Kymlicka, Will. *Multicultural Citizenship.* Oxford: Oxford University Press, 1995.
____________. *Politics in Vernacular.* Oxford: Oxford University Press, 2001.
____________. *Contemporary Political Philosophy.* 장동진 외 역. 『현대 정치철학의 이해』. 서울: 東明社, 2006.
Miller, David. *Citizenship and National Identity.* Cambridge: Polity, 2000.
Okin, Susan Moller. "Feminism and Multiculturalism: Some Tensions." *Ethics.* Vol. 108, No. 4(1998).
Parekh, Bhikhu. *Rethinking Multiculturalism: Cultural Diversity and Political Theory.* London: Macmillan Press Ltd., 2000.
Schlesinger, Arthur. *The Disuniting of America: Reflections on a Multicultural Society.* New York: W. W. Norton & Company, 1998.
Sterba, James P. *Contemporary Social and Political Philosophy.* Belmont: Wadsworth Publishing Company, 1995.
Tamir, Yael. *Liberal Nationalism.* Princeton: Princeton University Press, 1993.
Young, Iris Marion. "Polity and Group Difference: A Critique of the Ideal of Universal Citizenship." *Ethics.* Vol. 99, No. 2(1989).

2장

다문화주의와 한반도 통일론

1. 다문화주의와 한반도 통일
2. 다문화 시대의 한반도 통일론: 세 가지 쟁점
3. 한반도 통일론의 방향성: 다문화주의의 함의

1. 다문화주의와 한반도 통일

우리 사회의 다문화 추세가 가파르다. 행정안전부(현 안전행정부)가 2012년 8월에 발표한 『2012년 지방자치단체 외국인주민 현황』(2012.1.1 기준)에 따르면 우리나라에 거주하는 외국인 주민수는 140만 명을 훌쩍 넘었다. 이는 우리나라 전체 주민등록인구의 2.8%에 해당하는 것으로 2011년의 126만 명과 비교해 11.4%가 증가한 것이다. 전국 초·중·고교에 다니는 다문화 학생 숫자로 가늠해 보면 이러한 추세는 앞으로 더욱 증가할 것이다. 교육과학기술부(현 교과부)의 발표에 따르면 2012년 현재 국제결혼 가정이나 외국인 가정에 태어나 국내 초·중·고교에 재학 중인 학생은 4만 6954명이다.[1] 이는 2011년 보다 21%가 증가한 것이며, 다문화 학생 현황을 처음으로 파악한 2006년보다는 5배가 늘어난 수치이다. 2014년도에는 다문화 학생이 7만여 명에 이를 것이며, 전체 학생 중에서 차지하는 비율은 1%를 넘을 것이라고 한다.

혈통이나 언어에 기초한 종족의 다양성이 다문화 사회를 가져오는 가장 뚜렷한 변인이 된다고 보면,[2] 이상의 추세는 우리 사회가 이미 다문화 사회의 초기로 접어들었음을 보여준다. 종족의 다양성과는 무관하지만, 우리 사회에서 다문화 가정의 범주로 간주되고 있는 북한이탈주민 입국 인원은 2012년 말로 2만 5천여 명에 근접하고 있다.[3] 이러한 가운데 성적소수자, 장애우 등 다양한 소수자집단들과 해외에 거주하는 700여 만 명의 코리안 디아스포라에 대한 사회

---

1 『조선일보』, 2012.9.18.

2 김광억 외, 『종족과 민족』(서울: 아카넷, 2005); 박명규, "다문화주의와 남북관계", 한국국제이해교육학회, 『국제이해교육연구』, 제4권 2호(2009), pp. 12~13.

3 통일부, 『2013 통일백서』(서울: 통일부, 2013), p. 168.

적 관심도 더욱 늘어나고 있다. 아직은 초기라고 하지만 민족적·인종적·문화적 다양성이 집단간 집합적 정체성으로 나타나면서 사회의 긴장요인이 되는 다문화 사회의 속성은 우리 사회에서도 나타나고 있다.

이러한 다문화 추세는 다문화주의에 대한 관심을 크게 증가시키고 있다. 덕분에 과거에 비해 사회적 관심이 늘고 정책적 모색이 증가하고 있으며 학문적 성과도 커지고 있다. 다문화주의에서 제기하는 다양성에 대한 논의와 교육, 이주민들에 대한 배려와 포용은 우리 사회의 중요한 현안이 되어 있다.

물론 다문화주의가 전적인 해법인가에 대해서는 논란이 있다. 다문화주의 자체가 이론적 논쟁의 대상이기 때문이다. 다문화주의는 일상에서 정치화되기 쉬우며, 자유주의란 명분으로 포장된 사실상의 동화주의에 빠지거나 사회통합을 위한다는 구실로 국민국가 형성에 동원될 가능성도 있다. 다문화라는 이름으로 의도치 않은 또 다른 경계를 만들거나 사회적 연대를 침해할 수도 있다. 다문화주의는 자칫 사회적·경제적 불평등을 은폐하거나 개인성을 침해할 소지도 있다.[4] 이론적 논쟁 이외에 다문화주의가 우리 사회에 제대로 적용되지 않고 있다는 지적도 적지 않다.[5] 한국에서의 다문화주의의

4 김창근, "다문화 공존과 다문화주의: 다문화 시민성의 모색", 한국윤리학회, 『윤리연구』, 제73호(2009.6), pp. 25~38.

5 2006년 여성가족부가 제안하고 2008년 9월 효력이 발생된 『다문화가족지원법』은 다문화가족의 의미를 한국인과 합법적으로 결혼한 외국인이 이룬 가족으로 규정했다. 이는 다문화가족의 의미를 대폭 축소시킨 것이다. 그 이전까지 시민사회에서는 다문화가족이란 표현을 이주노동자, 결혼이민자, 북한이탈주민 등을 포함해서 이주자들이 이룬 가정을 포괄하는 의미로 사용했다. 따라서 『다문화가족지원법』을 중심으로 평가해 본다면, 기본적으로 정부의 다문화정책은 한국의 가족 유지와 재생산을 위한 정책으로 국한되어 버렸다. 김현미, "이주자와 다문화주의", 연세대학교 사회발전연구소, 『현대사회와 문화』, 제26권(2008), pp. 63~70.

현실과 쟁점에 관한 논의를 바탕으로 한국적 다문화주의를 모색하려는 시도도 있다.[6] 이러한 논란에도 불구하고 다문화주의는 그 자체가 다문화 사회의 문화적 다양성과 집합적 정체성의 실상을 인정하고 어떻게 관리해 갈 것인가에 대해서 기존과 다른 새로운 시각에서 보도록 하고 있다는 점은 분명하다.

향후 우리 사회 변화의 또다른 핵심적인 요인은 한반도 통일이다. 남북한의 통일은 21세기 한국 사회와 한반도 주변국 모두에게 지각변동을 가져올 엄청난 사안이다. 통일은 국제정치적으로 한반도의 현상타파이고 남북한에게는 정치·경제·사회·문화 등 모든 면에서의 새로운 틀을 요구하는 변혁이며, 한반도의 구성원 개개인에게는 관념과 실생활에 닥칠 엄청난 변화이기 때문이다.

이러한 의미에서 이 장은 다문화주의와 한반도 통일이라는 두 화두 사이의 논리적 연관성을 찾아보고 한반도 통일론의 방향성을 모색하고자 한다. 다문화 시대에 화두가 되고 있는 다문화주의와 한반도 통일을 직접적으로 연관지어 본 기존의 연구는 많지 않다.[7] 대신 교육적 관점에서 다문화주의와 민족주의, 다문화교육과 통일교육 등의 문제를 논의한 연구는 적지 않게 찾아볼 수 있다.[8] 이 장은 다

---

6 오경석 외, 『한국에서의 다문화주의: 현실과 쟁점』(파주: 한울, 2007) 참조.

7 박명규의 글은 다문화주의와 남북관계를 직접적으로 연관지어 이론적 쟁점과 현실을 잘 드러내고 있다. 박명규(2009).

8 다문화교육과 통일교육을 연관지은 연구로는 김경은·윤노아, "청소년의 국민정체성, 통일, 다문화수용성에 대한 인식", 한국사회과교육연구학회, 『사회과교육』, 제51권 1호(2012), pp. 123~140; 김국현, "다문화 도덕과 교육과정과 통일교육", 한국도덕윤리과교육학회, 『도덕윤리과교육』, 제32호(2011.4), pp. 157~184; 김창근, "다문화 시대의 '통일민족주의'와 통일교육", 한국윤리학회, 『윤리연구』, 제77호(2010.6), pp. 137~160; 박찬석·최현호, "열린 민족주의와 통일교육 연구", 한국윤리교육학회, 『윤리교육연구』, 제14집(2007), pp. 257~274; 양영자, "분단-다문화시대 교육 이념으로서의 민족주의와 다문화주의의 양립가능성 모색", 한국교육과정학회, 『教育課程硏究』, 제25권 3호(2007), pp. 23~48; 오기성, "한국 통일교육의 다문

문화주의와 한반도 통일이라는 두 화두를 직접적으로 연관지어 세 가지 쟁점을 추출하고, 다문화주의가 시사하는 한반도 통일론의 방향성을 짚어보고자 한다. 이러한 논의를 바탕으로 할 때, 다문화 시대의 한반도 통일에 관한 실천적인 논의도 보다 구체화될 수 있을 것이다.

2. 다문화 시대의 한반도 통일론: 세 가지 쟁점

가. 다문화주의와 그 조건

포털 사이트 네이버(NAVER)의 지식백과사전에 의하면, 다문화주의는 민족마다 다른 다양한 문화나 언어를 단일의 문화나 언어로 동화시키지 않고 공존시켜 서로 승인·존중하는 것을 목적으로 하는 사상·운동·정책을 말한다. 다음(DAUM)의 국어사전에는 다문화주의란 여러 유형의 이질적인 문화를 제도권 안으로 유연하게 수용하자는 태도나 입장을 가르킨다.

사전적 정의에서 보듯이 다문화주의는 다양한 문화와 정체성에 대한 집합적 인식과 태도의 차원에서부터 정치적이고 정책적인 대응의 차원에까지 이르는 포괄적인 개념이다. 자연히 다문화주의는

화 교육적 접근", 한국교육과정평가원, 『교육과정평가연구』, 제11권 2호(2008), pp. 135~163; 유병열, "초등 도덕과에서의 다문화교육: 현황과 문제 및 개선 발전의 과제와 방향", 서울교육대학교, 『한국초등교육』, 제22권 3호(2011.12), pp. 89~111; 추병완, "학교 통일교육에서 다문화교육 접근의 타당성", 한국도덕윤리과교육학회, 『도덕윤리과교육』, 제29호(2009.12), pp. 21~44 등 참조.

정치적 논쟁의 대상이 되기 십상이고 정책의 입법과 추진을 둘러싸고 많은 갈등을 낳게 된다. 정체성의 인정에 대해서는 동의하면서도 정책적 지향에 대해서는 서로 반목하는 일이 빈번해진다.

다문화 사회란 문화적 다양성이 개인적 차원을 넘어 집합적 정체성과 연결되고 서로 다른 공동체들 사이의 사회경제적 재분배와 문화적 인정의 문제가 구조적이고 제도적인 차원으로 확대되는 사회이다.[9]

이러한 점에서 다문화주의의 진정성은 그것이 다문화 사회에 어떻게 투영되고 문화적 다양성을 얼마나 잘 관리하는가와 관련되어야 한다. 적어도 다음의 세 가지 조건을 다문화주의는 지향해야 한다.

첫째, 다문화주의는 다문화 사회의 구성원들이 동질적 집단이 아닌 인종, 문화, 민족적으로 다양한 배경을 가지고 있다는 사실을 드러내야 한다. 둘째, 다문화주의는 다문화 사회의 다양한 문화적 정체성을 사회구성원들로 하여금 긍정적으로 인식하고 존중하도록 하는 사회적 이념으로서 역할해야 한다. 셋째, 다문화주의는 사회경제적 재분배와 문화적 인정을 통한 공정한 사회통합을 목표로 문화와 정체성의 다양성을 사회정치적으로 제도화하기 위해 노력해야 한다.

다문화주의는 이론과 실천에서의 논란에도 불구하고 이러한 조건을 추구한다면 다문화 사회에서 일정한 해법이 될 수 있을 것이다.[10]

---

9 박명규(2009), pp. 8~9: Bhikhu Parekh, *Rethinking Multiculturalism: Cultural Diversity and Political Theory* (London: Macmillan Press Ltd., 2000) 참조.

10 한건수, "비판적 다문화주의: 한국적 다문화주의의 모색을 위한 인류학적 성찰", 유네스코 아시아·태평양 국제이해교육원 엮음, 『다문화 사회의 이해: 다문화 교육의 현실과 전망』(파주: 동녘, 2008), pp. 135~165.

나. 다문화 시대의 한반도 통일론: 세 가지 쟁점

다문화 시대는 한반도 통일론에 세 가지 정도의 쟁점을 제기한다. 그것은 통일의 의미의 확장, 통일의 주체의 확대, 그리고 민족공동체의 범주의 재해석 등이다.

1) 통일의 의미의 확장

첫 번째 제기할 것은 다문화 시대의 통일의 의미가 확장되어야 한다는 점이다. 다문화 사회로 변화되고 있는 우리 사회의 추세에서 보듯이 한국 사회는 이미 문화적으로 다원화되고 있는 상황이다. 게토(ghetto)화된 외국인 마을들이 여럿 존재하고 있고, 주변화된 문화집단도 적지 않다. 같은 민족이지만 북한이탈주민의 경우도 주변화되어 있기는 마찬가지이다. 이들은 소외되고 주변화되어 있는 또다른 문화집단처럼 우리의 인식 속에 있다.[11]

다문화 사회는 기본적으로 사회통합의 성격 자체를 변화시키고 있다. 다문화주의는 차이와 다름을 지닌 문화적 집단의 독자성을 존중하면서 그들 간의 통합을 이루는 틀과 사회적 공존을 이루어낼 구조를 만들어야 한다는 데 공감하기 때문이다. 다문화주의는 이주민과 여타 문화적 소수집단에게도 주어야 할 기회균등과 평등을 제시하면서 소통과 통합의 담론을 확장시킬 것이다. 다문화주의는 사회문화적 다원성을 추구하면서 다양, 개방, 공존, 융합 등 새로운 관념을 불러올 것이다.

---

11 한국인의 다문화 수용성에 관한 한 연구에 의하면, 북한이탈주민에 대한 청소년들의 평가는 국제결혼자녀, 조선족, 외국인 노동자보다 더 부정적이고 사회적 거리감도 큰 것으로 나타났다. 초등학생의 경우, 백인을 북한이탈주민보다 더 우리 집단으로 인식하는 경향이 있는 것으로 조사되었다. 양계민 · 정진경, 『사회통합을 위한 청소년 다문화교육 활성화 방안 연구』(서울: 한국청소년정책연구원, 2008) 참조.

이런 상황에서 다문화 시대의 통일은 사회구성원들에게 단순히 남북한의 재결합이나 통합의 의미로 다가가는 데 한계가 있게 된다. 다문화 시대의 통일은 새로운 사회구성원들과 함께 분단으로 인해 훼손된 전통적 가치관과 한국 사회의 정체성을 새롭게 회복하고 우리 사회에 복잡하게 나타나고 있는 갈등을 치유하는 수단으로서의 의미가 부각되어야 한다. 통일은 단순히 재(再)통일이 아닌 신(新)통일이 되어야 하는 것이다.[12]

결국 다문화 시대의 통일의 의미에는 한반도 분단 이후 지금까지 각기 다른 사회를 이루고 그 속에서 다른 삶을 살아온 남북한 사람들 및 새로운 사회구성원들 모두가 함께 더불어 살아가기 위해서 다문화주의를 어떻게 투영해 나갈 것인가 하는 점이 중요하게 부각될 수밖에 없다.

2) 통일의 주체의 확대

다음으로 제기할 것은 우리 사회에서 한반도 통일의 주체가 확대되어야 한다는 점이다. 흔히 이질화는 다문화 사회에서 피할 수 없이 나타나는 구소석 특징이다. 그러나 그것은 사회구조적 특징으로서만 존재하지 않고 사회구성원의 심리적·정서적 차원의 이질감을 가져올 것이며, 그것은 다시 사회구조적 갈등을 가져올 가능성이 크다. 다문화 사회에서 새로운 사회구성원은 집단이든 개인이든 사회의 주체로서 새로운 변수가 될 것이기 때문이다.

이러한 점에서 다문화주의는 한 사회의 시민권이 동질적인 차원에서 규정되기 보다는 각 집단의 특수성을 반영하는 다원적 방식으로 구성될 가능성을 주목한다. 다시 말해, 다양한 종족적·문화적

12 김창근(2010), p. 150.

속성을 지닌 집단들이 같은 국민을 이룰 수 있으며, 또한 역으로 같은 국민에 속하는 시민들 내부에 다양한 하위범주들이 존재할 수 있는 것이다.

그렇다면, 사회구성원들이 이미 문화집단적으로 다원화되고 있는 우리 사회에서도 통일의 주체는 단순히 기존에 인식하던 그런 국민만이 범주가 되지 않는다. 다문화 시대의 통일의 주체로서 새롭게 인식해야 할 것은 종족적이고 문화적인 속성을 넘어서서 대한민국의 새로운 국민을 구성할 수 있으며, 또한 역으로 새로운 대한민국 국민이라는 정치적 정체성 속에 다양한 문화적 차이들이 공존할 수 있는 가능성을 모색해야 하는 것이다.

다문화 시대의 통일은 새롭게 구성된 다중적 주체들의 참여에 의해 함께 만들어가야 하는 과제가 되어야 할 것이다. 다중적 주체는 더 이상 선험적 요소에 근거한 동질적 주체가 아니다. 다중적 주체들은 거주지, 국적, 귀속감이 일치하지 않을 수 있다. 앞으로 통일 과정에서 혈통과 문화를 달리하는 사회구성원들까지도 포괄되어야 할 것이다. 통일은 한반도를 삶의 터전으로 삼는 다양한 사회구성원 모두에게 새로운 활력을 주는 것이어야 하기 때문이다. 이들 모두의 신뢰가 통일의 동력이 된다는 점에서 통일의 주체의 확장은 다문화주의 속에 검토되어야 할 또다른 쟁점이 되는 것이다.

3) 민족공동체의 범주의 재해석

마지막으로 제기할 것은 민족공동체의 범주가 재해석되어야 한다는 점이다. 다문화 사회의 개방화와 다원화의 흐름은 전통적이며 혈통적인 민족 중심의 정체성에 균열과 변화를 가져올 가능성이 크다. 다문화 사회가 진전되면 민족국가의 역사와 경험을 공유하지 못한 사회구성원들이 늘어나게 된다. 자연히 이들에게 기존의 민족 중심적인 정체성을 강요하기가 어려워진다. 이들은 언어적・혈통적・문화적으로 다른 정체성을 지니고 있기 때문에, 이들에게 전통적 의미에서의 민족정서를 강조하기는 어려운 일인 것이다.

한반도 통일에 대한 일반적이면서도 공식적인 인식은 민족공동체의 회복이다. 우리의 통일은 기본적으로 같은 민족이라는 집단적 정서와 민족공동체 형성에 대한 공감의식을 전제하고 있다. 민족 정체성에 대한 동일의식이 그만큼 강한 것이다. 그것은 북한도 마찬가지이다. 북한의 민족 개념에 담겨 있는 내용은 우리와 많이 다르지만, 단일 민족론의 정서는 그 바탕에 깔려 있다.[13]

민족에 대한 지나친 강조가 외국인 집단에 대한 배타성 혹은 그들로부터의 거부감을 초래할 수 있다는 우려는 그동안 계속해서 지적되어 왔다. 그것은 우리 사회에서 제기되고 있는 다문화 논의가 거의 대부분 우리의 순혈주의와 종족주의에 대해 비판적이었던 것을 보면 알 수 있다. 실제로도 우리의 민족 정서는 강한 편이다. 그것은 언어, 혈연, 생활문화 등 전근대적 요소가 일제 식민지배라는 근대적 경험과 중첩되어 있고, 빠른 근대화의 성장 속에서 국가형성과 사회통합을 위한 기제로 민족 정서가 작용한 측면이 강하기 때문이다.

그러나 우리 사회가 다문화 사회로 진입하면서 민족적 동질성에 기반한 기존의 담론으로 한반도 통일을 논의하는 데는 일정한 제약이 있을 것이다. 새로운 사회구성원들은 한국이라는 민족국가가 겪은 역사와 경험을 공유하지 못한 상태이며, 기존의 민족구성원들

---

13 김창근, 『평화를 위한 통일교육: 하나될 미래를 위한 출발』(고양: 인간사랑, 2007)의 제2장, "북한의 민족・민족주의 담론과 통일교육" 참조.

도 글로벌한 국제사회에서 민족 중심의 정서가 과거에 비해 약화되고 있다. 한반도 주변국가들도 민족 중심적인 통일론을 한반도에서의 새로운 강대한 민족국가의 출현으로 간주하여 경계하기도 한다.

민족적 동질성에 기반한 한반도 통일 논의에 대한 염려는 우리의 공식 통일론인 민족공동체 통일방안에 대한 문제제기에서도 찾아 볼 수 있다. 박명규는 우리의 통일방안이 전통적인 단일민족론에 기반할 경우, 다문화 상황과 부딪히게 될 가능성이 크기에 민족공동체라는 개념이 동반하는 동질화, 단일화, 민족중심성에 일정한 변화를 주어야 한다고 본다. 이런 의미에서 그는 "여러 작은 통일들의 복합적 결합"(complex integration of small unifications)을 뜻하는 연성복합통일론적 시각, 즉 "다양한 가치, 이념, 종교가 공존하며 다양한 주체들 간에 자유롭고 새로운 연계와 결합이 만들어지는 다중적이고 복합적인 통일"론을 제안하고 있다.[14]

다문화 시대의 민족과 민족주의의 새로운 의미와 역할에 대한 여러 견해가 있겠지만, 민족공동체의 범주에 대한 재해석은 민족 간의 통합을 넘어 남북한의 구성원들과 국제사회에도 설득력을 지닐 수 있도록 고민해야 할 세 번째 쟁점이 된다.

14 박명규(2009), pp. 26~27.

3. 한반도 통일론의 방향성: 다문화주의의 함의

가. 탈분단적 통일문화의 정체성 형성

다문화주의와 한반도 통일론에서 제기한 첫 번째 쟁점은 다문화 시대의 통일의 의미의 확장이었다. 다문화 시대의 통일은 새로운 사회구성원들과 함께 우리 사회의 정체성을 새롭게 회복하고 분단으로 인한 복잡한 사회적 갈등을 치유하는 수단으로서의 의미가 부각되어야 한다는 점이었다. 이와 관련하여 다문화주의가 주는 다음의 인식에 주목하고자 한다.

첫째, 다문화주의에서 기본이 되는 문화적 정체성에 대한 이해이다.[15] 문화는 고정된 실체가 아니며, 구성원들 간의 행위, 구성원들과 공동체와의 관계, 그리고 공동체 외부의 환경이 주는 영향 등에 의해서 총체적으로 구성되는 정체성이다. 이러한 문화적 정체성은 공동체 구성원들의 정서와 행동에도 영향을 미친다. 따라서 다문화주의가 공동체에 투영될 때도 문화적 정체성은 공동체의 특성과 요구에 맞는 맥락적 성격을 띠게 될 것이다.

둘째, 다문화주의의 필요에 대한 인식이다. 다문화주의에 대한 여러 논란이 있지만, 주목할 점은 시민적 연대의 결속을 허무는 것은 오히려 다문화주의가 부재할 때라는 사실이다. 다문화주의를 통한 다문화적 공존이 없다면, 문화적 소수자들은 사회로부터 이질감을 갖게 되고 주류 제도로부터 소외감을 느끼며 정치과정 자체를 신

15 김영옥, “새로운 ‘시민들’의 등장과 다문화주의 논의”, 숙명여자대학교 아시아여성연구소, 『아시아여성연구』, 제46권 2호(2007), pp. 140~141.

뢰하지 못할 가능성이 크게 된다. 다문화에 대한 인정이 없으면, 주류 제도는 소수자의 이익을 다수자의 이익에 가급적 편입하도록 할 것이고, 그 결과로 개인적 행위와 정체성과 관련된 소수자의 이익에 해가 될 것이다. 결국 다문화의 인정이 문화적 소수자들에 대한 사회적 배제와 장벽을 제거함으로써 실질적인 사회적 연대를 강화하고 정치적 안정성을 증진시킬 가능성이 높은 것이다.

셋째, 재분배의 정치와 인정의 정치에 대한 인식이다. 프레이저(Nancy Fraser)에 의하면, 재분배의 정치는 사회의 경제구조에 뿌리내린 사회경제적 부정의에 초점을 맞추며, 인정의 정치는 표현, 해석, 의사소통의 사회적 양식에 뿌리내린 문화적 부정의에 초점을 맞춘다.[16] 그녀는 재분배와 인정이 분석적 차원에서 볼 때, 이 두 가지는 근본적인 정의의 문제임을 강조한다. 실제 현실에서 문화의 차원과 경제의 차원을 분리하는 것은 불가능한 것으로서, 이 두 차원은 서로 교차하면서 작동한다. 많은 문화적 소수자들은 사회경제적 신분 때문뿐만 아니라 그들의 문화적 정체성에 대한 차별 때문에 사회적 소외감을 느끼는 것이다.

이러한 인식들을 기초로 놓고 보면, 우리 사회의 다양한 구성원들이 새로운 통일을 추구해가는 과정에서 우선 새로운 문화적 정체성의 필요를 인정하고 이를 위해 다양한 문화간 상호 이해와 대화를 이루는 것이 중요하다. 이를 통해 문화간 다양성 속에 통일을 향한 통일문화적 정체성의 형성이 추구되어야 할 것이다.

여기서 염두에 두어야 할 것은 문화간 대화를 통해 합리적인 공통성을 추구하는 일이다. 이를 위해 분단과 통일의 의미는 탈분단적

---

16 Nancy Fraser and Axel Honneth, eds., *Redistribution or Recognition?: A Political-Philosophical Exchange* (New York: Verso, 2003), pp. 1~100.

시각에서 계속 재조명되어야 할 것이다. 탈분단적 시각이란 분단에 의해 만들어진 기조나 분단을 재생산하는 이분법적 사고방식과 태도, 차이에 대한 불관용과 획일성에의 요구, 대결주의, 군사주의, 권위주의, 배타적 민족주의 등을 성찰하고 극복해 가려는 관점을 말한다.[17] 탈분단의 시각을 문화간 대화와 합리적인 공통성을 추구하는 기반으로 삼는다면, 그것은 다문화 시대에 우리 사회의 통일을 대비하는 길이고 토대가 될 수 있을 것이다.

탈분단적 시각으로 통일문화를 논의할 때 주의할 것이 있다. 그것은 통일문화의 담론이 의도치 않게 문화간 경계를 정착시키는 사회적 결과를 가져오지 않도록 해야 한다는 점이다.[18] 예컨대, 동포니까 잘 해주어야 한다는 논리가 동포가 아니니까 잘 해주지 않는다는 뜻으로 다른 구성원들에게 비쳐지지 않도록 조심하는 것이다.

또한 탈분단적 통일문화를 형성하려는 노력은 문화간 상호 작용 속에서 모두가 인정할 수 있는 공통문화를 형성해 나가는 융합 또는 통합과정이 되도록 해야 할 것이다.[19] 탈분단적 통일문화는 서로의 다양성을 인정하면서도 함께 공유할 가치로서 역할해야 하기 때문이다.

나. 통일을 위한 다중적 주체들의 시민권 확장

다문화주의와 한반도 통일론에서 제기한 두 번째 쟁점은 한반도 통일의 주체의 확대이었다. 다문화 시대의 통일은 다중적 주체들

---

17 조한혜정 · 이우영 엮음, 『탈분단 시대를 열며: 남과 북, 문화공존을 위한 모색』(서울: 삼인, 2000).

18 천선영, "'다문화사회' 담론의 한계와 역설", 한 · 독사회과학회, 『한 · 독사회과학논총』, 제14권 2호(2004 겨울), pp. 363~380.

19 Parekh(2000) 참조.

의 참여에 의해 함께 만들어 가는 과제가 되어야 한다는 것이었다.

다문화주의는 "동일한 국적, 단일한 국민 정체성, 배타적 시민권, 영토에 대한 포괄적 통치권"으로 정의되었던[20] 근대국가의 관념과 기본적으로 배치된다. 다문화주의는 민족국가의 경계를 넘어선 보편적 인권의 관점에서 다중적 주체들의 평등한 성원권을 추구하기 때문이다. 평등한 성원권의 추구는 곧 시민권의 문제인데, 한반도 통일의 주체가 확장되고 있는 것도 결국은 시민권의 문제라고 할 수 있다. 이와 관련하여 다문화주의가 주는 다음의 인식에 주목하고자 한다.

첫째, 시민이 갖는 권리와 책임의 문제이다. 이는 시민권 논의의 양 축이기도 하다. 그점은 시민권에 관한 논의가 개인주의적 권리와 자격이라는 자유주의적 개념 및 특정 공동체에 소속된 구성원이라는 공동체주의적 개념들 모두에 연결되어 있는 것에서 확인해 볼 수 있다. 물론 과거의 시민권 논의는 모든 사람들을 완전하고 동등한 구성원으로 취급하는 것을 보장하는 문제가 주류였다. 하지만 현대 다원주의 사회에서는 시민의 개인주의적이고 수동적인 현 시대의 삶에 비추어 일종의 책임있는 시민권이 보다 강조되고 있다.[21] 책임있는 시민들이 없다면, 민주주의는 민주주의가 추구하는 정의를 달성할 수 없을 것이다. 오히려 비민주주의적이거나 비자유주의적인 힘에 민주주의가 압도당할 수도 있다. 그만큼 시민의 책임의 문제는 권리의 문제와 동반되어야 하는 것이다.

---

20 Yasemin Nuhoglu Soysal, *Limits of Citizenship: Migrants and Postnational Membership in Europe* (Chicago: University of Chicago Press, 1994).

21 Will Kymlicka, *Contemporary Political Philosophy*, 장동진 외 역, 『현대 정치철학의 이해』(서울: 東明社, 2006), pp. 402~403.

둘째, 시민적 덕성을 키우는 노력은 언제나 중요하다.[22] 다문화 사회에서 모든 시민권을 인정한다고 해서 사회가 반드시 나아지는 것은 아닐 것이다. 기본적으로 현대의 다원주의 사회에서 시민들은 공적인 삶에서보다 사적인 삶에서 느끼는 풍요로움과 즐거움이 더 크고, 좋은 삶의 가치에 대한 견해 차이가 다양하다. 그로 인해 정치 참여의 본질적 가치에 대한 견해도 서로 다르다. 그만큼 시민권 부여가 정치참여적인 시민적 덕성으로 연결되기란 쉽지 않은 것이다. 따라서 다중적 주체들에게 공민권, 정치권, 사회권, 문화권 등을 갖도록 하는 것과 병행하여 다문화 사회에서 노력해야 할 것은 이들의 시민적 공화주의를 키우기 위한 다각도의 노력이다.

시민적 덕성을 키우기 위한 노력으로서 우리가 주목할 것은 정의로운 제도들을 유지하기 위한 도구적 측면에서 시민적 덕성의 중요성이 변호되고 증진되어야 한다는 점이다. 도구적이란 의미는 시민적 개인주의가 증대하고 있는 현실에서 시민의 정치참여라는 본질적 가치의 측면에서가 아니라 시민적 덕성의 온상을 확립하고 강화하는 노력에 역점을 두어야 한다는 것이다.[23] 이를 위해서 무엇보다 중요한 것은 시민적 덕성을 배양하는 사회적 제도와 관행들을 확인하고, 이러한 제도와 관행들이 어떻게 보호되고 육성될 수 있는가를 파악하는 일이다. 또한 주목할 것은 시민들이 시민단체, 가족, 교육체제, 사적 영역 등과 같은 훨씬 더 중첩적인 사회적 제도와 관행들로부터 중첩적인 덕성들을 배운다는 사실이다.

셋째, 종족적 소수 문화집단에게 시민적 권리를 인정하는 일은 결국 공동선을 위한 공동의 제도를 운영하기 위한 것이라는 점이

22 위의 책, pp. 409~433, 437~442.
23 위의 책, p. 422.

다.[24] 시민권의 확장이 개인의 권리와 함께 동시에 사회적 통합에도 기여하는 것이어야 하기 때문이다. 따라서 시민권의 확장은 민주주의가 지탱하는 덕성, 정체성, 관행 등이 침식되지 않도록 유의해야 한다. 특히 종족적 문화집단이 정치화되는 것을 조심해야 한다. 동시에 고려할 것은 법과 제도를 동반한 사회적 통합성의 확보이다. 물론 여기서 말하는 사회적 통합이란 동질성 보다는 다양성이 인정되는 가운데 법과 제도에 기초한 정치제도적 통합성을 추구하며, 구성원들은 민주적 심의의 조건을 존중하고 심의과정을 통해 결정된 정책을 따르며 공동체에 대한 책임성을 가지는 것을 말한다.

넷째, 세계시민주의적 시민권에 대한 인식이 확산되어야 한다.[25] 과거에는 민족적 차원에서 민주주의를 공고화하고 증진하는 데 기여했다면, 이제는 보다 광범위한 전지구적 관점의 세계시민주의적 시민권이 필요하다. 세계시민권은 '국가적 경계에 구속된 인민'이라는 정체성을 대체시키기 위한 확장된 형태의 집합성이자 새로운 차원의 정의이다. 세계시민권의 접근은 민족국가 중심의 재분배와 인정이라는 틀을 넘어 다문화적 다양성을 실현하는 데 기여할 것이다. 유의할 것은 민족국가는 더 이상 정치이론의 유일한 단위로 간주되지는 않지만, 초국가적인 민주주의의 성공은 현재의 민족주의의 건강성에 의해 좌우될 수 있다는 점이다. 다시 말해, 심의민주주의나 대중참여 등 민족국가의 민주주의의 발전이 세계시민주의적 시민권을 성장시킬 가능성이 크다는 것이다. 이러한 점은 유럽통합의 정치에서도 확인할 수 있다. 여전히 유럽통합의 의회나 기구들은

---

24 Brian Barry, *Cultural and Equality: An Egalitarian Critique of Multiculturalism* (Cambridge: Harvard University Press, 2001) 참조.

25 Kymlicka, 장동진 외 역(2006), pp. 433~437.

개별적 시민들에게 책임을 지기 보다는 국민정부에 대한 책임성을 강화하는 데 초점을 두고 있으며, 민족국가를 민주적 시민권이 행사되는 우선적인 장으로 간주하고 있는 것이다.

이러한 전제들은 한반도 통일을 위한 시민권의 확장에 몇 가지 함의를 주고 있다. 첫째는 확장되는 통일의 주체들을 단순히 시민으로 범주화하고 확장하는 차원에 그치는 것이 아니라, 이들에게 시민적 권리와 함께 일종의 통일을 위한 시민으로서의 의무를 제시해야 하며, 통일에 참여하는 시민적 덕성에 대한 가치와 본질을 강조해야 할 것이다. 둘째는 시민사회, 가족, 교육체제, 사적 영역 등에서 시민적 덕성을 키우기 위한 중첩적인 노력을 추구해야 할 것이다. 마지막으로는 이러한 다중적 주체들이 민족국가 단위 내에서 민주주의를 잘 이루어 사회적 통합과 한반도 통일에 기여하도록 하며, 나아가 세계시민주의적 시민권에 대한 인식도 할 수 있도록 해야 할 것이다. 그렇게 될 때, 한반도의 다중적 주체들은 궁극적으로 통일을 위한 시민공동체를 발전시켜 갈 수 있을 것이다.

다. 민족 · 민족주의 담론의 개방성

다문화주의와 한반도 통일론에서 제기한 세 번째 쟁점은 민족공동체의 범주가 재해석되어야 한다는 것이었다. 얼핏 보면, 다문화주의의 강조점은 사회의 새로운 통합성을 추구한다는 점에서 국가경계 내에 있는 것처럼 보이기도 한다. 그러나 다문화주의는 세계차원의 문제와 결합한 정의에 대한 새로운 관점을 추구하고 있다. 그것은 바로 종족적인 민족 중심의 배타적인 민족주의를 경계하고 있기 때문이다. 이와 관련하여 다문화주의가 주는 다음의 인식에 주목하고자 한다.

첫째, 민족주의는 양날의 칼이라는 점이다. 민족주의에 대해서는 논란이 많다. 민족주의에 대한 일반적인 경계와 달리 민족주의의 필요에 대한 견해는 생각보다 폭넓다. 다양한 개인과 집단들이 공존하기 위한 공통의 정체성으로서 민족적 정체성만한 것이 역사적으로도 없었으며,[26] 실제 전근대적 주종관계에서 벗어나 인민주권이라는 새로운 정치적 연대감을 형성하는 데 기여한 것도 민족주의이기도 했다.[27] 나아가 세계화의 과정에서도 민족주의는 인민들에게 사회적 연대감과 정치적 포용력을 구축하고, 이를 통해 민주적 심의와 결정과정에 긍정적으로 역할할 수 있는 측면도 있다.[28]

이렇게 보면, 민족주의 논란의 핵심은 민족주의의 어떤 측면을 경계하고 벗어날 것인지, 그리고 어떤 측면을 어떻게 활용할 것인지에 관한 문제라고 할 수 있다. 민족주의는 그 자체의 폐기보다는 다문화 공존의 틀을 제공하는 이념으로 재구성하는 것이 더 적절하다. 개인의 자율성을 풍부하게 하면서도 특정 집단의 독점과 지배가 용인되지 않도록 하여 개인의 자유가 짓밟히지 않도록 하는 것이 보다 중요하기 때문이다.

둘째, 다문화 시대에도 어떤 이념이 민족주의와 결합하는가 하는 점은 여전히 중요하다. 기존의 종족 중심의 배타적 민족주의로는 내적으로 사회통합의 문제를 해결하지 못하는 상황이 발생하기 십

26 David Miller, *Citizenship and National Identity* (Cambridge: Polity, 2000), pp. 81~96.

27 Liah Greenfeld, "Nationalism and Modernity", *Social Research*, Vol. 63, No. 1 (1996), pp. 3~40.

28 Craig Calhoun, *Nations Matter: Culture, History, and the Cosmopolitan Dream* (London: Routledge, 2007), pp. 27~49, 147~167; Gordon Laxer, "Progressive inter-nationalist nationalisms", James Goodmann and Paul James, eds., *Nationalism and Global Solidarities* (London: Routledge, 2007), pp. 108~122.

상이고 한반도 밖에서도 다른 민족 구성원과 갈등하는 원인이 될 가능성이 크다. 여기서 중요한 것은 다양한 구성원의 자발적 참여를 보장하는 시민권적 의미, 관용과 조화의 틀로서의 민주주의적 의미, 그리고 국제사회의 평화와 협력을 지향하는 국제주의적 의미 등이 민족공동체를 구성하는 원리로서 결합되어야 한다는 점이다. 구체적으로 이는 시민권적 민족주의, 민주주의적 민족주의, 국제주의적 민족주의를 의미한다.

시민권적 민족주의란 시민권적 개인의 기본적인 권리를 존중하는 것에서부터 시작해 궁극적으로 민족공동체를 자발적인 시민공동체로 발전시켜가는 역할을 말한다. 민주주의적 민족주의란 통일과정에서 민족적 이질성과 다양성에 대한 관용과 조화를 가능케 하는 정치·사회적 기제를 수립해가는 역할을 뜻한다. 국제주의적 민족주의란 민족국가 간의 갈등을 상생적으로 극복해가며 민족국가 간의 이해관계를 합리적으로 조정해가는 역할을 의미한다.[29]

이러한 의미가 결합될 때, 민족공동체는 자발적인 시민공동체로 발전해 갈 수 있을 것이며, 전체로서의 민족의 이익과 개체로서의 개인 혹은 집단의 이익은 서로 조화되고 조정될 수 있을 것이다. 나아가 국제사회에서도 민족적 특수성 대신에 보편적 인류애를 기반으로 한 일종의 열린 민족주의가 추구될 수 있을 것이다.

이상에서 지적한 두 가지 전제들은 종족적이고 배타적인 민족·민족주의 중심의 한반도 통일론이 보다 보편적이고 개방된 논리로 재구성되어야 한다는 점을 말해주는 것이다. 실제로 우리 사회에서 대다수의 북한이탈주민들은 자신들을 위한 정책이 여타 다문화 이주민들과는 차원을 달리하는 강한 민족·민족주의적 관점에서

29 김창근(2010), pp. 150~151.

이루어지길 바라고 있다. 반면 여타 다문화 이주민들은 북한이탈주민들에 대한 우리 사회의 후원을 종족 중심의 민족·민족주의적 배려로 간주하기도 한다.

아직은 미미하다고 하지만, 우리가 추구하는 통일의 관념이 단순한 민족공동체의 재결합으로 부각되는 한 이러한 논란은 증폭될 여지가 크다. 한반도 통일론에서 하나의 주축을 이루고 있는 민족·민족주의의 담론은 시민권적이고 민주주의적이면서도 개방성을 담은 국제주의적 의미로 보완되고 재설정되어야 할 것이다.

이 장은 다문화주의와 한반도 통일이라는 두 화두 사이의 논리적 연관성을 찾아보고자 했다. 이를 위해 다문화 시대의 한반도 통일론의 세 가지 쟁점을 추출하고, 다문화주의가 시사하는 한반도 통일론의 방향성을 모색했다.

다문화 시대에 접어드는 우리 사회가 한반도 통일의 의미, 통일의 주체, 민족공동체의 범주 등에 관해 다문화주의적 함의를 찾아보는 것은 시대적인 의미가 적지 않다. 그것은 다문화 시대에 걸맞는 한반도 통일론의 방향성을 찾아보며 실천적인 논의를 모색하는 기반이 될 것이기 때문이다.

[참고문헌]

김경은 · 윤노아. "청소년의 국민정체성, 통일, 다문화수용성에 대한 인식." 한국사회과교육연구학회. 『사회과교육』. 제51권 1호(2012).

김광억 외. 『종족과 민족』. 서울: 아카넷, 2005.

김국현. "다문화 도덕과 교육과정과 통일교육." 한국도덕윤리과교육학회. 『도덕윤리과교육』. 제32호(2011.4).

김영옥. "새로운 '시민들'의 등장과 다문화주의 논의." 숙명여자대학교 아시아여성문제연구소. 『아시아여성연구』. 제46권 2호(2007).

김창근. 『평화를 위한 통일교육: 하나될 미래를 위한 출발』. 고양: 인간사랑, 2007.

______. "다문화 공존과 다문화주의: 다문화 시민성의 모색." 한국윤리학회. 『윤리연구』. 제73호(2009.6).

______. "다문화 시대의 '통일민족주의'와 통일교육." 한국윤리학회. 『윤리연구』. 제77호(2010.6).

김현미. "이주자와 다문화주의." 연세대학교 사회발전연구소. 『현대사회와 문화』. 제26권(2008).

박명규. "다문화주의와 남북관계." 한국국제이해교육학회. 『국제이해교육연구』. 제4권 2호(2009).

박찬석 · 최현호. "열린 민족주의와 통일교육 연구." 한국윤리교육학회. 『윤리교육연구』. 제14집(2007).

양계민 · 정진경. 『사회통합을 위한 청소년 다문화교육 활성화 방안 연구』. 서울: 한국청소년정책연구원, 2008.

양영자. "분단-다문화시대 교육 이념으로서의 민족주의와 다문화주의의 양립가능성 모색." 한국교육과정학회. 『教育課程硏究』. 제25권 3호(2007).

오경석 외. 『한국에서의 다문화주의: 현실과 쟁점』. 파주: 한울, 2007.

오기성. "한국 통일교육의 다문화 교육적 접근." 한국교육과정평가원. 『교육과정평가연구』. 제11권 2호(2008).

유병열. "초등 도덕과에서의 다문화교육: 현황과 문제 및 개선 발전의 과제와 방향.” 서울교육대학교. 『한국초등교육』. 제22권 3호(2011.12).
조한혜정 · 이우영 엮음. 『탈분단 시대를 열며: 남과 북, 문화공존을 위한 모색』. 서울: 삼인, 2000.
천선영. “‘다문화사회’ 담론의 한계와 역설.” 한 · 독사회과학회. 『한 · 독사회과학논총』. 제14권 2호(2004 겨울).
추병완. “학교 통일교육에서 다문화교육 접근의 타당성.” 한국도덕윤리과교육학회. 『도덕윤리과교육』. 제29호(2009.12).
통일부. 『2013 통일백서』. 서울: 통일부, 2013.
한건수. “비판적 다문화주의: 한국적 다문화주의의 모색을 위한 인류학적 성찰.” 유네스코 아시아 · 태평양 국제이해교육원 엮음. 『다문화 사회의 이해: 다문화 교육의 현실과 전망』. 파주: 동녘, 2008.
『조선일보』. 2012.9.18.
Barry, Brian. *Cultural and Equality: An Egalitarian Critique of Multiculturalism.* Cambridge: Harvard University Press, 2001.
Calhoun, Craig. *Nations Matter: Culture, History, and the Cosmopolitan Dream.* London: Routledge, 2007.
Fraser, Nancy and Axel Honneth. eds. *Redistribution or Recognition?: A Political-Philosophical Exchange.* New York: Verso, 2003.
Greenfeld, Liah. “Nationalism and Modernity.” *Social Research.* Vol. 63, No. 1(1996).
Kymlicka, Will. *Contemporary Political Philosophy.* 장동진 외 역. 『현대 정치철학의 이해』. 서울: 東明社, 2006.
Laxer, Gordon. “Progressive inter-nationalist nationalisms.” James Goodmann and Paul James. eds. *Nationalism and Global Solidarities.* London: Routledge, 2007.
Miller, David. *Citizenship and National Identity.* Cambridge: Polity, 2000.
Parekh, Bhikhu. *Rethinking Multiculturalism: Cultural Diversity and Political Theory.* London: Macmillan Press Ltd., 2000.
Soysal, Yasemin Nuhoglu. *Limits of Citizenship: Migrants and Postnational Membership in Europe.* Chicago: University of Chicago Press, 1994.

3장

북한의 도덕규범과 통일교육

1. 도덕규범과 『공산주의 도덕』(현 『사회주의 도덕』) 교과서
2. 북한의 공산주의 도덕과 도덕규범
3. 소학교용 『공산주의 도덕』 교과서에 나타난 도덕규범
4. 통일교육에 주는 시사점

1. 도덕규범과 『공산주의 도덕』 (현 『사회주의 도덕』) 교과서

통일교육에서 북한을 올바르게 이해시키는 교육은 언제나 중요하다. 올바른 북한이해교육이 전제될 때, '적이자 동포'라는 이중적 실체로서의 북한에 대한 인식과 그러한 북한과의 통일에 대한 인식이 보다 분명해 질 것이기 때문이다. 북한을 올바르게 이해하기 위해 북한 주민과 북한 사회의 정서를 이해하는 것은 중요한데, 그러기 위해 북한의 도덕규범을 제대로 파악하는 것이 하나의 열쇠가 될 수 있다. 북한에서 도덕규범은 정치사상교양과 정서교육의 기초가 되기 때문이다. 도덕규범이야말로 사람들의 의식형성에 직접 작용하여 그들을 공산주의적 인간으로서의 혁명적 도덕관의 풍모를 갖춘 혁명가로 길러내는 지침인 것이다.

북한의 도덕규범을 교육하는 텍스트인 『공산주의 도덕』 교과서를 분석하면 북한 사회가 추구하는 도덕규범의 구성과 내용을 실증적으로 추적해 볼 수 있을 것이다.[1] 어느 사회이건 학교에서 학생들을 교육하는 교과서는 그 사회가 추구하는 사회규범과 가치 및 지식 내용을 사회환경의 변화에 맞게 반영하기 때문이다. 교과서는 그 자체로 독립적인 텍스트로 존재할 수 없다. 교과서는 교육공동체의 가치와 신념은 물론 정치·사회·문화적 공동체의 가치와 신념 및 상황변화를 반영하며, 또한 반영할 것을 요구받는다.[2]

---

1 2004년부터 『공산주의 도덕』은 『사회주의 도덕』으로 과목명이 바뀌었다. 하지만 이 장에서는 2002년판 교과서를 사용하고 있고, 2002년판의 이름은 『공산주의 도덕』으로 되어 있어서 그대로 사용하도록 한다.

2 정혜승, "미국의 국어 교과서 분석 연구: 교과서의 기능을 중심으로", 한국독서학회, 『독서연구』, 제14호(2005.12), p. 339.

그것은 우리 사회도 마찬가지여서, 우리 사회가 추구하는 사회 규범과 가치 및 지식 내용은 교과서를 구성하는 기본 원리가 된다. 도덕과의 경우만 보더라도, 개개인에게 도덕적 자아와 자율적 도덕 실천 능력을 길러주는 동시에 민주사회의 구성원으로서 시민공동체의 운영과 발전에 기여할 수 있는 도덕적 인격을 형성시키는 교육 목표에 걸맞게 교과서 내용이 구성된다.

물론 어느 사회이건 학생들이 교과서의 내용을 있는 그대로 모두 내면화하거나 생활에 적용하는 것은 아닐 것이다. 교과서의 공식적인 가치관이 실제의 현실적인 가치관과 어느 정도 차이가 날 수 있을 것이다.[3] 그렇다 하더라도 북한이 교육 매체와 자료가 제한적인 폐쇄사회라는 점에서 학교 교과서가 차지하는 비중은 절대적이라고 할 수 있다. 따라서 북한 교과서는 북한의 의도를 공식적이고 분명하게 전달할 수 있는 가장 효과적인 매체라는 점이 분명하다. 정확한 정도를 산출하기는 어렵겠지만, 북한의 『공산주의 도덕』 교과서에 나타나는 도덕규범은 상당한 수준에서 정서적으로 북한 학생들의 내면 세계의 근간을 이루고 있을 것이다.

이러한 의미에서 이 장은 북한의 소학교용[4] 『공산주의 도덕』 교과서를 대상으로 북한이 추구하는 도덕규범을 분석하고, 그것이 우리의 통일교육에 주는 시사점을 찾아보고자 한다.

---

3 이러한 점에서 의도된 교육과정과 전개된 교육과정을 구분하여 진행한 연구도 있다. 전개된 교육과정은 아래로부터의 시각을 강조하며, 분석을 위해 교육과정의 자료 및 교사와 학생 출신의 북한이탈주민의 구술자료를 주로 활용한다. 조정아, "북한 중등학교 규율과 학생문화", 북한연구학회 편, 『북한의 교육과 과학기술』(서울: 景仁文化社, 2006).

4 북한은 2002년 9월에 인민학교를 소학교로, 고등중학교를 중학교로 개칭했다. 이 장에서 사용하고 있는 2002년판 교과서에는 인민학교로 표기되어 있으나, 이 장에서는 바뀐 명칭인 소학교로 통일해서 사용하도록 한다.

그동안 『공산주의 도덕』 교과서 분석을 통해 북한의 가치규범을 분석한 연구는 적지 않다.[5] 이러한 연구들은 가치규범의 덕목과 내용에 관하여 잘 분석하고 있다. 이 장에서 추가하려는 것은 첫째, 북한 도덕규범의 구조화이다. 북한의 도덕규범의 실체를 범주화해 보고자 한다. 이를 위해 이 장은 북한이 발행한 『혁명적도덕관이란 무엇인가』라는 문건으로 도덕규범의 일반적인 범주를 정리해보고, 이를 『공산주의 도덕』 교과서와 비교하면서 그 차이를 확인해보고자 한다. 그렇게 하면, 『공산주의 도덕』 교과서가 갖는 역할 및 추가되는 규범을 확인하면서, 북한 교과서에 나타나는 도덕규범이 과연 '도덕적'인가의 여부도 평가해 볼 수 있을 것이다. 둘째, 북한 도덕규범에 대한 분석을 바탕으로 우리의 통일교육을 위한 시사점을 도출하고자 한다. 그동안 북한의 도덕규범을 통일교육과 관련지은 연구는 많지 않았다는 점에서 이러한 시도는 의미가 있을 것이다. 이를 통해 북한의 도덕규범을 있는 그대로 보아야 하는 것인지, 민족 동

5 권성아, "헌법 개정에 따른 북한의 교육이념 변화: 국어와 공산주의 도덕 교과서를 중심으로", 한국교육과정학회, 『教育課程研究』, 제21권 2호(2003); 오기성, "북한 『공산주의 도덕』 교과서의 가치 지향 분석", 한국교원대학교 통일교육연구소, 『통일교육연구』, 제3권(2004.2); 윤종진, "북한 고등중학교 『공산주의 도덕』 교과서에 나타난 '정치사상교양' 내용 연구", 한국국민윤리학회, 『국민윤리연구』, 제47호(2001.9); 이민수, "남북한 사회의 도덕적 가치와 현실", 한국사회조사연구소, 『사회연구』, 제3호(2002 봄); 이효범 · 최현호, "북한 교과서 분석을 통한 청소년 가치관 연구: 고등중학교 공산주의 도덕 3 · 4학년 중심으로", 북한연구학회, 『북한연구학회보』, 제4권 2호(2000); 인미란, "중 · 고등학교 『도덕』 교과서의 통일 및 북한 관련 내용 분석을 통한 통일 교육 개선 방향", 성신여자대학교 교육문제연구소, 『교육연구』, 제44집(2008); 전숙자, "北韓 「共產主義 道德」 教科書에 나타난 人間觀", 한국사회과교육연구회, 『사회과교육』, 제26호(1993.8); 정희태, "남북한 초등 도덕교육 특징 비교: 남북한 초등 도덕교과서 내용분석을 중심으로", 한국통일전략학회, 『통일전략』, 제8권 1호(2008.4); 최현호, "북한 중등 도덕교과서에 나타난 남북한 도덕적 동질성 분석 연구: 보편적 도덕영역과 전통 도덕영역을 중심으로", 북한연구학회, 『북한연구학회보』, 제6권 1호(2002) 등 참조.

질성에 대한 요소를 과연 얼마나 강조할 수 있는 것인지 등에 관해서도 판단해 볼 수 있을 것이다.

2. 북한의 공산주의 도덕과 도덕규범

가. 북한 교육의 기본 목표와 공산주의 도덕

북한 교육의 기본 목표와 원리에 대해서는 1999년 8월에 발표된 『조선민주주의 인민공화국 교육법』(이하 교육법)에 명시되어 있다. 총 6장 52조로 구성된 교육법은 교육법의 기본(1장), 전반적 무료 의무교육제(2장), 교육기관과 교육일군(3장), 교육내용과 방법(4장), 교육조건보장(5장), 교육사업에 대한 지도통제(6장) 등에 관해 규정하고 있다. 제3조에서는 사회주의교육학의 기본 원리가 "건전한 사상의식과 깊은 과학기술지식, 튼튼한 체력을 가진 믿음직한 인재를 키우는 것"에 있다고 못박고 있다. 제29조에는 "학생에게 건전한 사상과 도덕, 깊은 지식을 주고 그들이 튼튼한 체력과 풍만한 정서를 지닐 수 있게 정치사상교육을 앞세우면서 과학기술교육을 깊이 있게 하고, 체육, 예능교육을 결합시켜야 한다."고 규정하고 있다.

북한은 2011년 1월 최고인민회의 정령으로 취학 전 1년, 소학교 4년, 중학교 6년 등 5~16세의 무료 의무교육 등을 명시한 보통교육법을 제정했다. 이어 같은 해 12월 최고인민회의 정령으로 북한은 대학교육에 관한 운영절차 등을 담은 고등교육법을 제정했다. 북한은 2012년 9월 개최된 최고인민회의 제12기 제6차 회의에서 '12년제

의무교육'을 시행하는 법령을 채택했다. 이에 따라 소학교는 기존 4년에서 5년으로 늘어났고, 중학교 6년 과정은 각각 3년제 초급중학교와 3년제 고급중학교로 분리되었다. 북한이 의무교육 기간을 늘린 것은 1972년 7월에 11년제 의무교육을 채택한지 40년 만의 일이며, 교육제도 개편은 2002년 9월 이후 10년 만이다.

교육법이 발표되기 이전까지는 1977년 9월 조선로동당 중앙위원회 제5기 제14차 전원회의에서 김일성이 발표한 『사회주의 교육에 관한 테제』(이하 테제)가 북한 교육에 관한 기본 방침의 역할을 했다.[6] 테제에서도 사회주의 교육의 목표는 "사람들을 혁명화, 로동계급화하여 자주성과 창조성을 지닌 공산주의적 혁명인재로 키우는데" 있다며, 이를 위해 "사상교양을 위주로" 할 것을 명시하고 있다. 테제가 그동안 강령적 성격을 띠면서 법적인 의미를 가졌다면, 교육법은 테제의 강령적 제반 지침을 거의 그대로 계승하여 공식적으로 법제화했다는 의의가 있다. 교육법이나 테제나, 내용에서 가장 중점을 두는 것은 정치사상교양이다.[7]

교육법이나 테제에서 규정하고 있는 북한 교육의 기본 목표는 『조선민주주의인민공화국 사회주의 헌법』 제43조에 총괄되어 있다.[8] 제43조는 "국가는 사회주의교육학의 원리를 구현하여 후대들을 사

---

6 테제는 사회주의교육학의 기본원리(1장), 사회주의교육의 내용(2장), 사회주의교육의 방법(3장), 사회주의교육제도(4장), 교육기관의 임무와 역할, 교육사업에 대한 지도와 방조(5장) 등으로 구성되었다. 북한 교육의 총체적인 변화에 대해서는 이향규 외 3인, 『북한 교육 60년: 형성과 발전, 전망』(파주: 교육과학사, 2010) 참조.

7 윤종진, "김정일 등장 이후의 '정치사상교양' 정책의 변화 분석", 통일연구원, 『통일정책연구』, 제13권 2호(2004), p. 200; 한만길, "북한 교육의 이념과 목적", 북한연구학회 편(2006), pp. 210~212.

8 통일부 북한자료센터(http://unibook.unikorea.go.kr)의 '북한법령' 참조. '주체형의 새 인간'이란 표현은 2009년 4월 9일 최고인민회의 제12기 제1차 회의에서 개정된 헌법에서부터 나타난다. 그 전까지는 '공산주의적 새 인간'으로 명기되었다.

회와 인민을 위하여 투쟁하는 견결한 혁명가로, 지덕체를 갖춘 주체형의 새 인간으로 키운다."고 되어 있다.

이상에서 볼 때, 북한 교육의 목표는 한 마디로 '주체형의 새 인간 육성'이라고 할 수 있다. 이를 위해 가장 핵심적인 역할을 해야 하는 것이 바로 공산주의 도덕을 잘 가르치는 것이다. 그것은 북한에서 도덕이 갖는 의미를 보면 알 수 있다. 북한의 『조선말대사전』에 의하면 도덕은 "사회와 력사가 발전함에 따라 달라지며 계급사회에서는 반드시 계급적 성격을 띤다. 사회를 발전시키는 데 이바지하는 가장 선진적이며 혁명적인 도덕은 로동계급의 도덕, 공산주의 도덕이다."라고 되어 있다.[9] 이렇게 보면, 북한에서 공산주의 도덕교육은 사람들을 공산주의적 인간의 사상과 도덕적 풍모를 갖춘 혁명가로 육성하기 위한 교육이며, 그것은 바로 북한 교육의 목표와 직결된다고 하겠다.

이러한 점은 북한에서 공산주의 도덕 교과가 설치된 의도에서도 확인할 수 있다. 북한에서 공산주의 도덕 교과는 인민학교의 경우 1960년대부터 시작되었다. 1964년 1월 김일성은 당 중앙위원회에서 공산주의 도덕을 정식 과목으로 채택할 것을 지시했다. 이어 교과서 내용 개발에 들어간 후 1968년 9월 1일 김일성 관련 교과서와 함께 공산주의 도덕은 정식 교과목으로 가르쳐지기 시작했다. 공산주의 도덕은 학생들에게 공산주의 교양을 강화하기 위해 설치되었던 것이다. 공산주의 도덕은 1986년 북한의 교육과정에서는 폐지되었다. 그러나 교과서는 계속 발행되었던 것으로 볼 때, 학교에서는 여전히 이 과목을 가르쳤던 것으로 추정된다. 공산주의 도덕은 1992년 북한의 교육과정 개편에서 다시 부활되어 주당 1시간씩 가

9 사회과학출판사 편, 『조선말대사전(1)』(평양: 사회과학출판사, 1992), p. 751.

르치게 되었다. 이어 1996년 교육과정 개편에서도 공산주의 도덕 과목은 그대로 유지되었고, 지금에 이르고 있다.[10]

공산주의 도덕은 2004년에 사회주의 도덕으로 과목명이 변경되었다. 그것은 북한이 현재 자신의 발전단계를 공산주의의 이전 단계인 사회주의 단계로 설정한다는 점에서 그에 맞는 도덕을 가르치려는 의도가 강했다고 볼 수 있다. 또한 당시 선군정치에 입각한 강성대국 건설을 목표로 했던 북한이 북한식의 사회주의 국가 건설을 향해 나아가고 있다는 점을 대내외에 부각시키려는 이유도 있었을 것이다.

나. 『혁명적도덕관이란 무엇인가』에 나타난 북한의 도덕규범

북한 교육의 목표는 공산주의적 새 인간의 육성에 있으며, 공산주의 도덕은 그러한 인간을 육성하는 데 중추적인 역할을 한다. 여기서 공산주의 도덕의 규범은 무엇인가가 핵심이다. 북한의 금성청년출판사가 1991년에 출판한 『혁명적도덕관이란 무엇인가』는 공산주의 도덕규범을 세 가지 범주로 구분하고 있다. 그것은 첫째, 수령·당·대중에 대한 충실성, 둘째, 사회생활에서의 혁명적 의리와 동지애, 셋째, 사회공동생활을 위한 공민의 도덕 등이다.[11]

---

10 오기성, “북한 『공산주의 도덕』 교과서의 가치 지향 분석”, 한국교원대학교 통일교육연구소, 『통일교육연구』, 제3권(2004.2), p. 57. 참고로 1996년 개정된 교육과정은 경애하는 수령 김일성 대원수님 어린시절, 위대한 령도자 김정일 원수님 어린시절, 항일의 녀성영웅 혁명투사 김정숙 어머님 어린시절, 사회주의 도덕, 수학, 국어, 자연, 위생, 음악, 체육, 도화공작 등 11개 과목으로 구성되어 있다. 2008년도 9월에는 외국어와 콤퓨터 교과가 신설되어 현재는 13개 과목이다. 임순희, 『북한 청소년의 교육권 실태: 지속과 변화』(서울: 통일연구원, 2005), p. 19; 통일부 통일교육원, 『북한이해 2013』(서울: 통일교육원, 2013), p. 196.

이를 세부적으로 살펴보면, 첫째, 수령·당·인민에 대한 충실성은 ① 수령에 대한 존경과 흠모, ② 당조직에 대한 존엄과 조직규율 준수, ③ 인민대중에 대한 사랑과 인민대중을 위한 복무 등이다.

둘째, 사회생활에서의 혁명적 의리와 동지애는 ① 동지들 간의 혁명적 의리, ② 가족들 간의 육친적 사랑과 동지적 사랑, ③ 남녀 간의 혁명동지적 사랑 등이다.

셋째, 사회공동생활을 위한 공민의 도덕은 ① 노동애호, ② 사회적 재부[12] 절약, ③ 예의범절 준수, ④ 노약자를 돌보는 사회적 기풍 등이다. 이상의 내용은 아래 〈표 3-1〉로 정리해 볼 수 있다.

〈표 3-1〉『혁명적 도덕관이란 무엇인가』에 나타난 공산주의 도덕규범

도덕규범	세부 내용
수령·당·인민에 대한 충실성	- 수령에 대한 존경과 흠모 - 당조직에 대한 존엄과 조직규율 준수 - 인민대중에 대한 사랑과 인민대중을 위한 복무
사회생활에서의 혁명적 의리와 동지애	- 동지들 간의 혁명적 의리 - 가족들 간의 육친적 사랑과 동지적 사랑 - 남녀 간의 혁명동지적 사랑
사회공동생활을 위한 공민의 도덕	- 노동애호 - 사회적 재부 절약 - 예의범절 준수 - 노약자를 돌보는 사회적 기풍

11 안만히,『혁명적도덕관이란 무엇인가』(평양: 금성청년출판사, 1991), pp. 32~241.

12 북한에서 사회적 재부란 "사회의 모든 성원들이 공동으로 리용하면서 쓰고 사는 가치있는 모든 것"을 의미한다. 위의 책, p. 233.

3. 소학교용 『공산주의 도덕』 교과서에 나타난 도덕규범

가. 학년별 단원과 주요 내용

『혁명적도덕관이란 무엇인가』라는 문헌에 나타난 공산주의 도덕규범은 첫째, 수령·당·인민에 대한 충실성, 둘째, 사회생활에서의 혁명적 의리와 동지애, 셋째, 사회공동생활을 위한 공민의 도덕 등이었다. 여기서는 소학교용 『공산주의 도덕』 교과서의 학년별 단원과 주요 내용을 보면서 이러한 범주와 어떤 차이가 있는지를 확인하고자 한다.

1학년은 총15개, 2학년은 총18개, 3학년은 총21개, 4학년은 총 24개 단원으로 구성되어 있으며, 단원별 주요 내용은 〈표 3-2〉, 〈표 3-3〉, 〈표 3-4〉, 〈표 3-5〉와 같다.[13]

〈표 3-2〉 1학년 『공산주의 도덕』 교과서의 단원과 주요 내용

단원(1학년)	주요 내용	도덕규범
1. ≪훌륭한 학생이 되세요≫	밝은 어린이의 모습	바른 몸가짐
2. 누구나 다 배우는 나라	학습하는 학생의 모습	사회주의 우월성
3. 백두산3대장군 모신 자랑	김일성·김정일·김정숙에 관한 내용	김일성·김정일·김정숙 우상화
4. 일당백인민군대	모두 인민군대가 되자.	김일성·김정일 우상화, 조국애

13 분석 대상으로 삼은 교과서는 김완선 외 2인 『공산주의 도덕 인민학교 1』(평양: 교육도서출판사, 2002); 김완선 외2인 『공산주의 도덕 인민학교 2』(평양: 교육도서출판사, 2002); 김룡택 외 2인 『공산주의 도덕 인민학교 3』(평양: 교육도서출판사, 2002); 김룡택 외 2인 『공산주의 도덕 인민학교 4』(평양: 교육도서출판사, 2002)이다.

단원(1학년)	주요 내용	도덕규범
5. 부모를 도와요	부모에 대한 효도	효도
6. 빨간 수지연필	주운 연필을 선생님에게 가져다 줌.	정직
7. 자매섬에 세워 주신 학교	세 명의 어린이를 위해 김정일이 학교를 세워줌.	김정일 우상화, 조국애
8. 앞서 걸으신 이슬길	김정일의 효	효도, 반제, 반일
9. 서로 힘을 합치면	협동하여 돌배를 땀.	협동, 반개인주의
10. 아껴 쓰는 마음	절약의 중요성을 알게 된 용철, 절약은 나라에 보탬이 되는 일임.	절약, 반개인주의
11. 사이 좋게 날린 연	욕심을 뉘우친 야옹이와 멍멍이	우정
12. 남호의 생각	친구에게 비옷을 빌려준 남호 이야기	우정
13. 거짓말하던 새끼염소	거짓말하던 새끼염소가 어머니를 잃을 뻔함.	정직
14. 악독한 지주놈	지주에 대한 증오	반봉건, 반한
15. 승량이 미국놈	반미투쟁의 지속 강조	반제, 반미

〈표 3-3〉 2학년 『공산주의 도덕』 교과서의 단원과 주요 내용

단원(2학년)	주요 내용	도덕규범
1. 개학날에	김일성의 사랑에 대한 보답으로 김정일을 잘 모시고 열심히 공부할 것	김일성 · 김정일 우상화
2. 사랑의 교복	철 따라 교복을 주는 김정일의 사랑과 배려	사회주의 우월성
3. 어린 나무야 어서 자라라	조국의 나무 한 그루, 풀 한 포기도 소중히 여길 것	조국애
4. 힘을 합쳐 당겼지	마음과 힘을 합쳐야 줄다리기를 이길 수 있음.	협동심
5. 어린 꼴머슴	지주에게 탄압받다가 김일성에 의해 나라의 주인이 된 천석이	김일성 우상화, 반봉건, 주체사상
6. 비행사가 될래야	비행사가 되어 미국으로부터 나라를 지키겠다는 창호의 결심	반미, 조국애

단원(2학년)	주요 내용	도덕규범
7. 모범학습반	수학을 못하는 미영이를 도와 모범학습반이 됨.	협동, 우정
8. 학습준비를 착실히	학습준비를 잘 해온 친구를 보며 자기 잘못을 뉘우침.	성실, 자기 반성
9. 지극한 효성	사슴뿔을 보고 김일성에게 드리자고 했던 김정일의 효도	효도, 김정일 우상화
10. 예방주사 맞은 날	무료로 예방주사를 놓아주는 고마운 나라, 돈 없다고 앓는 아이를 쫓아내 숨지게 한 남한	사회주의 우월성, 반한
11. 너구리의 아침청소	부지런한 노루처럼 남이 보건 말건 진심으로 일할 것	성실, 봉사
12. 소년단원이 되겠어요	훌륭한 소년단원은 공부를 잘하고 웃사람을 존경하며, 친구를 사랑하고 조직생활을 잘해야 함.	성실, 공경, 우정
13. ≪내가 너희들의 어머니다≫	김정숙이 혁명가들의 아이들을 친어머니처럼 보살펴 줌.	반제, 반봉건, 김정숙 우상화
14. 누가 시키지 않아도	어머니를 잘 도와드리는 은별이	효도, 노동애
15. 정다운 동무들	넘어진 친구를 부축해 이어달리기를 마친 영진이	우정
16. 남녘의 내 동무	남한의 8살 소녀가장 영미가 부모님과 동생들을 보살펴야 하는 궁핍한 처지에 처함.	반제, 반한, 사회주의 우월성
17. 사이 좋은 형제	감자를 서로 먹이려고 양보하는 형제	형제애, 우애
18. 돈밖에 모르는 자본가놈	어느 일본자본가의 노동자 착취 일화	반제, 반일, 반자본주의

〈표 3-4〉 3학년 『공산주의 도덕』 교과서의 단원과 주요 내용

단원(3학년)	주요 내용	도덕규범
1. 은정속에 피여 난 재능	서예소조에서 배운 순복이의 붓글씨 솜씨, 고속도로 건설장에 속보를 쓰는 순복이의 충성	충성, 김정일 우상화
2. ≪배나무꽃가지를 꺾으면 어떻게 될까요?≫	장난꾸러기들에게 나무 한 그루도 아끼며, 조국애와 향토애를 가지도록 타이르는 김정숙	조국애, 향토애, 김정숙 우상화

단원(3학년)	주요 내용	도덕규범
3. 꼭 같은 마음	혁명사적지를 돌보는 동수와 영도	조국애, 충성, 김정일 우상화
4. 동무를 위한 마음	연필을 서로 나누어 쓰는 우정	우정, 동지애
5. 마을어린이들의 잘못을 두고	김정일의 어린 시절을 따라 배워 훌륭한 소년단원이 되자.	김정일 우상화
6. 풀색크레용	크레용네 형제들은 협동하여 훌륭한 전시품을 만듬. 풀색 크레용은 혼자서 아무 것도 할 수 없음을 깨달음.	협동심
7. ≪기특한 어린이들이요≫	김일성 현지지도표식비를 잘 관리함.	김일성·김정일 우상화, 충성
8. 뼈에 사무친 원한	발전소 건설 공사장에서 저질러진 일제놈의 만행	반제, 반일
9. 너구리의 속심	쉬운 일만 하고 먹는 것에 욕심이 많은 너구리	노동애호
10. 지주놈의 검은 심보	일제와 한편이 된 황지주의 압제, 김일성이 땅을 빼앗아 농민에게 나누어 줌.	김일성 우상화, 반봉건, 반제
11. 조국을 빛내이려는 소녀의 꿈	세계육상선수권대회에서 1위를 한 정성옥의 인민학교 시절, 정성옥의 꿈을 펴게 해 준 김정일의 은혜	조국애, 김정일 우상화
12. 말한대로	말보다 실천이 중요하다는 것을 뉘우친 창범이	성실, 실천
13. 동무들과 다름없이	자신들과 똑같이 생활하는 김정일의 풍모에 감동한 학생들	김정일 우상화
14. 9살의 아동당원 금순이	김일성에게 충직하다가 사형을 당한 항일혁명기의 아동단원 금순이	조국애, 김일성·김정일 우상화
15. ≪돌아 갑시다!≫	남새밭을 보호하려는 김정일의 어린시절	김정일 우상화, 조국애
16. 언제나 솔직하게	공을 차다 꽃을 꺾어 놓은 일을 꽃의 주인에게 찾아가 솔직하게 이야기한 혁민이	정직
17. 경각심 높은 철남이	간첩을 신고하여 조국을 지킨 철남이	조국애, 반제
18. 영예군인아저씨 기뻐하시게	영예군인들을 기쁘게 해주는 소년단원들	조국애

단원(3학년)	주요 내용	도덕규범
19. 축하연아 올라라	김정일 생일에 축하연을 띄움.	김정일 우상화, 충성
20. 귀중한 동무	깃발꽂기 군사놀이에서 정식이 분단이 서로 도와 이김.	협동, 동지애
21. 우리 마음도 따라 가요	공부를 열심히 하여 현지지도를 계속해 가는 김정일에게 기쁨을 주자.	김정일 우상화

〈표 3-5〉 4학년 『공산주의 도덕』 교과서의 단원과 주요 내용

단원(4학년)	주요 내용	도덕규범
1. 언제나 함께 계셔요	김일성과 김정일의 초상화를 보면서 언제나 어디서나 함께 계신다는 긍지와 자랑을 갖도록 할 것	김일성 · 김정일 우상화, 충성
2. 몸소 사진을 찍어 주시며	새 교복을 입은 학생들의 사진을 직접 찍어 준 김일성의 사랑과 은정	김일성 우상화
3. 415그루의 수유나무	태양절에 수유나무 415그루를 금수산기념궁전 수목원에 심음.	김일성 우상화
4. 우리의 노래를 부르도록	김정일이 혁명가요를 가르쳐주며 반동적 노래에 경각심을 갖도록 함.	반제, 반봉건, 사회주의 우월성
5. 언제나 제 힘으로	남의 힘에 의존하던 영남이가 자신의 힘으로 무슨 일이든 착실하게 해나감.	자주
6. 우리의 희망	김일성과 김정일 덕분으로 세상에서 제일 좋은 사회주의 제도 아래서 각자의 희망을 꽃 피울 수 있게 되었음.	김일성 · 김정일 우상화, 사회주의 우월성
7. 팔려 가는 아이들	아이수출왕국이 된 남한	반한
8. 알뜰한 일솜씨	무슨 일이든 주인다운 마음으로 알뜰하게 하는 금옥이	자주, 노동애호
9. 토끼의 후회	친한 사이일수록 잘못을 제때에 일깨워 주어야 한다는 것을 깨달은 토끼	우정
10. 대동강반에서 들려 주신 이야기	룡남이와 명숙이의 항일 투쟁 이야기	반일, 김일성 우상화
11. 세상에는 《귀신》이 없다	김정일이 마을 어린이들에게 미신의 허구성을 가르쳐 줌.	김정일 우상화, 반미신

단원(4학년)	주요 내용	도덕규범
12. 금수의 마음	남이 써놓은 글을 그대로 옮겨 베껴서 내놓는 것은 부끄러운 행동임.	정직, 성실
13. 토끼기르기를 통이 크게	50마리나 되는 토끼를 길러 당창건기념일에 인민군대에 보낸 창식이	헌신, 봉사
14. 두발 가진 승냥이 미국놈	남한 어린이 창호를 학살한 미국놈	반미, 반한
15. 누구나 일하는 나라	사회주의제도 아래 잘 살고 있는 사회주의나라	사회주의 우월성
16. 사랑의 악기소리 높이 울려요	김정일이 보내준 악기를 알뜰히 관리하고 예술선전대활동을 잘 한 소년단원들	김정일 우상화, 조국애
17. 친형님의 마음으로	아래 학년학생들을 친동생처럼 사랑하고 돌봐줌.	우애
18. 장군님만 계시면	김일성과 김정일을 더 잘 받들어 모실 것	김일성·김정일 우상화, 반제, 반한
19. 약속	시간약속을 잘 지키는 것이 조직과 집단생활에서 중요함.	시간약속 준수
20. 공원에서 얻은 돈가방	공원에서 주운 외국사람의 돈가방을 찾아줌. 외국사람은 자본주의나라에서는 생각할 수 없는 일이라며 감동함.	정직, 사회주의 우월성
21. 악보를 판 소녀	사회주의가 무너진 어느 사회에서 고통받는 어린 마리나	반자본주의, 사회주의 우월성
22. 철길우에 휘날리는 붉은 넥타이	소낙비에 돌사태가 날 것을 우려해 달려오는 기차를 세움.	조국애
23. 간절한 소원을 안고	김정일의 건강을 위해 새털을 모아 솜옷과 버선을 지음.	김정일 우상화, 충성
24. 꽃다발은 동무에게	자신의 공을 친구에게 돌리며 자기를 내세울 줄 모르는 인철이	겸손

소학교용 『공산주의 도덕』 교과서의 학년별 도덕규범과 『혁명적도덕관이란 무엇인가』에 나타난 도덕규범의 차이를 확인하기 위해 이 장은 두 가지 방법을 취했다. 첫째는 이상의 표에서 정리한 단원들의 도덕규범을 『혁명적도덕관이란 무엇인가』에서 제시된 세

가지 도덕규범의 범주에 포함시켜 보았다. 둘째는 세 가지 도덕규범의 범주에 포함시키고 학년별로 남는 도덕규범들은 아래 비고란에, 4개 학년에서 특징적으로 나타난 도덕규범은 오른쪽 비고란에 부가했다(〈표 3-6〉 참조).

여기서 얻은 결과는 두 가지이다. 첫째는 공산주의 도덕규범으로 ① 수령·당·인민에 대한 충실성, ② 사회생활에서의 혁명적 의리와 동지애, ③ 사회공동생활을 위한 공민의 도덕 이외에, ④ 사회주의 우월성(반자본주의 포함), ⑤ 조국애, ⑥ 반제·반미·반일·반한, ⑦ 개인생활 도덕규범(성실, 실천, 정직, 겸손, 자기반성 등)이 추가되었다. '북한의 도덕규범'이라 하면 이상의 7개 범주를 포괄한다고 할 수 있다. 둘째는 공산주의 도덕규범에 관한 학년별 차이는 없지만, 4학년의 경우 자주와 반미신(反迷信)을 강조하는 내용이 포함되어 있는 것이 눈에 띄었다.

〈표 3-6〉 소학교용 『공산주의 도덕』 교과서에 나타난 도덕규범

도덕규범	내용	1학년	2학년	3학년	4학년	비고
수령·당·인민에 대한 충실성	• 수령에 대한 존경과 흠모 • 당조직에 대한 존엄과 조직규율 준수 • 인민대중에 대한 사랑과 인민대중을 위한 복무	3,4,7,8과	1,5,9,12,13과	1,2,3,5,7,10,11,13,14,15,19,21과	1,2,3,6,10,11,13,16,18,19,23과	-김정숙 우상화 포함
사회생활에서의 혁명적 의리와 동지애	• 동지들 간의 혁명적 의리 • 가족들 간의 육친적 사랑과 동지적 사랑 • 남녀 간의 혁명 동지적 사랑	5,9,11,12과	4,7,15,17과	4,6,20과	9,17과	

도덕규범	내용	1학년	2학년	3학년	4학년	비고
사회 공동생활을 위한 공민의 도덕	• 노동애호 • 사회적 재부 절약 • 예의범절 준수 • 노약자를 돌보는 사회적 기풍	1, 6, 10, 13과	9, 11, 12, 14과	9, 12, 16과	8, 12, 19, 20, 24과	-개인 생활 도덕 규범 (성실, 실천, 정직, 겸손, 자기 반성 등) 포함
비고		-사회주의 우월성 (2과) -조국애 (4, 7과) -반제·반미·반일 (8, 14, 15과) -반한 (14과)	-사회주의 우월성 (2, 10, 16과) -조국애 (3, 6과) -반제·반미·반일 (5, 6, 13, 18과) -반한 (10, 16과)	-조국애 (2, 3, 11, 14, 15, 17, 18과) -반제·반미·반일 (8, 10, 17과)	-사회주의 우월성 (4, 6, 15, 20, 21과) -조국애 (16, 22과) -반제·반미·반일 (4, 10, 14, 18, 21과) -반한 (7, 14, 18과) -자주 (5, 8과) -반미신 (11과)	

나. 소학교용 교과서에 나타난 도덕규범의 특징

위에서 정리한 내용을 바탕으로 소학교용 『공산주의 도덕』 교과서에 나타나는 도덕규범의 특징은 다음처럼 세 가지로 요약할 수 있다.

첫째는 교조주의적 성격이다. 모든 교과서 서두는 김일성 혹은 김정일 말씀을 인용하면서 시작하고 있다. 김일성·김정일 부자의 교시는 절대주의적이고 신성불가침한 가치이자 지침이다. 자연히 사실의 객관성이나 과학성은 무시되며, 김부자의 '혁명역사'와 언행이 규범화된다. 그것은 사회주의 국가 건설과 공산주의 혁명 과정은 물론 생활 전반에 걸쳐 규정된다. 따라서 김일성·김정일로부터 내려오는 일원론적 절대주의 가치관은 매우 획일화되고 경직되어 나타나게 된다.

둘째는 집단주의적 성격이다. 교과서는 사회 전체가 추구하는 목표를 최고 가치로 설정하고 개개인이 그것을 해결하는 데 일정한 몫을 담당할 수 있어야 한다는 점에 중점을 둔다. 나아가 사회 전체를 위해 자신을 희생할 수 있어야 한다는 점까지 강조한다. 이는 사회를 영도하는 최고지도자인 수령을 가장으로 한 하나의 가부장제적 국가가족으로 개인을 편입시키는 기제가 되고 있다. 여기서 개인은 사회구성원이라는 보편적 의미로서 존재하지 않는다. 집단주의적 규범 속에서 국가에 대한 충성이나 사회에 대한 애착은 지도자 개인에 대한 충성과 애착으로 귀결되며 자연스레 전체주의화로 나타나고 있다.

셋째는 정치사상교양의 성격이다. 교과서는 학습 내용과 방법의 절대적 부분을 주체형의 새 인간을 양성하기 위한 계급교양에 치중하고 있다. 내용과 방법은 김일성·김정일의 행동을 모범화하고, 이를 긍정감화시켜 도덕적 행동으로 내면화하도록 하는 순서를 취하고 있다. 정치사상교양을 최우선으로 삼고 있는 이러한 특징은 북한의 도덕규범을 수단적 도덕규범으로 전락시키고 만다. 따라서 공산주의 도덕규범은 궁극적으로 수령에 대한 충실성을 통해 결과적으로 김일성·김정일 정권과 사회주의체제를 유지하기 위한 수단적 도덕으로 역할하게 된다.

이렇게, 북한 소학교용 교과서에 나타나는 도덕규범의 세 가지 특징은 교조주의적 성격, 집단주의적 성격, 정치사상교양의 성격이다. 이러한 특징은 한 마디로 '수령 중심의 체제유지를 위한 수단적 도덕규범'이라고 요약할 수 있을 것이다.

4. 통일교육에 주는 시사점

가. 북한의 도덕규범은 결코 '도덕적'이지 않다.

첫째, 북한의 도덕규범은 결코 '도덕적'이라 할 수 없다. 도덕적인지 아닌지 하는 문제는 목표와 결과, 목적과 수단 등의 차원에서 규범을 평가해 보면 확연해 질 것이다.[14] 여기서는 북한 교과서에 나타난 교조주의적 성격, 집단주의적 성격, 정치사상교양의 성격을 중심으로 개괄적으로 살펴보고자 한다.

북한 도덕은 주체형의 새 인간 양성을 위해 수령 중심의 집단주의를 최우선의 목표로 삼고 정치사상교양에 치중하고 있다. 그러나 우선, 수령의 절대성은 북한만이 최고의 도덕 가치로 교조화할 뿐이지, 결코 다른 인류에게 보편적으로 적용될 수 있는 가치가 아니다. 수령 영도의 절대성 역시 주민의 인권을 유린하거나 착취하는 현실

14 Steven Lukes, *Marxism and Morality* (New York: Oxford University Press, 1985), S. 룩스 지음, 황경식·강대진 옮김, 『마르크스주의와 도덕』(서울: 서광사, 1994), pp. 208~221.

에서는 수용될 수 없는 허구일 뿐이다. 또한 수령의 절대성이라는 교조화 자체가 인간존중과 같은 개인의 본질적 가치를, 사회주의 혁명과 수령체제 유지를 위한 수단적 가치로 전락시켜 버리고 있다.

다음으로 집단주의 규범을 보더라도 마찬가지 평가를 내릴 수밖에 없다. 집단주의의 결과는 단지 수령체제의 유지일 뿐이다. 집단의 의사와 결정 역시 수령의 절대화라는 명제 아래에서는 결국 각 구성원의 의사와 결정이 아니라 수령의 의사와 결정으로 환원될 뿐이다. 개인은 하나의 독립된 개체라기보다는 집단 속의 한 일원으로서 존재 가치가 주어진다. 집단의 영속성이 우선이기 때문에 개인적 정체성 보다는 집단적 정체성이 우선할 수밖에 없다. 또한 북한에서 집단주의는 가부장제적인 국가화 논리로 설정되고 있다는 점에서 집단주의의 결과는 다시 수령의 영도로 귀결되고 만다.

정치사상교양 역시 수령의 절대성과 집단주의를 뒷받침하는 수단이자 결과일 뿐이다. 정치사상교양은 획일화된 규범 속에서 인간의 가치나 행복의 실현, 인간의 권리나 사회정의의 실현 등의 다양성을 원천적으로 배제한다. 그 속에서 개개인의 비판적 사고능력 자체는 제한될 수밖에 없으며, 그 결과는 또다시 수령 영도의 절내성으로 귀결되고 만다.

이러한 평가에 근거해 보더라도, 북한의 도덕규범은 결코 '도덕적'이지 않다. 인권과 사회정의와 같은 도덕교육의 본질적 가치도 찾아볼 수 없다. 성실, 실천, 정직, 겸손, 자기반성 등 개인생활 도덕규범에 관한 몇 가지가 눈에 띄긴 하지만, 그것은 그나마도 개인의 인격적 가치에 기반했다기 보다는 수단적 가치에 초점을 둔 것이다. 개인들에게는 철저히 정치체제적 맥락에서의 도덕적 의무만이 강조될 뿐이다. 개인과 개인, 개인과 집단, 집단과 집단의 관계는 수령이나 혁명의 매개체를 통해 형성될 뿐이다. 교과서가 초점을 두는 교훈적 요소도 원수, 증오, 적개, 비판 등에 맞추어져 있다는 점에서 순수한 교육적 효과를 기대할 수도 없다.

이러한 실상을 통일교육에서 제대로 드러내는 것이 필요하다. 그렇게 되면, 바람직한 인간관과 사회관이 무엇인지와 같은 가치규범적 문제에 기초한 통일교육의 윤리적·철학적 논의가 보다 활성화될 수 있을 것이다. 또한 북한 학생들에게 진정한 개인주의와 다원주의적 가치를 알게 하는 남북한 교류와 국제사회의 대북 접근이 중요하다는 점을 통일교육이 보다 설득력 있게 강조할 수 있을 것이다.

나. 남북한 도덕 교과서의 통합 및 수렴 논의는 제한적인 의미를 가질 뿐이다.

둘째, 『공산주의 도덕』 교과서는 북한 교육의 이념에 충실하고 있는 하나의 매개체에 불과하기 때문에 남북한 도덕 교과서의 통합 및 수렴 논의는 제한적인 의미를 가질 뿐이다. 북한의 『공산주의 도덕』 교과서는 『혁명적도덕관이란 무엇인가』에서 제시된 도덕규범과도 큰 차이가 없다. 오히려 사회주의의 우월성, 조국애, 반제·반미·반일·반한 등 정치사상교양에 관한 덕목을 추가하고 있다. 이러한 도덕규범은 모두 주체형의 새 인간 양성이라는 북한 교육의 목표를 충실히 반영하고 있는 것이다. 결국 『공산주의 도덕』 교과서는 북한이 추구하는 이념과 그 원리를 압축해 놓은 결정체라는 것을 확인할 수 있다. 소학교용 교과서의 경우, 상급학교 교과서에 비해 보다 쉬운 서술로 정서적인 감흥과 긍정적인 감화에 초점을 두고 있는 것이 특징이라면 특징일 것이다.

이러한 의미에서, 적어도 북한의 『공산주의 도덕』 교과서는 우리의 도덕 교과서와 통합을 모색하거나 수렴을 논할 만한 대상이라고 볼 수 없다. 그러한 시도는 자칫 논의를 위한 논의에 그칠 가능성이 크다. 그러한 북한 교과서가 제시하고 있는 도덕규범을 대상으로 우리와 동질적인 부분에 대하여 지나친 의미를 부여하는 것도 적절치 않다. 북한의 도덕규범은 결국 '수령 중심의 체제유지를 위한 수단적 도덕규범'에 불과하기 때문에 제한적인 의미를 가질 수밖에 없는 것이다. 통일교육에서 우선 중요한 것은 이러한 실상에 대한 올바른 이해이다.

다. 북한에게 국제사회의 변화와 남한의 실상을 제대로 알게 하는 정책적 접근이 중요하다.

셋째, 여전히 냉전 인식에 기초하고 있는 북한 도덕규범의 실상을 감안할 때, 북한에게 국제사회 변화의 추세와 남한 사회의 객관적인 실상을 제대로 알게 하는 정책적 접근이 중요하다. 북한의 도덕규범은 기본적으로 수세적 인식에 기반해 체제방어적 수준에 머물러 있다. 〈표 3-6〉에서 확인했듯이, 북한의 도덕규범은 사회주의 우월성에 기반해 있고, 반대로 반자본주의·반제·반미·반일·반한을 부각하고 있다. 그 논점도 철저히 과거지향적이며 적개심 고취에 초점을 두고 있다. 그러다 보니 과격하고 공격적인 언어가 빈번하다. 이러한 내용은 글로벌화하고 있는 국제사회의 추세와 극도로 정반대이다. 국제사회와 심리적 단절을 결과적으로 확대하고 있는 북한 도덕규범의 실상은 북한의 미래를 어둡게 한다.

여기서 또한 생각해 볼 것은 반한을 위해 지적하고 있는 남한 사회의 모습이다. 8살 소녀가장 영미가 부모님과 동생들을 보살펴야 하는 궁핍한 처지에 있다는 이야기나 아이수출왕국이 되어 많은 아이들이 다른 나라로 팔려간다는 등의 묘사는 매우 의도적이고 편향되어 있다. 객관적인 남한이해교육이 전무한 상태에서 이러한 내용들은 남북한의 의도치 않은 이질화를 심화하여 심리적 분단에 큰 영향을 미칠 수 있다. 북한 학생들에게 어려서 의식화된 내용은 성장해서도 선입견이나 고정관념으로 굳어질 가능성이 크다. 반한을 위해 묘사하고 있는 내용은 남북한의 정치적·역사적 문제와 복잡하게 연결되어 있다는 점에서 그러한 선입견이나 고정관념은 감정적으로 더욱 확대될 가능성이 크다.

이렇게 볼 때, 통일교육에서 중요한 것은 북한 도덕규범의 이러한 실상에 대한 올바른 이해이다. 다음은 북한에게 국제사회의 변화와 남한의 모습을 사실에 근거하여 올바르게 이해하도록 하는 대북 접근의 의미와 역할에 대해 인식하는 것이 필요하다. 이러한 두 가지 점이 통일교육에서 적절하게 지적된다면, 남한과 국제사회의 대북 인도주의적 지원이나 남북한 교류협력, 그리고 국제사회의 대북관계 개선 등의 필요와 효과는 보다 의미있게 인식될 수 있을 것이다. 아울러 자유민주주의체제의 성숙과 경제력의 신장 등과 같은 건강성을 우리 사회가 계속 유지·발전시켜 나가는 것이 통일의 기반이 된다는 점을 통일교육에서 구체적으로 지적할 수 있을 것이다.

라. 전통가치의 민족 동질성 보다는 보편가치의 중요성에 초점을 두어야 한다.

넷째, 북한의 도덕규범에서 나타나는 전통가치 규범의 민족 동질성은 제한적일 뿐이며, 따라서 통일교육의 초점은 그보다는 보편가치의 중요성에 맞추는 것이 필요하다. 북한의 도덕규범에서 강조되고 있는 효도, 협동, 우애 등의 가치는 외형으로는 전통가치의 관점에 서 있다. 하지만 내용에서 보면, 사회주의 건설에서의 혁명동지적 의미가 강하다. 예컨대, 김정일의 효행을 모범으로 하는 일화도 가족 차원의 효라기보다는 국가 차원의 정치성을 띤 것이다.

물론 외형에서 여전히 가부장적인 가족 구조, 부모에 대한 존경, 헌신하는 어머니 등의 모습이 남아 있다는 점에서 남북한간 동질성을 찾을 수 있는 잠재적 의미를 부여할 수 있다.[15] 또한 남북공동체 의식을 형성하는 기초가 무엇보다 교육내용의 동질성에서 찾아져야 한다는 점에서, 외형에서 나타나는 이러한 모습들은 민족 동질성의 단초로 삼을 수도 있다.[16] 그러나 그렇다 하더라도, 내용에서 나타난 정치성의 면을 감안해 그 의미는 제한적으로 논의되어야 할 것이다.

오히려 특징적으로 눈여겨 볼 것은 개인생활 도덕규범 중에서 성실, 실천, 정직, 겸손, 자기반성 등과 같은 보편가치에 관한 부분이다. 이러한 것들도 일정 부분 정치체제 유지를 위한 수단적 의미를 갖기는 하지만, 남북한이 이러한 규범을 사회구성원으로서의 개

---

15 박성희, "교과서분석에 의한 북한 청소년의 가치관연구", 평화문제연구소, 『統一問題硏究』, 제6권 2호(1994), p. 202; 최현호(2002), pp. 286~287.

16 황규호, "남북한 교과서 비교 분석을 위한 기초 연구: 연구의 성격과 방향의 검토," 이화여자대학교 교과교육연구소, 『교과교육학연구』, 제7권 2호(2003), p. 101.

개인이 지녀야 할 보편규범으로 설정한다면 동질적인 교육가치의 중요한 출발로 삼을 수 있을 것이다.

이렇게 볼 때 통일교육에서 주의할 것은 남북한 전통가치 규범에 대한 지나친 의미를 부여하지 않도록 하는 것이며, 북한이 강조하는 전통가치의 이면에 있는 정치적 의미를 학생들에게 제대로 지적하는 일이다. 이러한 의미에서 통일교육의 초점을 전통가치의 동질성에 두기 보다는 보편가치의 중요성에 맞추는 것이 필요하다. 보편가치는 성실, 실천, 정직, 겸손, 자기반성 등과 같은 개인의 문제에서부터 시작해 인간, 사회, 인류 등의 문제로 확대되어야 할 것이다.[17] 그렇게 되면, 남북한 도덕교육의 새로운 모델이나 체계를 고민할 때, 인간의 권리와 자유의 보장, 개인의 창의성과 사회의 다양성, 사회적 포용과 배려 등과 같은 보편가치에 근거해 구성할 수 있는 근거가 될 수 있을 것이다. 이러한 논의는 보편가치에 기반을 둔 통일교육의 논점을 보다 활성화할 수 있을 것이며, 남북한 학술과 교육교류의 논리적 기초가 될 수 있을 것이다.

이상에서 이 장은 북한의 도덕규범을 소학교용 『공산주의 도덕』 교과서를 중심으로 분석하고 통일교육에 주는 시사점을 찾아보았다.

북한의 『공산주의 도덕』 교과서에 나타난 도덕규범은 7개 범주로 구성되어 있다. 그것은 ① 수령·당·인민에 대한 충실성, ② 사회생활에서의 혁명적 의리와 동지애, ③ 사회공동생활을 위한 공민의 도덕, ④ 사회주의 우월성, ⑤ 조국애, ⑥ 반제·반미·반일·반한, ⑦ 개인생활 도덕규범 등이다. 이러한 규범에서 나타나는 특징은 교조주의적 성격, 집단주의적 성격, 정치사상교양의 성격이며, 이

17 강석승, "남북한 통일교육정책의 실상과 수렴방안 試論: 중등학교 교과서를 중심으로", 통일연구원, 『통일정책연구』, 제5권 1호(2006), p. 237.

러한 특징은 한 마디로 '수령 중심의 체제유지를 위한 수단적 도덕규범'으로 요약된다.

통일교육에 주는 시사점으로는 첫째, 북한의 도덕규범은 결코 '도덕적'이라 할 수 없으며, 인권과 사회정의와 같은 도덕교육의 본질적 가치도 찾아보기 어렵다. 둘째, 교과서는 북한 교육의 이념에 충실하고 있는 매개체일 뿐이어서, 남북한 도덕 교과서의 통합 및 수렴 논의는 한정된 의미를 가질 뿐이다. 셋째, 여전히 냉전 인식에 기초하고 있는 북한 도덕규범의 실상을 감안할 때, 북한에게 국제사회 변화의 추세와 남한 사회의 객관적인 실상을 제대로 알게 하는 정책적 접근이 중요하다. 넷째, 북한의 도덕규범에서 나타나는 전통가치 규범의 민족 동질성은 제한적인 의미를 가질 뿐이며, 따라서 통일교육의 초점은 그보다는 보편가치의 중요성에 맞추는 것이 필요하다.

이 장은 북한 도덕규범의 실체를 실증적으로 분석하고 있으며, 『공산주의 도덕』 교과서에 기술된 사례를 근거로 통일교육의 내용적 기초를 확대하는 의미가 있다. 차후 일정기간이 지난 후에 북한의 새로운 교과서를 분석하고 그 이전의 내용과 비교하여 어떠한 변화가 있는지를 찾아보는 연구가 이루어졌으면 한다.

[참고문헌]

1. 북한문헌

김완선 외 2인. 『공산주의 도덕 인민학교 1』. 평양: 교육도서출판사, 2002.

__________. 『공산주의 도덕 인민학교 2』. 평양: 교육도서출판사, 2002.

김룡택 외 2인. 『공산주의 도덕 인민학교 3』. 평양: 교육도서출판사, 2002.

__________. 『공산주의 도덕 인민학교 4』. 평양: 교육도서출판사, 2002.

사회과학출판사 편. 『조선말대사전(1)』. 평양: 사회과학출판사, 1992.

안만히. 『혁명적도덕관이란 무엇인가』. 평양: 금성청년출판사, 1991.

2. 국내문헌

강석승. "남북한 통일교육정책의 실상과 수렴방안 試論: 중등학교 교과서를 중심으로." 통일연구원. 『통일정책연구』. 제5권 1호(2006).

권성아. "헌법 개정에 따른 북한의 교육이념 변화: 국어와 공산주의 도덕 교과서를 중심으로." 한국교육과정학회. 『教育課程硏究』. 제21권 2호(2003).

박성희. "교과서분석에 의한 북한 청소년의 가치관연구." 평화문제연구소. 『統一問題硏究』. 제6권 2호(1994).

오기성. "북한 『공산주의 도덕』 교과서의 가치 지향 분석." 한국교원대학교 통일교육연구소. 『통일교육연구』. 제3권(2004.2).

윤종진. "북한 고등중학교 『공산주의 도덕』 교과서에 나타난 '정치사상교양' 내용 연구." 한국국민윤리학회. 『국민윤리연구』. 제47호(2001.9).

______. "김정일 등장 이후의 '정치사상교양' 정책의 변화 분석." 통일연구원. 『통일정책연구』. 제13권 2호 (2004).

이민수. "남북한 사회의 도덕적 가치와 현실." 한국사회조사연구소. 『사회연구』. 제3호(2002 봄).

이향규 외 3인. 『북한 교육 60년: 형성과 발전, 전망』. 파주: 교육과학사, 2010.

이효범 · 최현호. "북한 교과서 분석을 통한 청소년 가치관 연구: 고등중학교 공산주의 도덕 3・4학년 중심으로." 북한연구학회. 『북한연구학회보』. 제4권 2호(2000).
인미란. "중・고등학교 『도덕』 교과서의 통일 및 북한 관련 내용 분석을 통한 통일 교육 개선 방향." 성신여자대학교 교육문제연구소. 『교육연구』. 제44집(2008).
임순희. 『북한 청소년의 교육권 실태: 지속과 변화』. 서울: 통일연구원, 2005.
전숙자. "北韓「共産主義 道德」教科書에 나타난 人間觀." 한국사회과교육연구회. 『사회과교육』. 제26호(1993.8).
정혜승. "미국의 국어 교과서 분석 연구: 교과서의 기능을 중심으로." 한국독서학회. 『독서연구』. 제14호(2005.12).
정희태. "남북한 초등 도덕교육 특징 비교: 남북한 초등 도덕교과서 내용 분석을 중심으로." 한국통일전략학회. 『통일전략』. 제8권 1호(2008.4).
조정아. "북한 중등학교 규율과 학생문화." 북한연구학회 편. 『북한의 교육과 과학기술』. 서울: 景仁文化社, 2006.
최현호. "북한 중등 도덕교과서에 나타난 남북한 도덕적 동질성 분석 연구: 보편적 도덕영역과 전통 도덕영역을 중심으로." 북한연구학회. 『북한연구학회보』. 제6권 1호(2002).
통일부 통일교육원. 『북한이해 2013』. 서울: 통일교육원, 2013.
한만길. "북한 교육의 이념과 목적." 북한연구학회 편. 『북한의 교육과 과학기술』. 서울: 景仁文化社, 2006.
황규호. "남북한 교과서 비교 분석을 위한 기초 연구: 연구의 성격과 방향의 검토." 이화여자대학교 교과교육연구소. 『교과교육학연구』. 제7권 2호(2003).
Lukes, Steven. *Marxism and Morality*. New York: Oxford University Press, 1985. S. 룩스 지음. 황경식・강대진 옮김. 『마르크스주의와 도덕』. 서울: 서광사, 1994.

4장

유럽통합의 경험과 한반도 통일과정

1. 유럽연합과 유러피언 드림
2. 통합과 통일
3. 유럽통합의 경험: 목표, 방향, 접근, 지속
4. 한반도 통일과정에 주는 시사점

1. 유럽연합과 유러피언 드림

헤르만 반 롬퓌이(Herman Van Rompuy) 초대 유럽연합(European Union: EU) 상임의장이 연임되어 2012년 7월부터 2014년 말까지 두 번째 임기를 맡고 있다. 유럽연합의 상임의장은 대통령을 둘 수 없는 유럽연합의 대통령 격이다. 2009년 12월 1일 발효된 유럽연합의 헌법에 해당하는 리스본조약(Treaty of Lisbon, 정식명칭은 EU Reform Treaty)에 따라 롬퓌이 벨기에 총리는 유럽연합의 첫 상임의장으로 2009년 11월에 선출됐었다. 상임의장직과 외교안보정책 고위대표직 신설, 이중다수결(Double Majority Voting)[1] 실시 등을 주요 내용으로 하는 리스본조약을 통해 유럽연합은 리더십 부재 상황을 극복하고 정치공동체로서의 유럽연합을 한 단계 도약시키는 기반을 마련했다.

유럽은 2차대전 이후 경제적 공동체에서 출발해 지금의 초국가적 연합체인 유럽연합으로 발전했다. 유럽연합에 참여한 국가들은 주권의 일부를 양도했고, 유럽연합은 국가주권을 넘어서는 일정한 정치조직을 갖게 되었다. 로마제국 붕괴 이후 통일유럽제국을 건설하려는 통치자들의 야욕 때문에 전쟁의 참상을 누구보다 처절하게 겪었던 유럽인들이 추구하고 있는 유럽연합의 이상은 단순히 국제정치적인 역학으로만 설명될 수 있는 것은 아니다. 유럽통합의 이상은 20세기 개인의 자유와 부의 축적을 의미했던 아메리칸 드림(American Dream)에 견주어 공동의 평화번영을 추구하는 21세기의

---

1 이중다수결은 유럽연합 회원국의 55% 이상이 찬성하고, 찬성국들의 인구가 유럽연합 인구의 65% 이상이면 가결되는 방식이다. 이는 기존의 가중다수결(Qualified Majority Voting)을 변경한 것으로, 2014년부터 단계적으로 도입되어 2017년 전면 실시될 예정이다.

도덕적 명분으로서의 유러피언 드림(European Dream)으로 자리매김되고 있다.[2]

물론 유럽연합은 현재 재정위기로 남유럽과 북유럽 간의 갈등이 심화되고 있고, 유로존(유로화 사용 17개국)의 미래에 대한 불안이 번져 있는 상황이다. 이 때문에 유럽연합이 2012년 10월 노벨평화상을 수상했을 때도 그 자격을 두고 논란이 있었다. 세계경제 침체의 한 축으로 유럽연합이 지목되었기 때문이다. 하지만 노르웨이 노벨위원회의 발표처럼 유럽연합이 겪는 경제위기과 사회적 불안 속에서도 지난 60년간 유럽의 평화와 화해에 기여한 업적에 더 초점이 맞추어져야 할 것이다. 롬푀이 상임의장의 지적처럼 유럽연합의 역할은 "역사상 가장 큰 중재자"(peacemaker)이기 때문이다.[3]

인류 최대의 정치·경제 실험으로서 꾸준히 점진적인 통합을 이루어가며 유러피언 드림을 현실화하고 있는 유럽통합의 사례는 전쟁과 분단으로 인한 갈등과 대립을 지속하고 있는 우리에게 부러움을 넘어 경이롭기까지 하다. 그동안 남북한은 화해협력과 신뢰구축을 위한 노력으로 일정한 성과도 이루어냈지만, 남북관계는 여전히 취약하며 갈등과 대립관계는 지속되고 있다.

유럽통합의 경험을 한반도 통일문제에 적용시킨 연구는 그동안 적지 않게 있어 왔다.[4] 이 연구들은 기본적으로 통합을 이룬 유

---

2 Jeremy Rifkin, 이원기 옮김, 『유러피언 드림』(서울: 민음사, 2005); 2차대전의 폐허에서부터 최근까지 통합을 향한 유럽의 역사는 Tony Judt, 조행복 옮김, 『포스트워: 1945~2005』 1, 2(서울: 플래닛, 2008) 참조.

3 『연합뉴스』, 2012.10.15.

4 김계동, 『남북한 체제통합론: 이론·역사·정책·경험』(서울: 명인문화사, 2006), pp. 13~154; 김국신, "국가통합이론과 분단국 통합사례가 남북한 통일에 주는 시사점", 경남대학교 극동문제연구소, 『한국과 국제정치』, 제16권 1호 (2000 봄); 김창근, "남북관계 변화와 한반도 평화: 통합이론의 적용과 구성주의적 과제", 호남대학교 인문사회과학연구소, 『인문사회과학연구』, 제16집(2007); 한종수, "통합이론에 비추

럽의 경험 자체가 우리의 통일논의에 사례가 되기에 충분하다고 전제한다. 그것은 유럽통합의 경험은 이해관계가 다른 국가들이 어떤 공동의 목표를 설정하고 어떻게 접근해가야 하는지를 잘 보여주고 있고, 그 필요는 분단국의 경우에도 마찬가지라고 보기 때문이다. 또한 이 연구들은 유럽통합을 연구대상으로 한 국가간 통합에 관한 통합이론을 대부분 언급했다. 그것은 한반도의 통일도 유럽통합과 같은 점진적인 과정과 방법론을 중시하는 것이 현실적이라고 보기 때문이다.

그러나 이러한 시각 자체에 대한 근본적 비판도 있어 왔다. 그러한 지적은 대체로 통합과 통일의 개념과 역학이 근본적으로 다르다는 점에서 출발한다.[5] 통합과 통일의 개념이 연구자에 따라 편의적으로 사용되는 경향 때문에 "통합 논의부터 통합해야 한다."는 비판도 있으며,[6] 한반도 문제는 통일이나 통합의 일반적 개념에서가 아니라 '재통일'의 개념으로 이해되어야 한다는 지적도 있다.[7] 이러한 시각에서 보면 유럽통합의 경험을 한반도 통일문제에 적용시키기에는 자연히 무리가 있어 보인다.

그러나 유럽통합의 경험을 한반도 통일문제에 적용하려는 시도

어 본 유럽통합과 한반도통합", 한국유럽학회, 『유럽연구』, 제17권(2003 여름).

5 김혁에 의하면, 통합이 '합리적인 이익'(rational interest)을 추구하며, 조건의 형성과 진행과정에 중요성을 둔 '일단의 과정적 움직임의 총합'이라면, 통일은 '감성적인 열정'(emotional passion)을 추구하며, 결과적으로 어떠한 상태가 되었는가에 초점을 맞추는 '특정한 목표 지향의 완료 상황'이라고 한다. 김혁, "한반도 통일을 위한 대안적 이론체계의 모색: 인식론과 방법론을 중심으로", 현대경제연구소, 『통일경제』, 제27호(1997.3), pp. 65~73.

6 김도종, "남북통합논의는 통합되어 있는가?: 개념의 통일성과 이론의 적실성에 대한 문제제기", 명지대학교 사회과학연구소, 『사회과학논총』, 제17집(2001.8), pp. 305~322.

7 박광기, "통일문제에 대한 이론적 접근: '통일'인가 '통합'인가?", 권혁범 외 5인, 『한반도와 통일문제: 한반도 문제의 재조명』(서울: 大旺社, 2000), pp. 262~283.

를 두고 근본적인 시각에서부터 나타나는 이러한 인식의 차이는 소모적이라고 할 수 있다. 이유는 두 가지 점에서 그렇다. 첫째는 국가간 통합의 경험을 분단국 통일문제에 적용 가능한지 그렇지 않은지 하는 논란은 양자택일의 주제라기보다는 각각을 구별하되 참고를 위한 범위를 설정하는 것이 중요하다. 유럽통합이 여전히 진행형이라는 점에서 한반도에 주는 시사점은 통일과정에서 제기되는 목표, 방향, 접근, 지속 등에 관한 것으로 제한되어야 할 것이다. 물론 통합과 통일은 개념과 역학이 다르다. 위에서 지적한 것 이외에도 유럽통합이 통합을 추구하는 다자간 국가관계를 바탕으로 했다면, 한반도의 통일은 분단 민족국가 양자의 잠정적 특수관계라는 점에서도 차이가 날 것이다. 그러나 국가간 통합과 분단국 통일 간의 차이에도 불구하고, 유럽통합과 통합이론이 근본적으로 제기하는 공리주의적 목표 설정과 점진주의적이며 기능주의적인 접근 방식의 발상은 우리의 통일문제에 시사하는 바가 적지 않다. 이러한 점에서 둘째로 지적하고픈 것은 유럽통합이 한반도 통일문제에 주는 시사점은 정책적 시사 이전에 통일과정에 대한 인식의 기조를 확장하는 차원에서 더 큰 의미가 있다고 본다.

이 장에서는 유럽통합이 한반도 통일과정에 주는 시사점을 제시하고자 하며, 이를 위해 한반도 통일과정에서 제기되는 목표, 방향, 접근, 지속 등의 차원에 국한하여 논의하고자 한다. 이 장은 유럽통합의 경험을 통해 한반도 통일과정의 기조를 확인하고 있다는 점에서 통일교육의 인식적 기초로서 활용 가능한 의미가 있을 것이다.

2. 통합과 통일

앞에서 유럽통합의 경험이 시사하는 범위는 한반도 통일과정의 목표, 방향, 접근, 지속 등의 문제로 한정한다는 언급을 했다. 그러나 근본적으로 통합과 통일의 관계를 설정한 것은 아니다. 통합과 통일 간의 관계는 한반도 통일과정을 인식하는 기초로서 전제되어야 할 것이다.

통합과 통일의 차이는 개념이 다른 데서 비롯된다기보다는 두 개념 자체에 과정으로서의 의미와 결과로서의 의미가 포괄되어 있고 혼용되는 데서 오는 경향이 크다. 국제정치학에서 통용되는 통합의 일반적인 의미는 "여러 부분들을 하나의 전체로 구성하게 하는 것 혹은 상호 의존을 산출"하는 것이다.[8] 이는 일단 일정한 과정으로서의 어감이 강하다. 하스(Ernst B. Haas) 역시 "몇 개 국가의 정치행위자들이 그들의 충성심, 기대 및 정치적 행위를 명백히 구분되는 몇 개의 국가적 장(setting)에서 새로운 중심으로 전환하도록 설득당하는 과정"으로 통합을 정의했다.[9] 유사하게 린드버그(Leon N. Lindberg)도 "국가들이 외교정책과 주요 국내정책을 독자적으로 추진하는 의지와 능력을 유보하고, 그 대신 공동의 정책을 수립하거나 정책결정체계를 새로운 중앙기구로 위임하도록 하는 과정"으로 설명했다.[10]

---

8 Joseph S. Nye, "Comparative Regional Integration: Concept and Measurement," *International Organization*, Vol. 22, No. 4(1968), p. 858.

9 Ernst B. Haas, *The Uniting of Europe: Political, Social and Economic Forces, 1950-1957*(Stanford: Stanford University Press, 1959), p. 16.

10 Leon N. Lindberg, *The Political Dynamics of European Economic Integration* (Stanford: Stanford University Press, 1963), p. 6.

통합은 결과의 의미로서도 설명된다. 에치오니(Amitai Etzioni)는 폭력수단 사용에 대한 효과적인 통제권을 소유하고, 자원과 보상을 분배할 수 있는 결정적인 영향력을 보유하며, 정치적 의식이 있는 대다수 시민들에 대한 정치적 일체감의 지배적인 중심이 된 정치공동체를 통합이 이루어진 것으로 간주했다.[11] 다원주의론자인 도이치(Karl W. Deutsch)도 통합을 "일정 집단의 사람들에게 역내 문제들에 대해 평화적인 해결이 가능하다는 신뢰를 장기간 확신시키는 공동체 의식과 기구, 관행 등을 달성한 상태"로 정의했다.[12] 나이(Joseph S. Nye)도 정치통합이 이루어지기 위해서는 최소한 초보적인 기구를 갖추고 있고, 정책형성과정에서 상호 의존적이어야 하며, 상호 동일체 의식과 공동의 의무감을 가져야 한다고 주장했다.[13]

통합은 이렇듯 과정과 결과의 의미를 포괄하고 있다. 이를 종합하면, 통합은 제도적 혹은 정치적 측면에서 하나의 구조와 기능을 가진 공동체를 만들기 위한 과정 혹은 일정한 조건을 갖춘 결과를 의미한다. 문제는 과정과 결과 중에서 어디에 초점을 두느냐에 따라 통합이 다르게 이해된다는 점이다.

통일 역시 과정과 결과로서의 의미가 포괄되어 있다. 통일은 흔히 분단이 고착화되면서 주권국가로 발전했던 두 체제가 하나의 영토와 국민을 가진 한 민족공동체로서의 국가를 형성하는 것을 말한다. 통일의 개념에도 이러한 결과로서의 의미뿐만 아니라 과정으로

---

11 Amitai Etzioni, *Political Unification* (New York: Rinehart and Winston, 1966), p. 329.

12 Karl W. Deutsch, et al., *Political Community and the North Atlantic Area: International Organization in the Light of Historical Experience* (Princeton: Princeton University Press, 1957), p. 5.

13 Joseph S. Nye, *Peace in Parts: Integration and Conflict in Regional Organization* (Boston: Little Brown, 1971), pp. 36~37.

서, 예컨대, 분단된 민족이 합쳐지는 과정, 구체적으로는 정치·경제·사회문화·심리적으로 하나가 되어가는 과정도 통일의 의미에 내포되어 있다. 이를 감안하면, 통일은 영토적 통합을 기본으로 민족공동체를 형성하기 위한 과정 혹은 정치적 주권의 융합을 비롯한 종합적인 결합의 조건이 충족되어 분단된 주권체제가 하나의 국가를 구성하는 결과를 의미하게 된다. 통일 역시 과정과 결과 중에서 어디에 초점을 두느냐에 따라 다르게 이해된다.

우리의 민족공동체 통일방안에서 설정하고 있는 국가연합의 경우를 보면, 국가연합이 두 주권체의 물리적 결합에 불과하다는 점에서는 통일로 보기 어렵겠지만, 적대적 대립 상태를 벗어나 통일로 가는 단계를 열었다는 점에서 통일의 초기 단계로 볼 수도 있다. 또한 다음 단계인 연방제가 구성되어 제도적인 통일의 상황으로 진입한다 하더라도 '진정한' 통일이라는 상대적 개념으로 보면 사회통합이나 국민통합을 추구해야 할 과제는 여전히 남게 된다. 그렇게 보면, 연방제를 통일의 개념으로 설명하기에는 미흡할 수도 있을 것이다.

이렇듯 통합과 통일 논의는 과정으로 보느냐 혹은 일정한 조건이 충족된 결과로 보느냐에 따라 나뉠 수 있다. 선후관계도 일정치 않다. 통합이 부분적이라면 통일은 보다 전체적인 의미가 있지만, 흔히 통일이 되었다 하더라도, 진정한 혹은 사회문화·심리적 통일을 위해서는 또다른 통합의 부분이 필요하게 된다. 통일이 통합보다 전체적인 의미가 강하다고 해서 통합 이후의 단계가 반드시 통일이라고 규정할 수도 없는 것이다. 결국 통합과 통일 논의에서 주의할 것은 양자의 관계를 어떻게 설정하고 범위를 정할 것인가이다.[14]

이 장에서는 통합을 통일과정에서 이루어지는 결합상태로서, 통

---

14 이종석, 『분단시대의 통일학』(파주: 한울, 1998), pp. 15~17.

일은 통합이 완성된 상태로 설정하고자 한다.[15] 이렇게 설정하면, 유럽의 국가간 통합의 경험을 한반도의 통일과정에 적용하는 것이 보다 분명해 질 것이다. 주의할 것은 법・제도적 통일(de jure unification) 이후에도 지속해서 제기될 수 있는 사회통합이나 국민통합 혹은 동질성 회복의 문제는 다른 차원의 문제로 간주해야 한다는 점이다.

3. 유럽통합의 경험: 목표, 방향, 접근, 지속

가. 목표와 방향

제2차 세계대전 이후 폐허가 된 유럽에서 형성된 유럽위원회(Council of Europe)는 연방주의의 이상에 가장 가까운 것이었다. 하지만 실제 통합과정의 단초가 된 것은 프랑스 외상 슈망(Robert Schuman)이 1950년 제안한 유럽석탄철강공동체(European Coal and Steel Community: ECSC)였다. 프랑스의 경제기획가 모네(Jean Monnet)가 초안한 슈망 계획은 초국가적 기구를 창설해 프랑스와 독일의 당시 핵심적 전쟁 산업이었던 철강 및 석탄 생산을 규제해 전쟁 재발을 방지하고자 한 것이었다. 슈망 계획은 1952년 프랑스, 독일, 이탈리아와 네덜란드, 벨기에, 룩셈부르크 등 6개국의 부분적 통합체인 유럽석탄철강공동체로 실현되었다.

1957년에는 로마조약(Treaty of Rome)을 통해 유럽경제공동체(European Economic Community: EEC)와 유럽원자력에너지공동체

---

15 위의 책.

(European Atomic Energy Community: EURATOM)가 창설되었다. 이는 석탄과 철강에서의 기능적 통합이 모든 경제부분으로 확대된 의미를 갖는다. 유럽석탄철강공동체, 유럽경제공동체, 유럽원자력에너지공동체는 1967년에 유럽공동체(European Community: EC)로 일원화되었다.

유럽석탄철강공동체로 출발한 유럽통합의 초기 목표는 일종의 부분통합이었다. 그것은 연방주의와 국가연합 구상의 적절한 혼합에 가까웠다. 유럽석탄철강공동체는 고유한 주권과 조직을 갖추고 전체를 포괄하는 통합형태가 아니었다. 그것은 정부간(intergovernmental) 협력형태와도 유사했다. 그러나 이 공동체의 최고위원회는 회원국 정부의 지휘를 받는 것이 아니라 회원국들의 회사나 노동조합, 개인 사업가들과 직접 접촉함으로써 초국가적 기능을 수행했다.

1973년에 영국, 아일랜드, 덴마크가, 1981년에 그리스가 유럽공동체에 가입했으나, 1970년대 유럽통합은 침체기였다. 통합과정은 1985년 단일유럽의정서(The Single European Act: SEA)가 채택됨으로써 다시 착수되었다. 1986년에는 포르투갈과 에스파냐가 가입했다. 단일유럽의정서는 유럽연합 중앙은행과 단일통화 및 통화체계를 포함한 재화, 서비스, 국민의 무제한적 유입을 통한 완전한 유럽공동시장의 구축을 1992년까지 완성하기로 합의했다. 회원국들은 경제통화동맹으로의 전환을 통한 경제적 통합, 공동외교안보정책과 내부·사법분야에서의 협력을 통한 정치적 통합의 실현을 위한 논의를 진전시켜 나갔다.

이러한 노력은 1992년의 마스트리히트조약(Maastricht Treaty)으로 불리는 유럽연합조약(Treaty on European Union)의 체결로 나타났다. 이로써 유럽통합은 공동체에서 연합으로 질적 전환을 이루게 되었다. 이는 1995년에 가입한 오스트리아, 핀란드, 스웨덴을 포함한 15개 회원국이 정치연합과 통화연합을 위해 주권의 일부를 유럽연합에 위임하는 의미를 갖는다. 통화연합은 단일유럽통화인 유로(Euro)화(貨)가 2002년 1월부터 유통되면서 이루어졌다. 1997년 암스테르담 조약에서는 다양한 제도개혁, 공동 외교안보정책의 고위대표, 협력강화 규정이 합의되었고, 2000년 니스조약에서는 집행위원회와 이사회의 개혁, 다수결투표 확대, 근본적 권리의 유럽헌장(European Charter for Fundamental Rights) 등이 합의되었다. 2002년 폴란드, 체코, 헝가리, 키프로스, 슬로베니아, 슬로바키아, 에스토니아, 말타, 라트비아, 리투아니아 등 10개국이 가입되고, 2007년에는 불가리아와 루마니아가 가입되면서 유럽연합은 27개국으로 확대되었다. 오는 2013년 7월 1일에는 크로아티아가 유럽연합의 28번째 회원국이 된다.

이러한 과정에서 나타난 유럽연합은 그 자체가 궁극적인 통합 형태를 의미하지는 않게 되었다. 그러나 엄격한 의미에서 유럽연합은 더 이상 독립국가의 연합도 아니다. 예컨대, 유럽법의 우위 원칙은 유럽연합의 법과 개별 국가의 법이 상충할 때 유럽법이 우선한다고 규정하고 있다. 이는 유럽법원이 유럽연합의 준헌법법원(quasi-constitutional court)으로 간주되는 이유이기도 하다. 이 때문에 유럽연합은 '연방화하는 유럽'에 가깝다고 할 수 있다.[16] 현재의 유럽연합은 유럽통합의 결정체이자 준연방적 국가연합이라는 점진적 발전과정에 있는 독특한 국제기구인 것이다. 유럽연합은 회원국들의 국가로서의 정체성을 유지하면서도, 연방제적인 요소를 강화하면서 한층 구체화된 통합 형태를 모색하고 있다.

---

16 존 베일리스 · 스티브 스미스 편저, 하영선 외 옮김, 『세계정치론』(서울: 을유문화사, 2003), p. 518; 존 베일리스 · 스티브 스미스 · 퍼트리샤 오언스 편저, 하영선 외 옮김, 『세계정치론』, 제5판(서울: 을유문화사, 2012), pp. 542~543.

통합을 놓고 연방이냐 국가연합이냐는 구상에 있어 특정 이론이 절대적 위치에 있지는 않다. 통합과정이 중요하다면, 통합의 방법론적 차원에서 두 구상은 오히려 보완적이어야 한다. 유럽의 경우, 통합 초기에는 부분통합을 목표로 했으며, 현재 준연방적 성격의 통합체로 발전해 있다. 연방주의의 이상에는 미치지 못하지만, 일정한 국가주권과 이익을 보장하면서도 분명한 공동의 초국가적 권위가 역할하고 있는 것이다.

유럽통합의 방향과 관련해 영향을 준 것은 초국가적(supranational) 접근과 정부간 접근의 논쟁이었다.[17] 초국가적 접근은 유럽에서 초국가적인 중앙제도의 발전과 역할에 주목한다. 이들은 점진적 과정으로서의 통합을 강조하며, 초국가적 제도들을 독자적 정치 주체로 간주한다. 또한 국가 상위의 새로운 정치체의 부상에 주목하며, 초국가적 제도의 역동성이 일정하게 통합과정을 추동한다고 본다. 아울러 초국가적 법에 의한 회원국 제한에도 주목한다.

반면, 정부간 접근은 국가의 지속적인 중요성을 통합과정의 가장 주요한 변수로 설정하고 이에 따른 국가의 자원과 국내 정치의 선호 형성 과정을 분석하는 데 초점을 둔다. 이들은 국가간 타협으로서의 통합을 강조하며, 초국가적 제도들은 국가간 교섭을 보조하고 촉진하는 것으로 간주한다. 또한 기존의 외교와 다른 방법으로 국가간 정치가 시행되는 틀로서의 유럽연합과 회원국의 국익의 반영으로서의 교섭에 주목한다. 아울러 강대국의 이해를 반영하는 초국가적 법에도 주목한다.

정부간 접근은 통합이라는 것을 회원국 정부들이 원하기 때문이

---

17 존 베일리스 · 스티브 스미스 편저, 하영선 외 옮김(2003), pp. 514~516; 존 베일리스 · 스티브 스미스 · 퍼트리샤 오언스 편저, 하영선 외 옮김(2012), pp. 544~545.

라고 보기 때문에 국가의 역할을 중시한다. 여기서 회원국들의 이해관계가 중요하게 작용하는데, 이해관계는 국내정치적 과정을 통해 결정되기 때문에 국가 내부의 요인을 중시한다고 보는 것이다. 국익의 규정이 국내 정치과정에서 결정되는 것으로 본다는 점에서 모라브직(Andrew Moravcsik)은 이를 자유주의적 정부간주의(liberal intergovernmentalism)라고 부르기도 한다.[18]

유럽연합은 초국가적 요소와 정부간 요소가 동시에 포함되어 있다. 유럽연합은 주권을 지키고자 하는 개별 회원국들의 집합체이기도 하지만, 이들의 주권의 일부를 넘겨받아 수행하는 특별한 국제기구이기도 한 것이다.[19] 유럽통합을 설정했던 파리조약, 로마조약과 같은 조약들은 초국가적 요소에 해당한다. 그러나 이후 이들을 개혁해 유럽연합을 형성해 간 것은 각국 정부의 대표들이 유럽연합의 제도들의 법적인 틀을 교섭하는 정부간 회의의 결과이다. 기존 조약의 변경이 효력을 갖기 위해서는 개별 회원국의 비준이 있어야 한다. 이후의 개혁을 위해 회원국 전체의 합의를 도출하는 것이 중요했다는 점에서 조약의 변경에 대한 합의는 유럽연합의 발전에 있어 '거대한 흥정'과 같다고 평가된다.[20]

---

18 Andrew Moravcsik, *The Choice for Europe: Social Purpose and State Power from Messina to Maastricht* (Ithaca: Cornell University Press, 1998), pp. 18~85. 모라브직은 유럽통합을 3단계로 나누어 설명한다. 첫째는 각국 정부가 자국 국민들의 이익을 결집하여 유럽통합에서 제시할 국가이익과 정책을 확정하는 단계이다. 둘째는 회원국들의 정부 대표들이 한 곳에 모여 자국의 이익과 정책을 제시하고 서로 흥정하는 단계이다. 여기서는 대체로 회원국들의 힘이 협상결과에 반영된다. 셋째는 합의를 집행하기 위한 제도가 고안되는 단계이다.

19 유럽연합에서 초국가적 특징을 가진 기구가 집행위원회(The European Commission), 유럽의회(The European Parliament), 유럽법원(The European Court of Justice)이라면, 정부간 특징을 가진 기구는 각료협의회(The Council of Ministers)이다.

20 Moravcsik(1998).

초국가적 접근이든 정부간 접근이든, 유럽통합의 방향에서 함께 주목할 것은 점진주의이다. 슈망 계획은 이후 유럽연합의 발전과정을 규율하는 기본 형식이 되었다는 점에서 역사적으로도 중요하다. 주된 양상은 특정한 분야에서 소수의 회원국들이 부분적인 초국가적 통합을 진전시켜가는 것으로 나타났다. 물론 회원국의 확대나 정치연합의 목표가 철저히 배제된 것은 아니었지만, 통합의 효과적인 방향은 점진주의 접근이었다. 이러한 점에서 유럽통합의 점진적 성격을 파악하는 것은 유럽연합의 성과를 이해하는 핵심이다.

유럽통합 과정에서 나타난 점진주의 요소는 다음과 같다.[21] 첫째, 공동 제도들의 분야별 책임의 점진적 확장이다. 그 책임은 사회·경제적, 정치적 삶의 더욱 넓은 범위로 확장되었다. 둘째, 회원국의 점진적 확장이다. 처음부터 다수의 회원으로 출범한 것이 아니라, 소수의 국가들이 먼저 구심점을 형성하고 이후 신규 회원국들이 동참하는 방식으로 회원국의 확대가 이루어졌다. 셋째, 다수결투표의 점진적 확장이다. 가중다수결에 의한 결정이 점진적으로 늘어나면서, 더 많은 정책영역에서 국가별 거부권이 포기되었다.[22] 넷째, 의회 권한의 점진적 확장이다. 국가별 거부권이 상실되는 추세에 따라, 유럽의회는 감시와 입법의 권한을 확장시켜갔다.

요컨대, 유럽통합의 목표에서 주목할 것은 통합 초기에는 부분통합을 추구했으며, 현재 준연방적 성격의 통합체로 발전해 있다는 점이다. 유럽통합의 방향과 관련해서는 초국가적 접근과 정부간 접근 간의 논쟁이 있지만, 두 요소를 동시에 포함하면서 공동 제도들

---

21 존 베일리스·스티브 스미스 편저, 하영선 외 옮김(2003), pp. 512~513.

22 가중다수결은 1국 1표가 아닌 회원국의 인구, 경제력, 영향력 등을 감안해 각각 다르게 표를 배정하고, 회원국의 과반수 이상의 찬성(최소 72.3%)과 찬성 국가의 총 인구수가 전체 유럽연합 인구의 62% 이상으로 가결되는 방식이었다.

의 분야별 책임과 회원국, 다수결 투표와 의회 권한 등의 요소에서 점진주의적 확장을 추구했다는 점이 중요하다.

나. 접근과 지속

유럽통합의 접근방법과 관련해서 대표적인 설명은 기능주의와 신기능주의를 들 수 있다. 기능주의는 미트라니(David Mitrany)에 의해 제시되었다.[23] 기능주의는 갈등과 분쟁을 유발할 수 있는 주권문제나 핵심 국가이익의 사안은 뒤로 미루고 경제나 과학, 기술과 같은 쉬운 분야에서의 교류·협력을 통해 공통의 이익을 추구하는 원칙을 중시한다. 경제·기술·복지분야에서의 국가간 상호 의존이 확대되면 정부간의 망(enmeshment)이 형성되고, 그렇게 되면 각 정부는 전쟁으로 적대하면서 드는 비용이 망을 형성하는 비용보다 크다는 인식을 하고 전쟁을 피하게 된다.[24] 기능주의는 이데올로기를 배제하면서 비정치적 분야에서의 기능적인 협력이 발전·확산되면, 정부분야를 포함한 다른 분야의 협력을 촉진시킨다는 확산(ramification)효과에 주목한다. 기능주의는 정치·군사분야보다 덜 예민해 장기간에 걸쳐 추구할 수 있는 분야에서의 축적된 활동이 분기(分岐)효과를 낳고, 이러한 효과들이 누적되었을 때, 자연스럽게 정치영역으로 옮아가는 과정을 중시한다.

기능주의의 이러한 기대와 달리 생산·무역·분배 등의 분야에

---

23 David Mitrany, *A Working Peace System* (Chicago: Quadrangle Books, 1966); A. J. R. Groom and Paul Taylor, *Functionalism: Theory and Practice in International Relations* (London: University of London Press, 1975); A. J. R. Groom and Paul Taylor, eds., *Frameworks for International Cooperation* (New York: St. Martin Press, 1990).

24 Paul Taylor, "Functionalism: the approach of David Mitrany", in Ibid., p. 130.

서의 협력은 실상 해당 분야의 경쟁 때문에 어렵고 복합적이다. 경쟁하는 시장경제 상황에서 쉬운 분야의 실체가 과연 무엇이며, 기능주의 논리가 어떻게 작동할 것인지를 예상하는 것도 쉽지 않다. 국제경제가 국제정치의 중요한 부분으로 등장해 있고, 경제문제도 안보위협의 중요한 요소가 되어 있기 때문에 정치분야와 비정치분야를 구분하는 것 자체도 비현실적이다. 비정치분야에서의 통합 경험은 다른 분야의 통합에 역동성을 제공하지 못하며 안보분야와 같은 상위정치(high politics)를 변화시키기도 어렵다. 오히려 비정치적인 분야가 정치적인 영향을 받는 경우도 많다. 통합이 진전된다 하더라도 국가들이 주권을 완전히 양도하는 정치적 통합으로까지 나아가지 않았다는 점도 비판의 한 부분이 되었다.

신기능주의는 기능주의의 문제점을 보완하며 하스에 의해 제시되었다.[25] 신기능주의는 통합에 있어 정치적 요소를 중시하여 기능적 협력과 정치적 협력을 분리할 수 없다고 보고 정치분야의 협력에도 강조점을 둔다. 신기능주의는 방법론에서 기능적인 통합행위를 취하고 있지만, 기능주의보다 제도화된 통합에 초점을 두고 있다. 신기능주의는 기능적 확산효과에 의해 통합의 진전이 이루어지는 것이 아니라 자기이익의 추구를 목표로 하는 행위자의 적극적인 개입이 필요하며, 협력의 진전이 자기이익 실현의 효과적인 방안으로 파악되어야 통합에 대한 욕구를 가져오고 통합의 심화를 촉진할 수 있다고 본다.

신기능주의의 핵심 개념은 통합이 추진되는 분야 간의 상호 의존에 의해 한 분야에서 시작된 통합이 다른 분야로 전파되어가는 과정을 설명하는 파급효과(spill-over)이다. 이는 기능주의에서 비정치

25 Haas(1959); Lindberg(1963).

적인 분야에서의 점진적인 교류·협력이 정치적 통합으로 확산된다는 논지와 달리, 기능적 교류·협력과 정치적 통합을 연결시키는 '파급효과의 정치화'를 중시한다. 신기능주의는 국가 간의 협력과정에 숨어 있는 정치적 장애를 제거함으로써 향후 정치연합의 회원국이 될 국가들에게 공동으로 이득이 될 수 있는 점을 보여주는 것이 중요하다고 본다. 신기능주의는 정치적 타결이 이루어지지 않을 경우 역류효과(spill-back)나 지체효과(spill-around)의 위험이 있다고 보며, 그 위험을 벗어나기 위해서 관료, 조직 이데올로기, 정치·행정 엘리트 등의 역할을 중시한다. 신기능주의는 통합 초기 단계에서는 정치단체나 정치엘리트의 참여가 중요하다고 보는데, 구체적으로는 갈등을 해결하고 파급효과를 유도하는 정치가의 역할, 통합을 촉진시키는 제도의 확립과 기구의 설립, 그리고 정치가 및 기구와 연계된 이익단체의 활동을 중시한다.[26]

신기능주의는 기능주의를 보완하기 위해 정치적 요인을 중시하고 있지만, 정치는 갈등이 가장 쉽게 조장될 수 있는 분야라는 점에서 오히려 정치가 신기능주의 통합의 장애요인이 될 가능성이 크다는 비판을 받는다. 1970년대 국제경제 위기 속에 유럽통합이 침체기에 빠지면서, 신기능주의가 주장했던 낙관적이고 목적론적 요소까지 오류로 지적되기도 했다. 이에 하스는 신기능주의 이론의 한계를 스스로가 인정하기도 했다. 신기능주의 인식에서 주의할 것은 신기능주의가 정치적 역할과 합의를 중시하고 있지만, 그것은 경제적 수단

26 신기능주의에서 말하는 정치 지도자도 엄밀히 말하면 정부 대표를 의미하며, 그 역할을 강조한다는 점에서 자유주의적 정부간주의와 일맥상통한다. 그러나 정부간주의에서 국가정책은 민주적 정치과정을 통해 결정됨으로써 대내적으로 정당성을 확보하며, 자연히 정부간 합의와 제도가 강한 추진력을 갖는다는 점에서는 신기능주의와 다르다.

을 우선시 하는 기능주의 전통에 입각해 있다는 점이다. 신기능주의의 수단은 여전히 경제적 결정주의이며, 목표는 국가를 초월하는 초국가적 정치공동체를 형성하려는 노력이다.[27]

정리하면, 기능주의와 신기능주의에서 중시하는 것은 통합의 접근방법에서 점진적·단계적 교류와 협력이며, 비정치분야에서부터의 확산효과와 파급효과이다. 신기능주의는 기능주의를 보완하면서 통합 초기 단계에서 관료, 정치단체, 정치·행정엘리트 등의 역할이 중요하다는 점을 지적한 것이다.

다음은 통합의 지속 자체를 의도한 것은 아니지만, 결과적으로 통합의 지속을 이루는 데 기여하고 있는 내용들을 지적하고자 한다. 그것은 합리적 선택 제도주의(rational-choice institutionalism), 다층적 거버넌스(multi-level governance), 구성주의(constructivism) 등의 문제의식이다. 합리적 선택 제도주의는 행위자들이 제도에 따라 합리적으로 행동해 산출된 집합적 결과가 통합이라고 본다. 제도란 행위자의 역할을 설정하거나 행동을 제약하며, 또는 기대를 갖게 하는 일련의 규칙이나 관행을 의미한다. 제도는 공동의 법규나 기구, 조약이나 합의, 국가가 인정하는 비공식적 관행 등을 포괄하는 개념이다. 합리적이란 행위자에게 어떤 정책이 당시의 특정한 동기나 제도적 제약 등의 상태에서 최적의 선택이라는 의미이다. 합리적 선택 제도주의는 그간 유럽연합에서 나타난 합리적 선택의 접근 과정을 정립하는데 주력해왔다. 자연히 유럽연합의 법 제정절차와 유럽의회의 기능, 사법기관으로서 유럽법원의 역할, 집행위원회에 종사하고 있는 관료들의 초국가적 행위 등이 초점의 대상이 되어 왔다.[28]

---

27 김학노, "평화통합전략으로서의 햇볕정책", 한국정치학회, 『한국정치학회보』, 제39집 5호(2005 겨울), pp. 238~240.

유럽통합의 지속적인 변화의 모습에는 다층적 거버넌스의 역할도 중요했다. 그것은 회원국의 입장이 정부에 의해서만 대표되는 것이 아니라 비국가 행위자나 횡국가적 행위자들이 국내의 정책 선호 형성 과정에 참여했고, 이들의 이해관계가 유럽연합에 직접적으로 반영되었기 때문이다.[29] 이는 유럽연합이 갈수록 초국가적, 국가별, 국가 내부 등의 다양한 행위자가 참여하는 다층적 거버넌스체제로 인식되는 이유이기도 하다.

다층적 거버넌스는 유럽연합에 초국가적 기구와 개별 국민국가라는 이중적인 통치 단위가 존재한다는 것을 강조하는 것이기도 하다. 개별 국가들은 자국 국민들의 생활에 영향을 미치는 정책 결정과 집행 분야에서 주요한 행위자이다. 하지만 동시에 유럽연합 집행위원회, 유럽연합 법원, 유럽연합 의회 등 초국가 기구의 활동에 의해서도 영향을 받는다. 통합이 진전되면서 장기간 추진되어온 공동의 정책은 스스로의 관성을 갖게 되며, 정책도 개별 국가의 이해를 넘어서는 방향으로 나타날 수 있다. 여기서 국가들은 공동정책의 분야에 협력할 뿐만 아니라 초국가적인 조직체계가 일정한 범위 내에서 독자적인 권한을 행사하는 것을 용인하게도 된다. 이렇게 보면, 국가와 초국가적 단위는 상호 종속되어 있으면서도 상호 보완적인 기능을 행사하고 있는 것이다. 다층적 거버넌스 내에서의 정책은 초국가적, 횡국가적, 국가 내부 등 다양한 행위 수준을 연결하는 의미가 있는 것이다.

구성주의의 문제의식은 행위자의 정체성(identity)이나 이익

---

28 Mark A. Pollack, "International Relations Theory and European Integration", *Journal of Common Market Studies*, Vol. 39 (June 2001), pp. 227~228.

29 J. Greenwood, *Representing Interests in the European Union* (Basingstoke: Macmillan, 1998).

(interest)은 주어지는 것이 아니라 행위자간의 다양한 실천적 상호 작용의 역사적 과정을 통해 변화하고 만들어낼 수 있다는 것이다.[30] 구성주의의 입장을 잘 정리하고 있는 학자는 웬트(Alexander Wendt)이다. 그는 행위자들 사이의 간주관적인 관행이 상호 작용의 과정에서 어떻게 정체성과 이익을 형성하는지에 관심을 둔다. 정체성과 이익은 상호 작용 이전에 형성된 것이 아니라, 어떻게 상호 작용하는가에 따라 현재의 우리를 만든다고 본다. 웬트는 집단적 의미가 구조를 정의하며, 이 구조는 우리의 행동을 조직하고, 행위자는 이러한 집단적 의미에 참여함으로써 이익과 정체성을 얻게 된다고 본다. 그는 체제가 구성되면 일정한 행태 유형이 강화되면서 사회적 실체나 행위자의 자기 정체성의 일부가 될 수도 있으며, 그렇게 되면 간주관적인 이해는 자기 영속적이 될 수도 있다고 주장한다. 그러나 그렇다고 해서, 그것이 변할 수 없다는 의미는 아니다. 그는 주권의 관행, 협력의 진전, 비판적인 전략적 관행 등을 국제관계의 자조(self-help)적 성격의 세 가지 대안으로 제시했으며, 이를 통해 국가 행위자들이 어떻게 국제체제와 같은 사회구조를 정의하는지에 주목해야 한다고 주장했다.

구성주의에 대한 비판도 적지 않다. 우선 정체성은 상호 작용을 통해 형성되기도 하지만, 부분적으로는 상호 작용의 선행물이기도 하다. 웬트가 상정하는 것과 달리 구조 역시 관념으로만 이루어지지는 않는다. 여전히 강한 물질적 이익이 그 기반이 되는 경우도 많다.[31] 구성주의가 여전히 국가중심적인 성격을 벗어나지 못함으로써

---

30 Alexander Wendt, "Anarchy is what States Make of it: The Social Construction of Power Politics", *International Organization*, Vol. 46, No. 2(1992), pp. 391~425; ______, *Social Theory of International Politics* (Cambridge: Cambridge University Press, 1999).

국내사회가 국제적 수준에서 부과되는 규범과 규칙을 수용하거나 거부하는 상황이 발생한다든지, 국내의 정치적 결과가 대외정책을 통해 외연화되는 부분 등에 대한 검토가 필요하다는 비판도 받는다.[32]

구성주의 시각은 유럽통합의 지속에 있어 기존의 통합이론들과 보완적 성격을 갖는다. 유럽이라는 정체성은 유럽통합에 중요한 요인이다. 유럽의 문화적 · 인종적 · 종교적 측면에서의 정체성과 '미국에 대한 유럽'이라는 집단적 정체성은 유럽통합의 지속에 중요한 역할을 했다. 또한 구성주의는 제도에 공식적인 규칙은 물론이고 좀 더 폭넓게 해석된 비공식적인 규범과 상호 주관적인 이해를 포함시킨다. 나아가 제도는 단지 행위자들에게 동기를 부여하는 데 그치지 않고 그들의 선호와 정체성을 구성하고 사회화를 돕는 역할을 한다고 본다.[33] 다소 추상적이기도 하지만, 유럽연합의 국가들 사이에서 분쟁과 전쟁의 발생 가능성이 낮을 것이라는 기대가 안보공동체(security community)를 탄생시켰으며, 이러한 안보공동체 속에서 유럽연합의 공동체 의식이 더욱 성장할 수 있었다고 볼 수 있다.[34]

덧붙일 것은 합리적 선택 제도주의, 다층적 거버넌스, 구성주의

---

31 존 베일리스 · 스티브 스미스 편저, 하영선 외 옮김(2003), pp. 262~263.

32 그 외에, 작은 나라가 갖는 자율성의 범위와 구조적 제약에 대한 고찰이 먼저 이루어져야 한다는 점, 변화의 가능성 여부와 방향에 관한 구체적인 논점을 제시하지 못하고 있다는 점 등도 한계로 지적된다. 구성주의가 자칫 담론적 수준에서 새로운 갈등을 야기할 소지가 있으며, 문화적 상징이나 이미지와 같은 정체성을 결정하는 다양한 수준에 대한 이해를 소홀히 하고 있다는 점도 거론된다. 웬트가 지적한 것처럼 구성주의는 하나의 국제정치이론이라고 보기는 어렵다. 그러나 구성주의는 국제정치적 현실을 '바꾸어 나갈 수 있는' 가능성으로 상정하고 그 범위와 방법에 대한 지속적인 성찰을 하고 있다는 점에서 의의를 찾을 수 있다. 신욱희, "구성주의 국제정치이론의 의미와 한계", 한국정치학회, 『한국정치학회보』, 제32집 2호(1998 여름), pp. 158~161.

33 Pollack(2001), pp. 234~238.

34 Richard H. Ullman, *Securing Europe*(Princeton: Princeton University Press, 1991).

등의 문제의식은 '통합의 비용'을 중장기적으로 환기시켜 통합의 지속에 기여할 수 있다는 점이다. 통합의 비용이란 통합의 진행으로 나타나는 초국가주의와 동시적으로 통합에 역행하는 경향을 의미한다.[35] 통합의 비용은 제도라는 일련의 규칙과 관행을 통해, 또는 다층적인 통치 단위를 통해, 혹은 비공식적인 규범과 상호 주관적인 이해의 증진을 통해 줄어들 수 있으며, 이는 통합의 지속에 또다른 동력이 될 수 있을 것이다.

종합하면, 유럽통합의 접근과 관련해서 주목할 것은 비정치분야에서부터의 단계적 접근을 통한 파급효과의 중요성, 그리고 이를 위한 정치관료나 정치단체의 역할이라고 할 수 있다. 유럽통합의 지속과 관련해서 일련의 규칙과 관행을 통한 제도적 역할, 정부 차원을 넘어 다양한 행위자들이 역할하는 다층적인 거버넌스, 사회적 상호행위와 공동의 규범을 증가시키는 노력 등이 종합적으로 작동하도록 하는 것이 중요하다고 할 수 있다.

---

35 예컨대, 통합은 세계의 많은 문제나 갈등으로부터 민족국가와 국민들을 보호할 수 있는 능력을 감소시킨다. 통합은 정치적 권위, 정보, 문화 등이 중앙집권화되는 의미를 갖기도 한다. 그로 인해 개인적 자유와 집단의 자유 모두가 위협받을 수 있다. 통합이 만들어낼 동질성에 반하는 고유한 문화와 언어 혹은 제도 등을 보호하려는 경향도 강해진다. 이러한 역행의 경향은 유럽의 통합에서 추구하는 초국가주의와 끊임없이 충돌할 것이다. Joshua S. Goldstein, 김연각 외 옮김, 『국제관계의 이해』(고양: 인간사랑, 2002), pp. 486~487.

4. 한반도 통일과정에 주는 시사점

가. 목표와 방향

한반도 통일과정의 목표와 관련해서 우선 지적할 것은 국가연합과 연방의 목표를 상호 보완적으로 구상할 필요가 있다는 점이다. 그동안 남북한의 연합과 연방의 궁극적 차이는 외교와 군사권의 보유에 관한 것으로 단선적으로 이해되었다. 외교와 군사권의 경우, 남한의 국가연합에서는 지방정부들이, 북한의 연방제에서는 중앙정부가 보유하는 것이었다. 이는 남북한 대립의 상황에서 극심한 갈등의 상징이 되었다. 그러나 초기 유럽통합의 사례처럼, 연방과 국가연합의 차이를 초국가적 혹은 정부간과 같은 조직의 성격과 함께 이를 뒷받침하고 있는 헌법이나 조약과 같은 기본문서에 따라 구별하는 인식도 필요하다.[36]

그 일단은 2000년 6.15 남북공동선언(이하 6.15선언)에서 남한의 연합제와 북한의 낮은단계 연방제 간의 공통성 인정문제로 제기되었다. 남한의 연합제는 교류를 통한 점진적인 기능 통합을 염두에 두고 사실상의 통일(de facto unification)단계를 거쳐 제도적 통일을 이루자는 것이다. 여기에 흡수통일을 배제한다는 의지 표명은 중요했다. 낮은단계 연방제는 북한 스스로가 수세적 현실에서 남한의 연합제에서 추구하고 있는 화해협력과 연합단계의 필요를 우회적으로 인정한 것이다.[37]

---

36 한종수(2003), p. 8.

37 정상회담 후 북한은 낮은단계 연방제를 "잠정적으로 연방공화국의 지역 자치정부에 더 많은 권한을 부여하며 장차로는 중앙정부의 기능을 더욱 더 높여 나가는 방

6.15선언은 남북한 모두 외교와 군사권을 그대로 유지한다는 것을 전제로 한다는 점에서 국가연합에 속한다. 사실 흡수통일을 배제한 국가연합제는 이념과 체제가 다른 남북한이 우선 접근할 수 있는 현실적인 통합목표이다.[38] 남북한은 이를 점차 확대 발전시켜 서로의 이해가 합치고 체제위험에 부담이 덜 가는 분야에서부터 초국가적인 조직을 구성하고 조약을 체결해가는 부분통합을 추구하는 것이 바람직하다. 상이한 이념과 체제 아래 오랜 적대관계를 지속해온 남북한이 이런 과정을 거치지 않고 중앙정부가 외교와 군사권을 보유한 연방제를 수립한다는 것은 불가능에 가까운 일이다.

유럽통합의 경험이 한반도 통일과정의 방향과 관련해서 시사하는 것은 협상과 협력 및 하부구조와 제도 마련을 위한 정부간 역할의 중요성과 점진주의의 필요성이다. 물론 북한체제에서 자유주의적 정부간주의가 지적했던 내부 정치과정에서 결정되는 국익의 규정과 같은 절차를 기대하기는 불가능하다. 이와 차원은 다르지만, 남한 역시 대북정책 추진과 관련해 국민합의와 투명성이 부족하다는 지적을 받아왔다. 그럼에도 불구하고 북한에서 협상과 협력의 주체는 북한당국이 될 수밖에 없고, 남한에서도 대북정책 인식의 논란을 줄여 가는 주된 실마리는 정부에게 있다는 점에서, 남북한 모두 정부간 역할은 중요할 수밖에 없다.

다음으로 점진주의의 틀에서 보면, 6.15선언은 통일과정에서 대화와 협력을 통한 신뢰구축과 공존·공영의 점진주의적 접근이 남

향에서 연방제 통일을 점차적으로 완성할 데 대한 방안"으로 규정했다. 조국평화통일위원회 안경호 서기장 고려민주연방공화국 창립방안 제시 20돌 기념 평양시 보고회 연설, 『조선중앙방송』, 2000.10.6.

38 김근식, "연합과 연방: 통일방안의 폐쇄성과 통일과정의 개방성", 경남대학교 극동문제연구소, 『한국과 국제정치』, 제19권 4호(2003 겨울), pp. 155~176.

북한에게 현실적인 대안이라는 것을 확인했다는 점에서 의미가 있다. 6.15선언은 평화와 협력의 점진적 과정없이 평화통일이 불가능하며, 이를 위해 남북관계의 안정적 관리와 개선이 절대적으로 필요하다는 점을 확인한 것이다. 북한의 변화라는 측면에서 보더라도, 국제정치적 외압이나 힘의 우위에 근거한 접근은 북한지도부의 선택의 폭을 제한시킴으로써 바람직하지 않은 결과를 가져올 수도 있을 것이다.[39] 이러한 점에서도 6.15선언은 실사구시적인 현실 인식 속에서 협상과 협력 및 하부구조와 제도 마련을 위한 정부의 점진주의적인 역할을 중시하게 만드는 전기가 되었다고 평가할 수 있다.

이러한 평가의 연장선에서 보면, 2007년 10.4 남북정상선언(이하 10.4선언)은 정부간 회담의 제도와 하부구조를 세분화했다는 점에서 의미를 찾을 수 있다. 그동안 장관급회담을 주축으로 했던 남북관계는 10.4선언과 뒤이은 총리회담을 계기로 다양한 접촉 채널이 확보되었고, 접촉 주체도 정부 부처별, 분과위원회별로 다양화되었다.

이명박 정부가 들어서면서 북한의 연이은 도발행위로 남북관계는 경색국면을 맞았고, 박근혜 정부에서는 한반도 신뢰프로세스에 기초한 남북관계 개선을 추구하고 있지만, 계속되는 북한의 긴장국면 조성으로 남북관계는 여전히 교착상태에 빠져 있다. 하지만 큰 맥락에서 본다면, 유럽통합의 점진주의적인 방향에서 나타나듯이 차후 남북한은 작은 쟁점에서부터 먼저 구심점을 형성하도록 하고 상호 합의된 분야별 제도들을 서로의 사회·경제적, 정치적 삶에 도움이 되는 방식으로 확장해가야 한다. 기존의 정부간 합의의 기조를

---

39 김태환, "신국제질서의 제약요인과 남북 화해협력관계의 지속성: 탈냉전적 분석틀을 위한 시론", 한국국제정치학회, 『國際政治論叢』, 제42집 3호(2002), pp. 192~198.

유지하면서 남북관계를 진전시켜 나가고, 이를 바탕으로 부분적인 면에서부터 초국가적 역할을 모색해 가도록 해야 할 것이다.

종합하면, 남북한은 흡수통일을 배제한 국가연합제를 현실적 통합목표로 삼고, 이를 점차 확대 발전시켜 서로에게 이익이 되고 체제위험에 부담이 덜 가는 분야에서부터 초국가적인 조직을 구성하며, 관련 조약을 체결해가는 부분통합을 추구하는 것이 바람직하다. 국가연합의 초기 단계에서는 협상과 협력 및 하부구조와 제도 마련을 위한 정부간 역할이 중요하다. 남북한은 기존의 정부간 합의의 취지를 발전시켜 가면서, 공동 제도들의 분야별 책임을 점진주의적으로 확대시켜가는 것이 우선 중요하다.

나. 접근과 지속

비정치분야에서의 단계적·점진적인 접근을 통해 정치분야로의 파급효과를 추구하며 역류 및 지체효과를 방지하기 위한 정부관료와 정치단체의 역할을 중시하는 기능주의와 신기능주의적 접근방식은 남북한에게도 의미가 있다. 사실 이러한 접근방식은 1970년대 이후 남북관계에서 순환적으로 나타났던 것이다.[40] 1970년대 초반부터 시작된 남북적십자회담, 7.4 공동성명, 남북조절위원회 등의 대화와 협상의 기조는 기능주의 접근이었다. 남한은 남북한 간의 전쟁과 이후의 적대관계로 인해 단기간 내에 긴장완화와 신뢰회복이 어렵다고 보고, 정치적인 대화보다는 적십자회담 등의 비정치적인 대화부터 시작하는 점진적이고 단계적인 접근을 추구했다. 1974년 8월 15일 발표된 박정희 대통령의 평화통일 3대기본원칙은 '선 평화, 후 통일'정책을 명확히 한 것으로서 기능주의 인식이 전제되었다.

40 김계동(2006), pp. 40~45.

남한의 기능주의 접근은 1980년대 후반에 정치분야를 포함한 포괄적인 접근으로 발전되어 신기능주의적인 면모를 띠게 되었다. 1988년 서울올림픽 개최를 전후해서는 민족자존과 통일번영을 위한 특별선언(7.7선언)과 한민족공동체 통일방안이 제시되었다. 1990년 9월부터는 총리를 대표로 하는 남북고위급회담이 개최되었으며, 1991년에는 기본합의서가 체결되었다. 이는 기존의 비정치분야에서의 교류를 넘어 정치분야로까지 협력이 진전된 것으로서, 신기능주의 방식으로 설명될 수 있다. 특히 남북한 고위급회담은 남북한의 총리가 정치·군사·경제 등 포괄적인 분야에서 대화를 진행한 것이다. 이러한 접근은 1993년 3월 북한이 핵확산금지조약(NPT)를 탈퇴하고 핵카드를 활용한 벼랑끝외교를 추구하면서 벽에 부딪혔다. 남북한의 대화와 협상은 중단되었고, 남북관계는 후퇴했다.

1998년 출범한 김대중 정부는 남북관계 개선을 목표로 화해협력정책을 추진했다. 정경분리원칙은 대북 접근의 근간이었다. 김대중 정부는 당장 추진이 어려운 당국자 중심의 정치적 대화는 배제하고, 우선 실현가능한 비정치분야에서의 경제교류와 협력을 전개했다. 이로 인해 민간이 주도하는 금강산관광이 이루어졌고 대북 투자가 확대되었다.

정경분리원칙의 접근은 전형적인 기능주의에 해당하지만, 김대중 정부의 대북정책은 신기능주의 입장에 서 있다. 그것은 경제적·문화적 교류협력과 함께 정치 차원의 접근을 추진했으며, 그 결실이 2000년 6월 남북정상회담으로 나타났기 때문이다. 정상회담은 정치분야를 포함했고 최고당국자간의 회담이라는 점에서 신기능주의의 요건을 갖춘 것이다.

정상회담 이후 6.15선언이라는 기본틀을 바탕으로 장관급회담과 군사장관급회담이 개최되는 등 정치를 포함한 모든 분야에서 정부 관료를 중심으로 한 교류·협력이 시작되었다. 노무현 대통령의 평화번영정책은 화해협력정책을 계승 발전시킨 것으로 기본 골격에서의 큰 차이는 없다. 핵·미사일문제 등에도 불구하고 남북한의 신기능주의적 교류·협력의 기조는 지속되었으며, 2007년 10월 남북정상회담으로 이어졌다.

그동안 기능주의나 신기능주의 접근의 파급효과는 미진했다. 외형상 남북대화의 틀은 정치분야로까지 파급되었으나, 실질적 교류의 내용은 여전히 비정치분야의 것이 대부분이었다. 오히려 북한의 핵·미사일문제 등 커다란 정치현안이 걸림돌이 되어 일종의 역류 및 지체효과를 초래했다. 이를 막기 위한 정부관료나 정치단체 등의 역할은 근본적으로 제약되었다. 그것은 기본적으로 북한이 체제생존 문제를 국제정치적 선결문제로 간주했기 때문이며, 초국가적 행위자들의 자유로운 왕래가 불가능했기 때문이기도 하다. 그러나 남북한에게 기능주의나 신기능주의적 접근은 여전히 남북관계에 구심점을 만들 수 있는 효과적인 접근이다. 그것은 북한이 우선 필요로 하는 것이 비정치분야에서의 교류·협력이며, 정치지도자의 역할이 절대화되어 있기 때문이다.

다음으로 통일과정에서 지속의 문제와 관련해서, 6.15선언 이후의 남북관계는 초보적인 수준이지만 합리적 선택 제도주의에서 의미하는 공동의 법규들을 만들면서 제도주의의 역할을 일정 부분 격상시켰다. 이후 남북대화 개최와 합의서 작성의 수치가 대폭 증가했고, 남북경협의 제도화 수준과 안정성도 제고되었다. 다양한 접촉 채널과 접촉의 주체 면에서 2007년 남북정상회담 이후의 남북회담 체계도는 한층 세분화되었다.

논쟁이 계속되고 있긴 하지만, 2000년 남북정상회담 이후의 남북관계 변화에서 나타난 제도화의 경험은 단순한 실적이라기보다는 대화와 협력을 통해 만들어낸 축적물이라는 의미를 갖는다. 이는 일련의 규칙과 관행을 통한 제도적 역할, 다양한 행위자들이 역할하는 다층적 거버넌스, 사회적 상호 행위와 공동의 규범 등을 증가시키기 위해 노력한 과정으로 평가해 볼 수 있다.

이러한 노력은 통합의 지속과 동시에 통합의 비용을 줄여가기 위한 의미를 갖는다. 특히 남북한 간에 새로운 정체성의 형성을 위한 노력이 필요하다는 구성주의의 문제의식은 주목할 만하다.[41] 두 차례의 남북정상회담을 둘러싼 남북관계는 정부간 협력과 민간주도의 경제·사회·문화교류가 병행되면서 그 파급효과가 의도적으로 추구되었고, 그로 인해 남북한간 서로에 대한 정체성이 새롭게 규정되도록 노력했기 때문이다.[42]

종합하면, 한반도 통일과정에서 비정치분야에서부터의 단계적·점진적 접근을 통한 파급효과를 추구하고, 이를 위한 정부관료 혹은 정치단체의 역할을 중시하는 기능주의와 신기능주의적 접근은 대북 접근의 기조로서 여전히 유용하다. 그에 기반해 남북한은 일련의 규칙과 관행을 통한 제도적 역할, 다양한 행위자들의 다층적인 남북관계 구조의 형성, 사회적 상호 행위와 공동의 규범 증가 등을 위해 꾸준히 접근해가야 할 것이다.

지금까지 유럽의 통합과정이 한반도 통일과정 인식에 주는 시사점을 찾아보았다. 통합과 통일의 개념과 역학의 차이에 대한 논란

---

41 김창근, 『평화를 위한 통일교육: 하나될 미래를 위한 출발』(고양: 인간사랑, 2007), pp. 231~242.
42 김학노(2005), pp. 237~261.

에도 불구하고, 유럽통합의 목표, 방향, 접근, 지속 등의 차원으로 좁혀서 보면, 한반도 통일과정 인식에 주는 시사점이 있었다.

흡수통일을 배제한 국가연합제는 이념과 체제가 다른 남북한이 우선 접근할 수 있는 현실적인 통합목표이다. 남북한은 작은 쟁점에서부터 구심점을 형성하도록 하고 상호 합의된 분야별 제도들을 서로의 사회·경제적, 정치적 삶에 도움이 되는 방식으로 확장해가야 한다. 협상과 협력 및 하부구조와 제도 마련을 위한 정부간 역할은 중요하다. 이를 위해 남북한은 기본합의서를 비롯한 기존의 정부간 합의의 기조를 유지하면서, 부분적인 면에서부터 초국가적 역할을 모색하는 부분통합을 점진주의적으로 추구하는 것이 바람직하다.

비정치분야에서의 기능주의와 신기능주의적 접근방식은 대북 접근의 전략으로서 여전히 유용하다. 이러한 접근방식은 1970년대 이후 남북관계에서 이미 순환적으로 나타났던 것이기도 하다. 2000년 6.15선언은 1991년 기본합의서의 신기능주의적 접근방식을 복원한 의미가 있으며, 2007년 10.4선언은 6.15선언의 부문별 확대를 추구하면서 신기능주의적 접근의 기조를 유지한 것으로 볼 수 있다. 향후 남북한은 일련의 규칙과 관행의 축적을 통한 제도적 역할의 증대, 다층적인 남북관계 구조의 형성, 사회적 상호 행위와 공동의 규범 증가 등을 위해 꾸준히 접근해가야 할 것이다.

유럽통합이 한반도 통일과정을 인식하는 데 주는 시사점은 통일교육의 내용을 확장해주고 있다. 그것은 무엇보다 한반도 통일과정에서의 목표와 방향, 접근과 지속 등에 관한 인식적 토대가 될 수 있을 것이다.

[참고문헌]

김계동. 『남북한 체제통합론: 이론 · 역사 · 정책 · 경험』. 서울: 명인문화사, 2006.

김국신. "국가통합이론과 분단국 통합사례가 남북한 통일에 주는 시사점." 경남대학교 극동문제연구소. 『한국과 국제정치』. 제16권 1호(2000 봄).

김근식. "연합과 연방: 통일방안의 폐쇄성과 통일과정의 개방성." 경남대학교 극동문제연구소. 『한국과 국제정치』. 제19권 4호(2003 겨울).

김도종. "남북통합논의는 통합되어 있는가?: 개념의 통일성과 이론의 적실성에 대한 문제제기." 명지대학교 사회과학연구소. 『사회과학논총』. 제17집(2001.8).

김창근. 『평화를 위한 통일교육: 하나될 미래를 위한 출발』. 고양: 인간사랑, 2007.

______. "남북관계 변화와 한반도 평화: 통합이론의 적용과 구성주의적 과제." 호남대학교 인문사회과학연구소. 『인문사회과학연구』. 제16집(2007).

김태환. "신국제질서의 제약요인과 남북 화해협력관계의 지속성: 탈냉전적 분석틀을 위한 시론." 한국국제정치학회. 『國際政治論叢』. 제42집 3호(2002).

김학노. "평화통합전략으로서의 햇볕정책." 한국정치학회. 『한국정치학회보』. 제39집 5호(2005 겨울).

김혁. "한반도 통일을 위한 대안적 이론체계의 모색: 인식론과 방법론을 중심으로." 현대경제연구소. 『통일경제』. 제27호(1997.3).

박광기. "통일문제에 대한 이론적 접근: '통일'인가 '통합'인가?" 권혁범 외 5인. 『한반도와 통일문제: 한반도 문제의 재조명』. 서울: 大旺社, 2000.

신욱희. "구성주의 국제정치이론의 의미와 한계." 한국정치학회. 『한국정치학회보』. 제32집 2호(1998 여름).

이종석. 『분단시대의 통일학』. 파주: 한울, 1998.
존 베일리스 · 스티브 스미스 편저. 하영선 외 옮김. 『세계정치론』. 서울: 을유문화사, 2003.
존 베일리스 · 스티브 스미스 · 퍼트리샤 오언스 편저. 하영선 외 옮김. 『세계정치론』. 제5판. 서울: 을유문화사, 2012.
한종수. "통합이론에 비추어 본 유럽통합과 한반도통합." 한국유럽학회. 『유럽연구』. 제17권(2003 여름).
『연합뉴스』. 2012.10.15.
조국평화통일위원회 안경호 서기장 고려민주연방공화국 창립방안 제시 20돌 기념 평양시 보고회 연설. 『조선중앙방송』. 2000.10.6.
Deutsch, Karl W. et al. *Political Community and the North Atlantic Area: International Organization in the Light of Historical Experience*. Princeton: Princeton University Press, 1957.
Etzioni, Amitai. *Political Unification*. New York: Rinehart and Winston, 1966.
Goldstein, Joshua S. 김연각 외 옮김. 『국제관계의 이해』. 고양: 인간사랑, 2002.
Greenwood, J. *Representing Interests in the European Union*. Basingstoke: Macmillan, 1998.
Groom, A. J. R. and Paul Taylor. *Functionalism: Theory and Practice in International Relations*. London: University of London Press, 1975.
____________________. eds. *Frameworks for International Cooperation*. New York: St. Martin Press, 1990.
Judt, Tony. 조행복 옮김. 『포스트 워: 1945~2005』 1, 2. 서울: 플래닛, 2008.
Haas, Ernst B. *The Uniting of Europe: Political, Social and Economic Forces, 1950-1957*. Stanford: Stanford University Press, 1959.
Lindberg, Leon N. *The Political Dynamics of European Economic Integration*. Stanford: Stanford University Press, 1963.

Mitrany, David. *A Working Peace System*. Chicago: Quadrangle Books, 1966.

Moravcsik, Andrew. *The Choice for Europe: Social Purpose and State Power from Messina to Maastricht*. Ithaca: Cornell University Press, 1998.

Nye, Joseph S. "Comparative Regional Integration: Concept and Measurement." *International Organization*. Vol. 22, No. 4 (1968).

______________. *Peace in Parts: Integration and Conflict in Regional Organization*. Boston: Little Brown, 1971.

Pollack, Mark A. "Internationl Relations Theory and European Integration." *Journal of Common Market Studies*. Vol. 39 (June 2001).

Rifkin, Jeremy. 이원기 옮김. 『유러피언 드림』. 서울: 민음사, 2005.

Taylor, Paul. "Functionalism: the approach of David Mitrany." in A. J. R. Groom and Paul Taylor. eds. *Frameworks for International Cooperation*. New York: St. Martin Press, 1990.

Ullman, Richard H. *Securing Europe*. Princeton: Princeton University Press, 1991.

Wendt, Alexander. "Anarchy is what States Make of it: The Social Construction of Power Politics." *International Organization*. Vol. 46, No. 2(1992).

________________. *Social Theory of International Politics*. Cambridge: Cambridge University Press, 1999.

5장

대북 개발지원을 위한 민간단체의 역할과 과제

1. 대북 개발지원과 민간단체
2. 개발지원에 관한 인식적 논의
3. 민간단체의 대북 인도적 지원과 개발지원
4. 민간단체의 대북 개발지원의 과제

1. 대북 개발지원과 민간단체

이 장에서는 대북 개발지원을 위한 국내 민간단체의 역할과 과제를 찾아보고자 한다.[1] 그동안 민간 차원에서의 대북 개발지원의 필요성에 대한 강조는 꾸준히 있어 왔다. 대체적으로 그 시작은 대북지원 단체인 우리민족서로돕기운동이 2004년 초에 개발지원에 대한 논의를 공개적으로 제기하면서부터였다. 우리민족서로돕기운동은 대북지원에 공적개발원조(Official Development Assistance: ODA)의 개념과 정책의 틀을 도입할 것을 제기했고, 대북 인도적 지원을 개발지원으로 전환할 필요성을 공론화했다.[2] 당시는 1995년부터 시작된 대북지원이 10년째가 되던 무렵이었는데, 국내에서는 계속된 지원에 따른 일종의 지원피로감이 나타나고 있었고, 대북 퍼주기논쟁으로 지원여론도 악화되고 있었다. 그로 인해 민간단체들이 모금활동을 하는데 상당한 어려움이 있었다. 국제적으로도 원조 공여국이나 지원단체들의 관심이 대북지원보다는 새로운 국제적 재난과 지역으로 옮겨가고 있었다. 개발지원은 이러한 배경 속에서 새로운 대안으로 제기된 것이다.

개발지원은 당시 국내뿐만 아니라 북한도 공식적으로 제기했다. 북한은 2005년 9월, 국제기구들에게 인도적 지원사업을 개발지원으로 전환해 달라고 했다. 북한은 유엔의 합동호소절차(Consolidated

---

1 여기서 국내 민간단체란 정부기관이나 영리단체가 아닌 순수한 국내 비정부단체(Non-Governmental Organizations: NGOs)를 주로 지칭하면서, 단체에 속하지 않은 순수 민간도 포함하는 의미로 사용하고자 한다. 개발지원(Development Aid)의 의미는 개발원조 혹은 개발협력과 유사한 맥락으로 사용하고자 하며, 지원(Aid)과 원조(Assistance)는 개념에서 별다른 차이가 없는 것으로 간주한다.

2 이종무 외 2인, 『북한개발지원체제의 구축방안』(서울: 통일연구원, 2009), pp. 140~141.

Appeals Process: CAP)를 받지 않겠다고 선언했다. 홍수피해를 입은 북한이 1995년 인도적 지원을 국제사회에 공식적으로 요청하면서 시작된 합동호소절차는 통상 1년을 주기로 계속 진행되었고, 이를 거쳐야 유엔으로부터의 지원이 가능했었다. 북한은 이를 거부한 것이다.

당시 북한의 의도는 정확히 밝혀지지는 않았다. 대체적인 분석에 따르면,[3] 북한은 당시 대북지원이 감소하고 있는데 비해 국제사회의 모니터링에 대한 요구 조건은 강화되고 있었고, 지원과정에서 외부사조의 유입으로 인한 주민들의 동요를 우려하지 않을 수 없었던 것이다. 또한 다급했던 인도적 재난의 상황이 어느 정도 수습되었다고 북한 스스로가 판단했을 수도 있다.

개발지원에 대한 당시 북한의 요청과 달리 북한은 이후 공식적으로는 선진국과 국제금융기구 등으로부터의 개발지원에 대해서 부정적 인식을 나타냈다. 개발지원과 원조를 제국주의 국가들이 인권개선, 민주화, 체제전환, 신식민주의 등의 방식을 통해 지원 수여국을 경제적으로 예속화시키는 도구로 간주했기 때문이다. 그러면서도 실제로는 경제난 해소를 위해 국제사회로부터의 개발지원과 개발협력이 불가피하다는 점을 인정하는 이중의 모습을 보였다.[4] 실제 북한은 국제사회로부터는 제한적인 개발지원을 받아왔었고, 중국과 한국 등의 양자관계 차원에서도 개발지원을 부분적으로 수용해 왔었다. 지금은 북한의 핵개발로 인해 개발지원이 거의 중단된 상태이다.

---

3 조한범, "대북지원 10년의 성과와 과제: 대북개발지원을 위한 제언", 통일연구원, 『통일정책연구』, 제14권 2호(2005), pp. 89~90; 최대석, "긴급구호에서 개발지원으로: 국내 NGO의 지원경험과 향후과제", 북한연구학회, 『북한연구학회보』, 제10권 1호(2006 여름), pp. 325~326.

4 임을출, "동북아 개발협력: 북한의 인식과 법제적 대응", 통일연구원, 『통일정책연구』, 제19권 2호(2010), pp. 237~269.

대북 개발지원에 대한 논의가 공론화되면서, 그에 관한 국내의 연구성과도 상당히 축적되었다.[5] 위의 각주에서 보듯이 최근에는 북한이 핵을 포기하고 개방할 때를 상정한 전면적이고 본격적인 개발지원에 관한 연구도 통일연구원을 통해 이루어져 있다. 이러한 연구는 대북 개발지원 논의에 관한 총결산이라고 할 수 있을 정도로 총괄적이다.

그럼에도 불구하고, 이 장에서 굳이 민간단체의 대북 개발지원

---

5 몇 가지 연구를 소개하면, 개발지원을 새로운 정책적 의제로 설정해야 할 필요성을 포괄적으로 제기한 연구로는 이금순, 『대북 인도적 지원 개선방안: 개발구호를 중심으로』(서울: 통일연구원, 2000); ______, "대북 인도적 지원의 실효성 연구: 평가 지표와 과제", 통일연구원, 『통일정책연구』, 제14권 2호 (2005); 조한범(2005); 최대석(2006) 등이 있다. 개발지원에 관한 연구는 이후 더욱 발전했는데, 김석진, 『개발원조의 국제규범과 대북정책에 대한 시사점』(서울: 산업연구원, 2009); 박형중, 『구호와 개발 그리고 원조: 국제논의수준과 북한을 위한 교훈』(서울: 해남, 2007); 윤대규·임을출, 『북한 경제개혁을 위한 새로운 패러다임: 개발협력의 이론과 실제』(파주: 한울, 2006) 등이 있다. 특히 박형중은 유엔기구, 세계은행, OECD내 개발원조위원회 등의 원조와 개발에 관한 이론과 업무 추진방식을 전반적으로 요약·정리하여 제시했다. 보다 세분화해서 북한 개발지원을 위한 자금조달의 방향을 검토한 연구로는 장형수·박영곤, 『국제협력체 설립을 통한 북한개발지원방안』(서울: 대외경제정책연구원, 2000); 장형수, "북한 개발지원을 위한 국제협력 방향: 재원조달 방안을 중심으로", 통일연구원, 『통일정책연구』, 제17권 1호(2008) 등이 있다. 대북 개발지원에 관한 가장 총괄적인 연구는 통일연구원에서 2008년과 2009년의 2년에 걸쳐 협동연구사업으로 추진한 총서이다. 1차년은 모두 7권으로 구성되어 있는데, 박형중 외8인, 『국제사회의 개발지원 이론과 실제: 북한 개발지원을 위한 모색』(1권); 이금순 외 3인, 『국제 개발이론 현황』(2권); 임강택 외 4인, 『국제사회의 원조 현황 및 추진 전략』(3권); 최춘흠 외 2인, 『UN기구의 지원체계와 대북 활동』(4권); 권율 외 2인, 『양자간 개발기구의 체계와 활동』(5권); 장형수 외 2인, 『다자간 개발기구의 체계 및 활동』(6권); 이종무 외 2인, 『국제 NGO의 원조 정책과 활동』(7권) 등이다. 2차년은 모두 6권으로 구성되어 있는데, 임강택 외 7인, 『북한개발지원의 포괄적 추진방안: '비핵·개방·3000 구상'을 위한 실천방안 모색』(1권); 박형중 외 3인, 『북한 개발지원의 이론과 포괄적 전략』(2권); 김정수 외 5인, 『북한개발지원의 쟁점과 해결방안』(3권); 장현수 외 2인, 『북한개발지원을 위한 국제협력 방안』(4권); 이종무 외 2인, 『북한개발지원체제의 구축방안』(5권); 양현모 외 1인, 『지방자치단체의 북한개발지원 전략과 접근방법』(6권) 등이다.

의 역할과 과제에 초점을 두려고 하는 이유는 다음과 같다.

첫째, 남북관계에서 민간단체의 역할은 하나의 틀로 분명히 자리잡고 있으며, 그 역할은 앞으로도 대북 개발지원을 위한 동력으로 계속 작용해야 한다는 점이다. 민간단체의 역할은 소규모적이며 정치적 변수에 의한 영향을 크게 받지만, 남북관계 발전을 위한 역할과 과제는 여전히 중요하다.[6] 민간단체는 북한에 대한 단순한 인도적 지원에 머물지 않고 개발지원을 위한 남북협력을 증진시키면서 통일을 준비하는 데 기여해야 한다. 아울러 민간단체는 시범적인 개발지원 사업을 통해 개발지원 자체에 대한 북한의 인식을 높이고 그것을 통해 제도와 정책에서의 변화를 이끌어 내야 하는 과제도 안고 있다. 나아가 민간단체의 성과는 차후 정부와 국제사회의 대북 개발지원시 의제 설정, 사업의 교훈, 협력체제 수립 등에서 시사점이 되어야 하는 것이다.

민간단체는 남북관계에서의 경색 국면이 완화되었을 때를 대비하여 개발지원의 차원에서 그 역할과 과제를 준비해야 한다. 차후 남북관계가 회복되기 시작할 때 민간단체의 대북사업은 개발지원적인 접근을 보다 구체화할 수 있어야 할 것이다.

둘째, 최근 개발지원에 관한 국제적 논의는 개발효과성(Development Effectiveness)과 포괄적 파트너십(Comprehensive and Inclusive Partnership)의 중요성을 한층 강조하고 있다는 점이다. 개발지원에 관한 논의는 주로 공적개발원조 분야에서 진행되고 있지만, 그것은 민간단체들에게도 상당한 과제를 주고 있다. 최근 논의로 주목할 것은 2011년 11월 29일부터 12월 1일까지 부산에서 열린 제4차 세계개발원조총회(High Level Forum on Aid Effectiveness: HLF)이다. 이 총회는 원조

6 이종무 외 2인(2009), p. 147.

효과 고위급회의로도 알려져 있다. 부산 총회는 2005년 채택된 '원조효과 제고에 관한 파리선언'의 최종결과를 검토하고 원조효과 제고를 위한 새로운 실천방안을 마련했다는 점에서 공적개발원조레짐의[7] 발전을 이룬 의의가 있다.

부산 총회에서 주목할 것은 크게 두 가지이다.[8] 하나는 원조효과성(Aid Effectiveness)에서 개발효과성으로의 전환을 모색했다는 점이다. 다른 하나는 경제협력개발기구 개발원조위원회(Organization for Economic Cooperation and Development-Development Assistance Committee: OECD-DAC)의 선진 공여국 중심으로 이루어져 왔던 고위급회의를 포괄적 파트너십이란 기치 아래 개발협력분야의 다양한 행위자들이 참여할 수 있도록 변화했다는 점이다. 가나의 아크라(Accra)에서 열린 제3차 총회에서 시민사회단체(Civil Society Organization: CSO)가 처음으로 개발협력분야의 독립적인 파트너로 인정받았었는데, 부산 총회에서는 보다 확대된 파트너로서 수원국, 시민사회단체, 신흥 원조 공여국, 기업·재단과 같은 민간부문 행위자들까지로 참여자의 범위가 확대되었다. 개발지원의 효과성과 포괄적 파트너십은 이제 국제간 협력을 규정하는 틀이 된 것이다. 부산 총회에서 제기된 이러한 변화는 민간의 대북지원에도 시사하는 바가 있다. 민간단체는 대북 개발지원을 할 때 기존에 제기되어 왔던 투명성을 넘어 개발효과성에 주목해야 하며 포괄적 파트너십을 위해 노력해야 하는 것이다.

---

7 레짐이란 국제사회의 각 행위자(국가, 국제기구, NGOs, 개인)들의 기대가 수렴되어진 일련의 국제적 규범체계 및 실행절차를 의미한다.

8 김태균, "부산총회 이후 국제개발원조레짐의 변화와 한국", 동아시아연구원, 『EAI 논평』, 제23호(2011.12.13), pp. 1~5; 유웅조, "부산 '세계개발원조총회'와 ODA 정책 개선과제", 국회입법조사처, 『이슈와 논점』, 제333호(2011.11.29); 조태열, "한국의 ODA 정책과 선진-개도국 간 가교 역할", 제주평화연구원, 『JPI정책포럼』(2007.7).

여러 가지 제약요인이 있지만 남북관계에서 민간단체의 역할은 여전히 중요하며, 앞으로도 대북 개발지원을 위한 동력이 되어야 하는 기본적인 과제가 있다. 개발효과성과 포괄적 파트너십을 강조하고 있는 최근의 국제적 흐름을 감안하여, 국내 민간단체들은 향후 남북관계의 활성화시를 대비한 개발지원 사업의 과제를 점검할 필요가 있을 것이다.

2. 개발지원에 관한 인식적 논의

가. 개발과 개발지원

개발지원에 관한 논의에 앞서 먼저 파악할 것은 개발이란 용어의 개념이다. 그것은 계속해서 확장되고 있는 개발지원의 범주와 쟁점을 인식하는 데 중요하기 때문이다. 과거에는 개발(development)이란 대체적으로 국민소득이나 개인소득과 같은 경제적인 부가 증가하거나 산업화와 기술진보를 통해 사회가 근대화되는 것이었다. 이러한 협의의 개념에서 벗어나 이제 개발은 인간의 자유의 발전을 위해 정치적·시민적 권리를 비롯해서 사회경제적 제도, 교육, 의료보호 시설 등이 확대된 것을 의미한다.[9]

이러한 광의의 개념은 개발에 관한 정의로 주목받고 있는 센(Amartya Sen)의 것이다. 그의 저서의 제목 *Development as Freedom*

---

9 Amartya Sen, *Development as Freedom* (New York: Anchor Books, 1999), p. 3; 번역본으로는 아마티아 센 지음, 박우휘 옮김, 『자유로서의 발전』(서울: 세종연구소, 2001), p. 19.

에 나타난 것처럼 그는 개발을 사람들이 실제적으로 누리고 있는 자유를 확대하는 과정으로 보았다. 그는 개발을 위해서는 자유를 구속하는 빈곤, 압제, 불충분한 경제적 기회, 의도적인 사회적 배제, 공공시설의 방치, 국가의 과도한 억압 행위와 같은 것들이 제거되어야 한다고 보았다.[10] 이러한 인식은 인권, 양성평등, 환경 등의 개념들과 개발의 개념을 연계시키면서 개발에 대한 접근방식을 넓히고 쟁점을 다양하게 만들고 있다. 단순히 빈곤을 줄이는 대중적 접근, 문화적 다양성을 강조하는 사회문화적 접근, 성별 차이를 새롭게 설정하려는 여성주의적 접근, 근대화론적 불평등에 대한 반발로서의 탈식민주의적 접근, 환경문제의 시장화에 반대하는 환경적 접근 등이 그것이다.[11]

이러한 개발의 의미를 놓고 보면, 개발지원의 의미도 자연스레 "빈곤을 축소하기 위해 지원하면서 동시에 경제적 · 사회적 진보를 이루도록 후원하는 것"이 된다.[12] 따라서 북한에 대한 개발지원도 단순히 경제성장을 위한 것이 아니며, 빈곤축소를 위해 지원하면서 동시에 사회문화, 여성, 탈식민주의, 환경 등의 다양한 접근을 통해 경제적 · 사회적 진보를 이루도록 후원하는 것을 의미한다. 이를 위해 대북 개발지원은 북한이 자력으로 식량문제와 기타 인도적 상황의 개선을 추구할 수 있도록 지원하는 것이 필요하며, 보다 종합적인 틀 속에서 중장기적으로 시스템 차원의 능력을 향상시킬 수 있도록 해야 할 것이다.

---

10 Sen(1999), p. 3.
11 이금순 외 3인(2008), pp. 27~43.
12 Carol Lancaster, *Foreign Aid: Diplomacy, Development, Domestic Politics* (Chicago: University of Chicago Press, 2007), p. 13.

나. 민간, 인도적 지원, 쌍방향성

개발과 개발지원에 대한 개념적 논의와 함께 인식해야 할 몇 가지가 있다. 그것은 민간이 개발지원의 주체가 될 수 있는지, 개발지원이 인도적 지원과 별개의 것인지, 대북 개발지원에서의 쌍방향성이 과연 가능한지 등에 관한 인식이다.

첫째, 민간이 개발지원의 주체가 될 수 있느냐의 문제이다. 일반적으로 개발지원은 정부 차원에서 개발도상국에 대해 국제적인 개발협력을 추진하는 것을 지칭한다. 국제사회에서 공식적으로 통용되는 용어는 공적개발원조이다. 구체적으로는 양자 및 다자간 기구를 포함한 공공부문에서 경제개발 및 복지증진을 목적으로 개발도상국에 제공하는 무상자금 및 양허성 차관을 의미한다. 양허성 차관(concessional loan)이란 일반적으로 이자율, 상환기간, 거치기간 등의 세 가지 요소를 고려해 시중의 일반자금 융자와 비교하여 차입국에 유리한 조건으로 주는 차관을 지칭한다. 공적개발원조란 증여율이 25% 이상을 넘는 양허성 차관을 말한다.[13]

문제는 공적 차원에서 개발지원의 주요 수단이 공적개발원조로 인식되고 있는 상황에서, 민간단체의 지원활동도 개발지원에 해당될 수 있는가 하는 점이다. 순수 민간의 기여에 기반한 민간단체의 대북지원 활동이 개발의 취지에 맞는 행위이고 증여율이 25% 이상일 경우라면 개발지원에 해당한다.[14] 민간단체의 대북 인도적 지원의 경우라도 이러한 조건을 준수한다면 개발지원에 포함될 수 있는 것이다.

민간의 대북지원의 경우 대부분이 무상 지원이다. 따라서 증여

13 임을출(2010), pp. 239~240.
14 박형중 외 3인(2009), p. 64.

율 관련 기준은 대부분 충족한다. 또한 무상 지원의 궁극적 목적은 다양하고 때로는 정치적 필요도 담겨 있을 수 있지만, 대부분은 경제개발과 복지증진 등을 추구한다. 민간의 대북지원의 경우 개발지원이라는 용어를 쓰지는 않았지만, 내용상으로는 개발지원을 포함하고 있다고 할 수 있다.

둘째, 인도적 지원과 개발지원의 구분이다. 이 둘을 목적, 목표, 원칙, 방향, 기간, 해결과제 등의 측면에서 구분해 보면 다음과 같다.[15] 목적의 측면에서 인도적 지원이 인도주의의 실현이라면, 개발지원은 인도주의의 실현과 복리증진이다. 목표의 측면에서 인도적 지원이 긴급한 인명구조를 위한다면, 개발지원은 주민의 삶의 질 향상을 추구한다. 원칙의 측면에서 인도적 지원이 박애, 공평성, 중립성을 내세운다면, 개발지원은 원조효과성을 중시한다. 방향의 측면에서 인도적 지원이 신속하고 체계적인 대응을 강조한다면, 개발지원은 지속가능한 사회경제 시스템의 개발에 초점을 둔다. 기간의 측면에서 인도적 지원이 1년 이내의 단기사업이 주를 이룬다면, 개발지원은 2년 이상의 장기사업이 많다. 해결과제의 측면에서도 인도적 지원이 재화와 서비스의 결핍이 어려움이라면, 개발지원은 제도와 정책의 제약이 걸림돌이다. 그러나 이러한 구분에도 불구하고, 양자는 전혀 별개의 것이 아니다. 양자는 본질적으로 인도주의에 기반해 있으며, 궁극적으로는 삶의 질의 향상을 위한 역량 강화를 추구하고 있는 것이다.

인도적 지원은 일반적으로 국제사회의 제재로부터 벗어나기에 쉬운 경향이 있지만, 유엔 차원에서의 제재가 가해진 경우에는 인도적 지원이든 개발지원이든 축소되거나 중단되기 십상이다. 국제사

---

15 이종무 외 2인(2009), p. 22.

회의 대북 인도적 지원과 개발지원은 국내외 정세와 밀접하게 연동되어 움직이는 경향이 강화되고 있다. 국제사회가 가장 우려하고 있는 북핵문제가 해결되는 것은 대북 개발지원이 활성화될 수 있는 중요한 전제조건이다. 그러다 보니, 국제기구가 실제 추진하고 있는 대북 지원사업은 정치적 영향을 덜 받는 북한내 취약계층을 대상으로 한 보건, 의료, 교육분야 등에서의 사회분야 개발지원 사업에 초점이 맞춰지고 있다.[16]

현재 북한의 사정은 인도적 지원이 필요치 않은 상황도 아니고, 그렇다고 개발지원이 본격화될 수 있는 실정도 아니다. 대북 인도적 지원과 대북 개발지원은 현실적으로 병행될 수밖에 없는 것이다. 하지만, 염두에 둘 것은 양자가 전혀 별개의 것이 아니라는 점이다. 개발지원성의 대북 인도적 지원 혹은 인도적 지원성의 대북 개발지원을 위해 체계적인 계획과 포괄적인 연대, 그리고 지속적인 정책이 필요한 것이다.

셋째, 개발지원에서 중요하게 여기고 있는 쌍방향성의 문제이다. 공적개발원조는 그 목적과 주체, 그리고 지원조건이 규정에 충족될 것을 요구한다. 군사 혹은 종교적 목적의 지원, 학술 및 문화교육 차원의 지원, 민간단체의 자발적 지원 등은 이에 해당하지 않는다. 특히 개발 민간단체가 관여된 개도국에 대한 지원분이나 정부가 민간단체에 교부하는 자금은 공적개발원조에 계상되지만, 모금 등을 통한 자체 사업자금 지원분은 공적개발원조로 계상되지 않고 민간단체에 의한 증여로 별도 계산된다.[17] 그렇게 하는 것은 국제사회에

---

16 통일부, 『2012 통일백서』(서울: 통일부, 2012), pp. 155~157; 통일부, 『2010 통일백서』(서울: 통일부, 2010), pp. 121~123.

17 한국국제협력단, 『국제개발협력의 이해』(파주: 한울, 2009), p. 31.

서의 개발원조가 단순히 개도국을 도와주는 시혜성의 일방적인 행위가 아니라 개도국 스스로가 제시하는 빈곤해소 방안을 가능한 수용함으로써 공여국과 수원국 간의 이해를 높이는 의사소통과 상호 협력의 과정을 중시하고 있기 때문이다. 국제사회는 개발지원에서 쌍방향의 상호 협력을 추구하고 있는 것이다.

북한과의 쌍방향적 개발지원이 가능하기 위해서는 국제사회의 규범과 원칙을 북한이 일정 부분 수용한 상태에서 북한 당국에 의한 개혁·개방이 추진되어야 할 것이다. 북한 스스로의 의지와 능력이 무엇보다 중요한 것이다. 구체적으로는 북한 당국의 자원성 확인, 파트너십 형성, 사업이행 절차와 모니터링에 대한 합의, 원조효과성 증대를 위한 상호 협의 등이 전제되어야 한다. 이렇게 보면, 대북 개발지원에서 쌍방향성을 추구하는 것은 현재로서는 매우 어려운 일이다. 그러나 그렇다고 해서 북한과의 개발지원을 위한 접촉과 시도를 중지하지 않는 것도 국제사회의 관행이다.

우리가 추구할 것은 제한적이라 하더라도 대북 개발지원 사업의 끈이 이어지도록 하는 노력이다. 예컨대, 특정 분야의 역량 강화를 위한 지원성 사업이라든가 소규모 다품종의 농촌 및 농업 개량사업, 보건 및 의료 관련 사업 등이 있을 것이다. 기본적으로는 국제사회의 흐름을 중시하면서 대북 개발지원을 통해 남북관계적인 비전을 모색해야 할 것이다. 이를 위해 국제평화나 국제안보의 차원에서 대북 개발지원과 국제개발협력의 이슈를 연계시킨다거나 비전을 제시하는 일이 가능할 것이다.

다. 투명성과 효과성

마지막으로 인식해야 할 사항은 개발지원에서 추구해야 하는 투명성과 효과성의 문제이다. 이는 국제사회의 원칙에 부합되고 대내외적 정당성을 갖춤으로써 국제사회와의 협력체제를 구축할 수 있도록 하는 관건이기도 하다.

투명성(transparency)이란 개발지원의 집행절차에서 개별 단계마다 확보되어야 할 요소로서, 반부패의 영역에서부터 지원사업의 결과에 이르기까지 다차원적 영역에서 지원의 공여국과 수원국이 공동으로 이루어내야 할 행동준칙이다.[18] 이렇게 보면, 대북지원에서의 투명성이란 단순히 지원식량의 전용 여부만을 따지던 과거의 수준을 넘어서야 한다. 그것에는 개발지원의 시행 단계에서부터 지원 주체의 모니터링과 평가업무를 연계시켜야 하며, 우리 정부의 공정한 집행 절차 준수와 함께 북한 스스로도 국제적 기준과 규범을 받아들일 수 있는 여건을 조성하는 것이 필요하다.

효과성(effectiveness)이란 개발지원의 주체가 설정한 목표가 사업을 통해 얼마나 충족되고 있는지에 관한 것이다. 국제사회는 개발지원에 있어서 효과성을 제고하기 위해 그동안 여러 합의를 이루었다.[19] 그중에서 주목해야 할 것은 원조효과 고위급회담으로 알려져 있는 세계개발원조총회이다. 총회는 21세기에 들어 유엔, 세계은행, OECD 등이 제시한 국제개발 목표를 통합하고, 이의 효과성을 제고하기 위한 노력의 일환으로 탄생되었다. 장관급회의인 총회는 이후 개발지원분야에서 최대 규모의 회의체로 자리매김했다. 우리나라는 2010년에 선진 공여국 모임인 OECD내 개발원조위원회에 가입한데

18 김정수 외 5인(2009), pp. 40~41.
19 위의 책, pp. 86~124.

이어 2011년에는 부산 세계개발총회를 유치함으로써 국제 개발협력 커뮤니티 내에서 위상을 높이고 있다.

그간 4차례의 총회가 열렸는데, 효과성과 관련하여 주목할 것은 2005년 프랑스 파리에서 열린 제2차 총회이다. 당시 총회에서 원조 효과성의 제고를 목표로 하는 파리선언(Paris Declaration on Aid Effectiveness)이 발표되었고, 5대 중점 추진 과제와 그 성과를 측정하기 위한 12개 지표가 제시되었다. 5대 과제는 ① 수원국의 주인의식(Ownership), ② 수원국의 개발전략과 공여국 원조정책의 일치(Alignment), ③ 공여국간 원조정책의 조화(Harmonization), ④ 개발성과 중심의 관리(Management for Results), ⑤ 수원국과 공여국의 상호 책임공유(Mutual Accountability) 등이다. 12개의 지표는 수원국들의 구체적 개발전략 수립, 신뢰할 수 있는 국가시스템, 원조유입이 국가우선순위와 일치, 조율된 수원능력 강화 노력, 수원국 체제의 활용, 유사한 프로그램에 따른 중복투자 최소화, 예측 가능한 원조, 비구속성 원조, 공통의 합의 또는 지원 절차, 공동 분석의 증진, 결과 중심의 원조 실시, 상호 책임성 등이다.

파리선언의 5대 과제와 12개 지표가 핵심적으로 시사하는 것은 수원국이 개발전략을 수립할 뿐만 아니라 원조 공여국간 조정과정에서도 주인의식과 리더십을 발휘해야 한다는 점이다. 이어 2008년 가나의 아크라에서 개최된 제3차 회의에서는 국제사회의 개발원조의 효과를 제고하기 위해 수혜국의 주인의식 강화, 효과적·포괄적 파트너십 구축, 개발 성과를 위한 지원 및 책임 강화, 사업의 투명성 및 책임성 강화 등을 실천 계획으로 만들었다. 이미 언급한 것처럼 부산에서 열린 제4차 회의에서는 원조효과성을 넘어 개발효과성을 추구했다.

이상의 내용은 긴급구호를 제외한 단순지원이 더 이상 대북지원에서 자리잡기 힘들다는 점을 보여준다. 대북 개발지원은 남북관계의 영향을 크게 받지 않으면서도 투명성과 효과성을 제고한 사업의 발굴이 절실하다고 하겠다.

3. 민간단체의 대북 인도적 지원과 개발지원

가. 민간단체의 대북 인도적 지원 현황

국내 민간단체의 대북지원은 1990년 사랑의 쌀 나누기운동과 1991년 사랑의 의약품 나누기운동이 그 효시이다. 이후 본격적으로 대북지원이 시작된 것은 1995년부터이다.[20] 당시 북한은 자연재해로 식량사정이 악화되자 국제기구에 처음으로 식량지원을 요청했고, 이에 따라 남한의 정부와 민간의 대북지원이 시작되었다. 민간 차원의 경우, 초기에는 대한적십자사가 국제적십자사를 통해 간접적 방식으로 지원을 실시했다. 특히 김영삼 정부가 취한 대한적십자사로의 창구단일화 조치 이후 남한의 민간단체는 북한측과 직접 협의하거나 독자적으로 북한에 지원물자를 전달할 수 없었으며, 불특정 다수를 대상으로 하는 모금도 제한되었다. 그러나 북한의 식량난이 극한에 달했다는 소식이 전해지면서 1997년에 전개된 북한동포돕기 범국민운동은 사회에 큰 반향을 일으켰다. 대북지원은 1997년 남북

20 민간단체의 대북지원에 대해서는 이금순(2005), pp. 25~27; 이종무 외 2인(2009), pp. 104~111; 최대석(2006), pp. 317~325 참조.

적십자사간 합의 이후 직접지원 방식으로 바뀌었다.

김대중 정부가 들어서면서 민간의 대북지원은 활성화되었다. 1998년 3월 민간 차원 대북지원 활성화 조치를 통해 정부는 민간단체의 사업협의 및 모니터링을 목적으로 한 방북과 협력사업 방식의 시범적인 대북지원을 허용했다. 또한 소규모의 시범적 실시 이후 단계적으로 확대한다는 취지 하에 국수와 아동용 식품공장 등 생필품 분야, 농산물 계약재배·합영농장 등을 우선 허용했다. 그러면서 민간단체들은 긴급구호에서 북한의 역량을 키워주기 위한 협력사업으로 대북지원의 전환을 모색하기 시작했다. 1999년 2월에는 민간 차원 대북지원 창구다원화 조치를 통해 민간단체 명의로 독자적인 대북 직접지원이 허용되었다. 창구다원화 조치 이후에는 지원사업의 성격 변화, 사업영역의 변화, 교류 상대의 대상과 범위 심화, 지원사업의 연계성 확대 등의 경향이 나타났다.[21]

정부는 1999년 10월에는 민간의 인도적 대북지원사업 처리에 관한 규정을 통해 민간의 대북지원에 대해 남북협력기금 지원을 통한 적극적인 조치를 취하기로 결정했다. 이에 따라 국내 민간단체들은 독자창구를 개설하고 정부의 남북협력기금을 지원받기 위해 사업계획서, 사업결과보고서, 분배투명확인서, 방북보고서 등을 작성하게 되었다. 2000년부터는 민간단체의 대북지원사업에 정부가 매칭펀드로 남북협력기금을 지원하기 시작했다. 이에 따라 국내 민간단체들은 북한과의 협력사업방식의 지원을 다방면으로 추진하게 되었고, 제약공장, 병원현대화 등 대규모 프로젝트사업을 추진하는 민간단체도 나타나게 되었다. 민간의 대북지원 규모는 급성장했고, 2004년에는 지원규모가 1천억원을 넘어서기도 했다(〈표 5-7〉 참조).

21 위의 논문, p. 327.

노무현 정부는 남북관계의 경색이나 북한 핵실험에도 불구하고 민간단체의 대북지원 활동에 대해서는 일관되게 적극적 지원 입장을 보였다. 2007년에 도입된 정책사업의 경우, 체계적으로 추진해야 할 필요가 있는 대북 사업들을 정부가 선정하여 전액 남북협력기금에서 지원했는데, 주로 북한산림녹화, 제약공장 원료지원사업, 취약계층지원, 산림녹화, 기초의약품 생산지원 등에 집행했다. 이러한 노력에도 불구하고 노무현 정부는 그에 상응하는 북한과의 화해와 신뢰를 조성하지 못했다. 2009년 북한의 제2차 핵실험 및 2010년 천안함 폭침과 연평도 포격 도발 등 무력 공격으로 인해 2010년 이후 남북협력기금의 신규 지원은 이루어지지 않았으며, 2009년 지원이 결정된 남북협력기금 사업비 집행만 2010년도에 이루어졌다. 민간차원의 대북 인도적 지원의 경우, 2010년 천안함 사건으로 인한 5.24 대북제재 조치 이후에도 영유아 등 취약계층을 대상으로 한 지원은 사업목적, 수혜대상, 분배 투명성 등을 종합적으로 고려하여 2011년 3월 말부터 물자 반출이 일부 허용되었다.[22]

〈표 5-7〉 **민간차원의 대북 무상지원 : 1995~2012**

단위: 억 원

연도	1995	1996	1997	1998	1999	2000	2001	2002	2003	2004
금액	2	12	182	275	223	387	782	576	766	1588
연도	2005	2006	2007	2008	2009	2010	2011	2012	합계	
금액	779	709	909	725	377	200	131	118	8,710	

출처: 통일부, 『2013 통일백서』 (서울: 통일부, 2013), p. 255.

22 통일부(2012), pp. 153~155.

나. 민간단체의 대북 개발지원의 역할

이상의 내용을 바탕으로 민간단체의 대북 개발지원과 관련한 역할을 다음처럼 정리할 수 있다.

첫째, 민간단체의 대북지원은 남북관계의 상황 변화에도 불구하고 남북한 교류 방식의 하나로 분명히 자리하고 있다. 민간단체들의 대북지원은 북한 주민들의 인도적 상황 개선에 기여해 왔으며, 민간단체들은 그에 관한 축적된 경험의 사례를 충분히 가지고 있다고 할 수 있다. 동시에 민간단체의 대북지원은 인도적 지원 그 자체로서의 의미와 함께 민족간 화해와 협력을 통한 한반도의 평화와 통일운동의 맥락을 가지고 성장해 왔다.

둘째, 민간단체는 대북 개발지원 사업을 추진하는 데 있어 강한 동기 의식과 역량을 갖추고 있다. 민간단체는 시범적인 사업을 통해 개발지원에 대한 북한의 이해를 높이고 그에 따른 관련 제도나 정책의 변화를 도모하려는 적극적인 입장을 가지고 있다고 할 수 있다. 국제사회의 일반적 기준에는 북한의 정책적 변화가 선행되어야 개발지원을 시작할 수 있는 반면, 국내 민간단체는 그렇지 않다. 아울러 정부와 달리 남북관계의 경색국면에서도 자기 동력을 가지고 개발사업을 지속할 수 있는 의지와 역량도 있다. 한국어로의 의사소통이라든지 지속된 방북의 경험 등을 앞세워 나름의 지원 현장에 대한 노하우도 가지고 있다. 이러한 역량을 바탕으로 민간단체들은 서로 다른 분야의 개발지원의 경험을 공유하며 새로운 사업을 발굴하고 주선하는 역할을 할 수 있는 것이다.[23]

23 이종무 외 2인(2009), pp. 116~117.

셋째, 민간단체의 대북지원은 이미 개발지원의 방식으로 상당히 전환하고 있다. 이는 개발지원이라는 개념의 사용 여부에 관계없이 대북 민간단체의 분야와 사업내용에서 확인할 수 있다. 국내의 대북 민간단체는 결성 배경과 목적에 따라 시민·사회운동 단체, 종교기관 및 관련 단체, 사회복지단체, 직능 및 전문분야 단체, 지역단체 등 5개 분야로 구분할 수 있다.[24] 이들 단체들은 일반구호, 농업개발, 보건의료, 복지 등 다양한 영역에서 지원사업을 수행하고 있다. 일반구호로는 식량, 의류, 생활용품 등을 취약계층에게 지원하는 사업들이 있고, 농업개발 분야는 농기계수리공장, 젖소·젖염소·닭목장, 산란종계장, 씨감자 종자 개량·보급, 연어자원 보호·증식, 산림복구, 해충방제, 온실영농, 비료·비닐 등 각종 농기자재 지원 사업들이 있다. 보건의료 분야에서는 안과병원 건립, 제약공장 설비 복구, 병원현대화, 어린이병원 운영, 결핵약품, 구충, 기초의약품·의료기자재 등의 지원 사업들이 있으며, 복지 분야에는 급식공장(국수·빵·두유·영양식)의 설립 및 운영, 육아원·유치원·고아원·소학교 등의 시설 복구 및 운영 지원 사업들이 있다. 대북 지원사업 내용에서 나타나는 개발지원 사업의 내용은 최근 2008년부터 2012

24 위의 책, pp. 114~115. 분야별로 약간의 단체를 소개하면, 시민·사회운동 단체로는 남북어린이어깨동무, 우리겨레하나되기운동본부, 우리민족서로돕기운동, 한겨레통일문화재단 등이 있고, 종교기관 및 관련 단체로는 대한예수교장로회, 원불교은혜심기운동본부, 천주교민족화해위원회, 남북나눔운동, 선한사람들, 조국평화통일불교협회, 지구촌공생회, 한국대학생선교회 등이 있다. 사회복지단체로는 굿네이버스, 월드비전, 한국국제기아대책기구, 한국복지재단 등이 있다. 직능 및 전문분야 단체로는 농업분야에 국제옥수수재단, 남북농업발전협력민간연대, 농업중앙회, 통일농수산사업단, 한겨레영농조합법인, 보건분야에 남북구강보건의료협의회, 대한결핵협회, 대한의사협회, 어린이의약품지원본부, 한국건강관리협회, 환경분야에 평화의 숲, 겨레의 숲 등이 있다. 지역단체로는 경남통일농업협력회, 남북강원도협력협회, 남북협력제주도민운동본부, 전남도민남북교류협의회 등이 있다.

년까지 남북협력기금 중에서 집행한 인도적 지원의 사업내용에서도 찾아볼 수 있다(〈표 5-8〉 참조). 사업내용을 살펴보면 연도별 사업 건수는 남북관계의 경색으로 인해 줄고 있지만, 사업내용에서 차지하는 영유아, 어린이, 취약계층을 대상으로 한 영양·의료·교육사업, 특정 분야의 역량 강화사업, 농촌·농업의 개량사업 등 개발지원성 사업의 비율은 절대적이다.

넷째, 민간단체는 인도적 지원사업과 개발지원 사업을 병행하면서 동시에 두 사업을 연계한 개발지원 사업의 발굴과 추진을 위해 노력하고 있다. 식량난이 계속되고 있는 북한의 상황에서 인도적 지원의 필요는 여전하다. 인도적 지원은 분명히 남북관계의 중요한 매개이다. 인도적 지원사업은 당장의 인도주의적 구호뿐만 아니라 궁극적으로 남북 간의 화해를 진전시키고 이를 통해 통일의 여건을 조성하려는 비전을 갖고 있다. 이는 개발지원이 추구하는 바와 동떨어진 것이 아니다. 개발지원도 인도주의적 목적을 가지고 삶의 질의 향상을 근본적으로 추구한다. 북한의 긴급구호를 위한 인도적 지원사업과 개발지원 사업은 별개의 것이라기보다는 연계할 수 있는 목적과 방향을 가지고 있는 것이다.

〈표 5-8〉 남북협력기금 중 인도적 지원 집행 사업내용: 2008~2012

단위: 백만 원

연도	사업내용	금액
2008	등대복지회의 취약계층 종합지원(2007)	31
	2007 대북지원 민간단체 정책사업	400
	2007 민간단체 합동사업	2,585
	2008 정책사업	1,525
	2008 합동사업	155
	4개민간단체컨소시엄-북한영유아지원사업	8,027
	경남통일농업협력회의 농업 협동농장 지원사업	42
	경남통일농업협력회의 콩생산 및 가공식품 지원사업	168
	국제백신연구소의 북한 백신지원사업(2008)	281
	국제옥수수재단의 옥수수심기 협력사업	101
	국제옥수수재단의 옥수수심기 협력사업(2008)	139
	굿네이버스의 어린이 건강증진 및 질병퇴치 사업	44
	굿네이버스인터내셔날의 농축산개발을 통한 어린이 영양식 지원	50
	굿피플의 콩기름공장 운영지원(2007)	73
	나눔인터내셔날의 북한 주민 질병 퇴치 및 아동성장환경 개선산업	308
	남북어린이어깨동무의 어린이 종합복지사업	187
	남북어린이어깨동무의 어린이 보건의료 및 영양개선 사업	560
	남북나눔의 어린이 영양식 공급 및 성장발육 지원(2008)	420
	남북나눔공동체의 영유아 이유식 생산지원	268
	남북나눔공동체의 영유아 이유식 생산지원(2008)	121
	남북나눔운동의 어린이 영양식 공급(2007)	212
	남북농업발전협력민간연대의 씨감자 원종장 지원사업	131
	남북민간교류협의회의 유기농업지원을 위한 6.15사료공장 및 가축항생제 대체제 지원사업	70
	남북민간교류협의회의 6.15사료공장, 가축질병 항생제 대체제 지원사업(2008)	110
	남북함께살기운동의 학교 및 주택 개보수 사업	206
	농업중앙회의 협동농장, 농업개발 사업	92
	등대복지회의 북한 취약계층 종합지원	560
	대북 식량차관 제공(2007)	4,310
	대북 수해복구 및 긴급구호를 위한 남북협력기금 지원(2007)	7,348

연도	사업내용	금액
2008	대한의공협회의 의료기자재 현대화	8
	대한 결핵협회의 북한 결핵퇴치사업	34
	민족사랑나눔의 급식지원 및 복지관 건립(2007)	44
	민족사랑나눔의 급식지원 및 보건의료 복지관 건립(2008)	178
	북고성농업협력단의 채소농장 지원사업	22
	북한 산림병충해 방제지원사업	8
	새천년생명운동의 산림녹화를 위한 아궁이개량사업	141
	서비스포피스의 주택 난방 지원사업	67
	샘복지재단의 왕진가방, 의료지원 사업	61
	어린이의약품지원본부의 병원 현대화 사업(2008)	560
	어린이재단의 어린이 영양 개선 및 건강증진 지원	437
	연탄나눔운동의 난방용, 취사용 연탄 지원	285
	우리겨레하나되기운동본부의 어린이 급식지원	202
	우리민족서로돕기의 기초의약품 및 제약공장	147
	우리민족서로돕기의 북한협동농장 지원사업	282
	우리민족서로돕기운동의 농업기술 지원사업	183
	우리민족서로돕기운동의 제약공장 지원 및 병원 현대화 사업	210
	원불교의 어린이 급식 및 유아용 급식 지원	92
	원불교의 어린이 급식 및 유아용품 지원(2008)	103
	월드비전의 식량증산농업개발사업	559
	유네스코 한국위원회의 교육지자재 지원사업(2008)	59
	유네스코 한국위원회의 교육기자재 후속 지원	78
	유진벨의 결해퇴치 및 병원 지원사업	560
	장미회의 대북 보건의료 지원사업(2008)	185
	UNFPA의 북한인구센서스 추진사업에 대한 남북협력기금 지원	3,633
	평화문제연구소의 급식 및 구역병원 지원(2007)	20
	제주도농산물 대북지원 수송비 보조	1,959
	천주교서울대교구의 어린이 영양제 및 콩기름 원료지원	236
	통일연합종교포럼의 주택 개보수 지원사업	12
	통일준비네트워크의 친환경 순환농업 지원사업	134
	통일부의 2008 민간단체 개별사업 운영관리비	210
	한겨레통일문화재단의 어린이교육용 제지지원사업	157

연도	사업내용	금액
2008	한국건강관리협회의 어린이보건 지원사업	64
	한국국제기아대책기구의 락랑섬김인민병원 설립(2007)	221
	락랑섬김인민병원 건립 및 운영(2008)	205
	함경북도지역자립을 위한 복지지원사업(2008)	93
	한국대학생선교회의 염소목장지원사업(2007)	178
	한국대학생선교회의 염소목장지원사업(2008)	32
	UNICEF의 북한 영유아 지원사업(2008)	4,662
	WHO를 통한 대북 말라리아 방역사업(2008)	1,030
	WHO의 북한 영유아 지원사업(2008)	13,784
	YMCA 그린닥터스의 개성병원 지원(2007)	36
	합계: 70건	59,694
2009	천주교서울대교구의 어린이 영양제 등 원료지원	69
	장미회의 대북 보건의료 지원사업	123
	원불교의 어린이 급식 및 유아용품 지원(2008)	20
	원불교의 어린이 급식 및 유아용품 지원(2009)	67
	2008 대북지원 민간단체 정책사업(겨레의 숲)	500
	우리민족서로돕기운동의 농업기술 지원사업	97
	우리민족서로돕기운동의 식량 및 보건의료 지원사업	450
	우리겨레하나되기운동본부의 어린이 급식지원	15
	장미회의 북한 주민 간질치료	134
	굿네이버스의 어린이 건강증진 및 질병퇴치 사업	29
	굿네이버스의 농축산개발을 통한 어린이 영양식 지원	34
	국제백신연구소의 북한 백신지원사업(2008)	454
	남북나눔의 북한 어린이 영양식 및 성장발육 지원	271
	한국JTS의 취약계층, 농업, 의료지원 사업	560
	한국대학생선교회의 염소목장지원사업(2008)	7
	2008년 합동사업-남북나눔	1,413
	통일연합종교포럼의 주택 개보수 지원사업	26
	통일부 사업운영관리비	87
	통일준비네트워크의 친환경 순환농업 지원사업	90
	그린닥터스의 개성공단 북측 근로자 등 의료지원	48
	그린닥터스의 개성공업지구 협력병원 통한 대북 의료지원	66
	서비스포피스의 주택 난방 지원사업	28

연도	사업내용	금액
2009	어린이재단의 어린이 영양 개선 및 건강증진 지원	123
	어린이재단의 북한 어린이 건강증진 지원	137
	어린이의약품지원본부 평양어린이종합병원 의료 지원	101
	월드비전의 식량증산 농업개발사업	558
	민족사랑나눔의 급식지원 및 보건의료 복지관 건립	69
	민족사랑나눔의 영양개선 및 복지지원, 보건의료 지원	89
	샘복지재단의 왕진가방, 비타민 보내기 사업	54
	2008년 합동사업-나눔인터내셔날	277
	등대복지회의 북한 장애인 어린이 종합복지 지원사업	630
	한국국제기아대책기구의 함경북도 복지지원사업	65
	한국건강관리협회의 어린이 보건지원 사업(2009)	62
	2009년도 민간단체 개별사업 2차 사업운영관리비	45
	2008 정책사업(제약공장 의약품 생산협력사업)	1,000
	UNICEF의 북한 영유아 지원사업(2009)	4,668
	WHO의 대북 말라리아방역사업	1,359
	WHO의 북한 영유아 지원사업(2009)	15,061
	경남통일농업협력회의 콩생산 등 지원사업(2008)	391
	국제옥수수재단의 북한옥수수 심기 협력사업	92
	합계: 40건	29,367
2010	2009년도 대북지원 민간단체 정책사업	672
	2010년 대북 수해피해 지원을 위한 남북협력기금 지원	5,844
	나눔인터내셔날의 북한 주민 질병퇴치	75
	남북나눔의 북한 어린이 영양식 공급 및 성장발육 지원사업	155
	남북어린이어깨동무의 북한 어린이 보건의료 및 영양개선	281
	민족사랑나눔의 영양개선 및 복지지원, 보건의료 지원사업	79
	북한 신종플루 발생 관련 대북 물자지원	11,272
	어린이재단의 북한 어린이 건강 증진	67
	우리민족서로돕기운동의 취약계층 식량 및 보건의료 지원사업	90
	원불교의 어린이급식 및 유아용품 지원사업	34
	유진벨재단의 결핵퇴치 및 결핵병원 지원사업	254
	천주교서울대교구민족화해위원회의 어린이 영양제 생산원료 지원사업	189
	한국JTS의 취약계층 식량 및 보건의료 지원사업	171

연도	사업내용	금액
2010	UNICEF의 북한 영유아 지원사업(2009)-통일부 사업관리비	1
	WHO의 북한 영유아 지원사업(2009)-통일부 사업관리비	11
	합계: 15건	19,196
2011	대북 수해피해 지원을 위한 남북협력기금 지원	3,635
	백두산 화산 남북학술토론회 남북협력기금 지원	7
	UNICEF의 북한 영유아 지원	6,532
	합계: 14건	10,174
2012	국제 백신연구소(IVI)에 대한 남북협력기금 지원	2,337
	대북 수해피해 지원을 위한 남북협력기금 지원	48
	합계: 2건	2,385

출처: 통일부, 『2010 통일백서』(서울: 통일부, 2010), pp. 291~293, 295~296; 통일부, 『2012 통일백서』(서울: 통일부, 2012), pp. 292~293; 통일부(2013), p. 260.

4. 민간단체의 대북 개발지원의 과제

이상의 내용을 통해 민간단체의 대북 개발지원의 과제는 다음처럼 제시해 볼 수 있다.

첫째, 민단단체는 개발지원에 대한 국민적 공감대를 형성하고 확산하기 위해 노력해야 한다. 개발지원은 북한에 인도주의적 도움을 주기 위한 목적을 넘어 북한의 사회개발과 역량 강화를 통해 북한의 질적 변화를 추구하는 것이다. 이는 우리의 국가이익에 도움이 되고 남북관계 발전의 동력이 되며, 궁극적으로 통일에 기여하는 것이다. 민간단체는 개발지원에 대한 이론화 작업과 호소력 있는 자료 개발을 통해 개발지원 사업의 목적, 의의, 방법, 내용 등을 지속적으로 발전시켜가야 할 것이다. 아울러 민간단체는 개발지원이 부드러운 힘이자 동시에 강력한 힘으로서, 남한의 정치적·경제적 이익을 대변하는 것이라는 생각을 할 수 있도록 국민들의 인식 전환을 주도해야 한다. 민간단체는 개발지원에 대한 국민의 여론을 확산시켜 갈 수 있도록 적극적 사고와 전략적 노력을 경주해야 한다.

둘째, 민간단체는 국가 차원의 대북 개발지원을 위한 통합전략과 종합계획을 정부에 요구해야 한다. 그래야 국가전략에 따라 일관성 있게 추진되는 체계적인 대북 개발지원이 가능할 것이며, 민간단체의 소규모적이거나 일회적인 지원을 막고 효율성과 효과성을 높일 수 있을 것이다. 그렇게 될 때, 대북 개발지원이 지니는 전략적·정책적 유용성을 강화할 수 있을 것이다.

셋째, 민간단체는 국제사회의 개발지원에 관한 쟁점의 변화에 주목하면서 개발효과성을 제고할 수 있는 사업의 방법과 모델을 다방면에서 발굴해야 한다. 국제사회의 쟁점은 지원효과성에서 개발효과성으로 변화하고 있으며, 투명성을 기반으로 쌍방향성의 접근을 강조하고 있다. 기본적으로는 대북지원에 있어 공적개발원조의 일반적인 원칙들이 적용될 수 있도록 주의해야 한다. 물론 우리 민간단체의 대북 개발지원에는 현실적인 제약 요인이 적지 않다. 규모는 작고 정치적 변수는 절대적인 영향력을 갖고 있다. 하지만 개발지원에 대한 국제사회의 쟁점의 변화는 민간단체들에게 개발지원에 대해 새롭게 인식하고 개발지원형의 사업을 지속적으로 발굴해야 할 과제를 계속해서 던져주고 있는 것이다. 개발지원 사업의 발굴과정에서 민간단체는 유상지원과 무상지원, 양자간 협력과 다자간 협력, 인프라 구축과 하드웨어형의 지원, 인적 자원 개발, 기술 전수 등을 고부가 가치적인 사업과 유기적으로 연계시켜 그 효과성을 제고하는 데 초점을 두어야 할 것이다. 동시에 민단단체는 비구속성 지원이 확대되도록 하면서도 부분적으로는 구속성 지원을 허용하는 대신 지원의 투명성을 확보하기 위해서 노력해야 할 것이다.

넷째, 민간단체는 인도적 지원성의 개발지원 혹은 개발지원성의 인도적 지원을 적극적으로 모색해야 한다. 북한은 인도적 지원의 필요가 여전한 실정이다. 물론 북한에 본격적인 의미의 개발지원이 실시되기도 어려운 실정이다. 그럼에도 불구하고 북한이 식량문제를 비롯한 인도적 상황을 개선하기 위해 스스로가 노력할 수 있도록 대북지원을 개발지원으로 전환하는 것은 분명 필요하다. 이런 상황에서 인도적 지원과 개발지원의 연계는 잠정적 대안이 될 수 있을 것이다.

다섯째, 민간단체는 차별화한 개발지원의 콘텐츠를 발굴하기 위해 노력해야 한다. 물론 보편적으로 적용되는 개발지원 전략은 없다. 그러나 우리의 민간단체가 가진 상대적 장점을 살리는 것이 중요할 것이다. 사업 추진시 언어, 문화, 정서가 유리하게 작용할 수 있도록 하면서도 질적인 측면을 차별화해야 할 것이다. 염두에 두어야 할 원칙은 북한의 실질적인 역량 발전과 콘텐츠의 책무성을 확보하기 위한 노력이다. 아울러 민간단체는 콘텐츠의 발굴을 위해 북한의 변화 추세에 대한 분석을 바탕으로 국제사회가 추구하는 개발지원의 흐름들과 공유될 수 있는 지점을 찾아야 할 것이다. 궁극적으로는 발굴하고 정책화한 콘텐츠를 다시 국제사회에 파급할 수 있도록 해야 할 것이다.

여섯째, 민간단체는 여러 민간단체를 개발지원 체계에 연합하도록 하면서 협력을 위한 포괄적 파트너십을 활성화시켜야 한다. 여러 의견이 모이고 다양한 주체가 참여하는 것은 중요하지만 처음에는 힘들 것이다. 우선은 정기적인 포럼 형태를 지속하려는 노력도 중요할 것이다. 장기적으로 파트너십은 개발효과성을 공유하는 자리가 될 수 있도록 해야 한다. 민간단체, 기업, 시민사회, 국가, 공여국,

수원국 등 다양한 개발지원의 주체가 협력적으로 어우러진다면, 그리고 나아가 국제적 연대로 발전할 수 있다면, 보다 큰 부가가치를 창출할 수 있을 것이다. 이는 새로운 개발지원을 위한 자원조달이나 재원확보도 용이하게 할 수 있을 것이다. 여기서 중요한 관건은 민간단체 간의 의견과 결정이 정부의 정책에 반영되도록 하는 것이다. 그렇게 되는 사례가 축적될수록 개발지원의 외연이 확장되는 계기가 될 것이다. 파트너십에서는 정부와 민간의 역할이 분담되는 것이 효과적이다. 정부는 전반적인 계획과 정책의 수립과 조정, 대규모 개발지원 사업의 추진, 사회 인프라 개발지원 등을 직접 담당하는 것이 필요하고, 반면 민간은 정부의 종합 프로그램 중 소규모 지원 사업이나 시범 사업 등을 맡아서 현장 중심의 지원 활동을 전개하는 것이 바람직할 것이다.

이 장에서는 대북 개발지원을 위한 국내 민간단체의 역할과 과제를 짚어보았다. 대북 개발지원은 북한에 인도주의적 도움을 주기 위한 목적을 넘어 북한의 경제적·사회적 개발과 역량 강화를 통해 북한의 질적 변화를 도모하는 것이다.

향후 대북 개발지원의 발전을 위해 민간단체는 이상의 과제를 우선적으로 해결해가야 할 것이다. 민간단체의 대북 개발지원이 활성화될수록 북한의 빈곤을 감축하고 경제적·사회적 진보를 통한 북한 사회의 질적 변화를 이루게 하는데 훨씬 수월할 것이다.

대북 개발지원에 관한 논의는 향후 축적된 관련 사례와 실적을 통해 실증적인 연구로 발전되어야 할 것이다. 이상의 논의는 우리의 통일교육에서 바람직한 남북관계 발전의 방향과 과제를 인식하게 하는 데도 의미있는 근거가 될 수 있을 것이다.

[참고문헌]

권율 외 2인. 『양자간 개발기구의 체계와 활동』. 서울: 통일연구원, 2008.

김석진. 『개발원조의 국제규범과 대북정책에 대한 시사점』. 서울: 산업연구원, 2009.

김정수 외 5인. 『북한개발지원의 쟁점과 해결방안』. 서울: 통일연구원, 2009.

김태균. "부산총회 이후 국제개발원조레짐의 변화와 한국." 동아시아연구원. 『EAI 논평』. 제23호(2011.12.13).

박형중. 『구호와 개발 그리고 원조: 국제논의수준과 북한을 위한 교훈』. 서울: 해남, 2007.

박형중 외 3인. 『북한개발지원의 이론과 포괄적 전략』. 서울: 통일연구원, 2009.

박형중 외 8인. 『국제사회의 개발지원 이론과 실제: 북한 개발지원을 위한 모색』. 서울: 통일연구원, 2008.

양현모 외 1인. 『지방자치단체의 북한개발지원 전략과 접근방법』. 서울: 통일연구원, 2009.

유웅조. "부산 '세계개발원조총회'와 ODA 정책 개선과제." 국회입법조사처. 『이슈와 논점』. 제333호(2011.11.29).

윤대규 · 임을출. 『북한 경제개혁을 위한 새로운 패러다임: 개발협력의 이론과 실제』. 파주: 한울, 2006.

이금순. 『대북 인도적 지원 개선방안: 개발구호를 중심으로』. 서울: 통일연구원, 2000.

______. "대북 인도적 지원의 실효성 연구: 평가지표와 과제." 통일연구원. 『통일정책연구』. 제14권 2호(2005).

이금순 외 3인. 『국제 개발이론 현황』. 서울: 통일연구원, 2008.

이종무 외 2인. 『국제 NGO의 원조 정책과 활동』. 서울: 통일연구원, 2008.

__________. 『북한개발지원체제의 구축방안』. 서울: 통일연구원, 2009.

임강택 외 4인. 『국제사회의 원조 현황 및 추진 전략』. 서울: 통일연구원, 2008.

임강택 외 7인. 『북한개발지원의 포괄적 추진방안: '비핵 · 개방 · 3000 구상'을 위한 실천방안 모색』. 서울: 통일연구원, 2009.

임을출. "동북아 개발협력: 북한의 인식과 법제적 대응." 통일연구원. 『통일정책연구』. 제19권 2호(2010).

장형수. "북한 개발지원을 위한 국제협력 방향: 재원조달 방안을 중심으로." 통일연구원. 『통일정책연구』. 제17권 1호(2008).

장형수 외 2인. 『다자간 개발기구의 체계 및 활동』. 서울: 통일연구원, 2008.

__________. 『북한개발지원을 위한 국제협력 방안』. 서울: 통일연구원, 2009.

장형수 · 박영곤. 『국제협력체 설립을 통한 북한개발지원방안』. 서울: 대외경제정책연구원, 2000.

조태열. "한국의 ODA 정책과 선진-개도국 간 가교 역할." 제주평화연구원. 『JPI정책포럼』(2007.7).

조한범. "대북지원 10년의 성과와 과제: 대북개발지원을 위한 제언." 통일연구원. 『통일정책연구』. 제14권 2호(2005).

최대석. "긴급구호에서 개발지원으로: 국내 NGO의 지원경험과 향후과제." 북한연구학회. 『북한연구학회보』. 제10권 1호(2006 여름).

최춘흠 외 2인. 『UN기구의 지원체계와 대북 활동』. 서울: 통일연구원, 2008.

통일부. 『2010 통일백서』. 서울: 통일부, 2010.

______. 『2012 통일백서』. 서울: 통일부, 2012.

______. 『2013 통일백서』. 서울: 통일부, 2013.

한국국제협력단. 『국제개발협력의 이해』. 파주: 한울, 2009.

Lancaster, Carol. *Foreign Aid: Diplomacy, Development, Domestic Politics*. Chicago: University of Chicago Press, 2007.

Sen, Amartya. *Development as Freedom*. New York: Anchor Books, 1999. 번역본은 아마티아 센 지음. 박우휘 옮김. 『자유로서의 발전』. 서울: 세종연구소, 2001.

6장

북한이탈주민의 남한 사회적응과 다문화적 통일교육

1. 남북한 사회의 '통합적 요소'의 의미
2. 논의를 위한 다문화적 인식의 틀
3. 남한 사회적응에서 나타난 남북한 사회의 '통합적 요소'
4. 다문화적 통일교육의 모색

1. 남북한 사회의 '통합적 요소'의 의미

2012년 12월 말까지 총 2만 5천여 명에 달하는 북한이탈주민이 국내에 입국했다.[1] 주요 누계별로는 1999년도에 1,000명을, 2007년도에 1만 명을 기록한 이래 불과 3년 만인 2010년에 2만 명을 돌파했다. 연도별 입국자 규모는 2000년 300여 명, 2002년 1,000명을 넘어선 후 2011년에 2,706명으로 10년간 10배 규모로 증가했으며, 2012년에는 1,509명이 입국했다. 북한이탈주민의 증가에 따라 정부는 정착지원을 위한 민간 역량을 체계적으로 구축하기 위해 2010년 9월 북한이탈주민지원재단을 설립했다. 정부는 북한이탈주민들의 취업을 촉진할 수 있는 제도적인 개선을 계속하고 있고, 북한이탈주민들의 거주지 정착지원을 위해 전국에 하나센터를 지정·운영하며, 전문상담사들을 통해 '찾아가는' 서비스를 제공하고 있다. 북한이탈주민들이 2만 5천여 명에 달한다는 것은 북한이탈주민이 바로 이웃에서 살고 있는 시대가 되었다는 것을 뜻하며, 동시에 이들의 정착을 위해서 우리 사회의 적극적인 협조가 필요하게 되었다는 것을 의미한다.

북한이탈주민의 남한 사회정착을 위해 가장 중요한 것은 원만한 사회적응이다. 사회적응이란 북한이탈주민이 남한 사회의 일원으로서 사회적 규범, 가치, 문화양식에 잘 적응하는 것을 의미한다. 물론 여기에는 사회적응을 위한 북한이탈주민 스스로의 주도적인 노력과 함께 이들의 수월한 적응을 위한 사회적 환경을 만들어 가는 일도 포함된다.[2]

---

1 북한이탈주민 외에 탈북자, 새터민, 탈북민 등 여러 명칭이 있지만, 여기서는 『북한이탈주민 보호 및 정착지원에 관한 법률』(1997.1.13 제정)에 근거하여 북한이탈주민이란 공식법률용어를 쓰기로 한다. 통계는 통일부, 『2013 통일백서』(서울: 통일부, 2013), p. 168.

북한이탈주민들의 사회적응 여하는 흔히 작은 통일로 비유된다. 남한 사회의 정착과정에서 겪는 사회문화적 갈등의 양상과 해결과정에서 나타나는 모습은 차후 본격적인 남북한 사회통합이 진행될 때의 상황을 미리 예측해 보는 나침판의 역할을 할 것이다. 북한이탈주민들의 남한 생활은 앞으로 남북한 사람들이 함께 살게 되었을 때 얼마나 서로 잘 적응할 수 있는지를 예상해 볼 수 있는 모의시험인 셈이다. 북한이탈주민들의 남한 사회적응의 실상은 통일 후 치러야 할 비용을 어떻게 줄여나갈 수 있는지를 판가름해 보는 잣대의 역할도 하며, 우리 사회가 처해 있는 다문화 시대에 새로운 사회통합의 역량을 시험하는 의미도 있다. 다문화 시대에 북한이탈주민들에 대한 이해와 관심이 떨어지고, 함께 어울려 사는데 사회적 어려움이 커진다면, 남북통일이나 북한 주민과의 통합은 먼 이야기가 될 것이다.

이 장은 북한이탈주민의 남한 사회적응을 남북한 사회의 '통합적 요소'의 관점에서 접근해보고, 그 결과를 바탕으로 다문화적 통일교육의 과제를 모색하고자 한다. 남북한 사회의 통합적 요소란 북한이탈주민들이 남한 사회와의 관계유지에 적극적인 요소와 북한 사회의 문화적 정체성 유지에 긍정적인 요소를 통합한 것을 말한다. 통합적 요소에 관한 구상은 뒤에서 언급하겠지만, 베리(John W. Berry)의 문화적응 모형에서 제시된 통합의 유형을 원용한 것이다. 이러한 통합적 요소를 잘 유지하는 것은 북한이탈주민들이 남한 사회에 원만히 적응하도록 하는 가장 바람직한 방법이라고 할 수 있다. 북한이탈주민들이 남한 사회와의 관계유지에 부정적으로 느끼

2 이금순 외 9인, 『북한이탈주민 적응실태 연구』(서울: 통일연구원, 2003), pp. 57~58.

는 요소와 북한 사회의 문화적 정체성 유지에 소극적으로 느끼는 요소를 제어하는 것도 통합적 요소의 일환이라고 할 수 있다.

그동안 북한이탈주민의 사회적응 문제를 다룬 선행연구는 여러 분야에서 폭넓게 이루어져 왔다. 북한이탈주민들에 대한 면담이나 설문지 조사를 통해 사회적응의 실태를 분석하고 정책적·교육적 과제를 제시한 것이 가장 눈에 띈다.[3] 북한이탈주민들의 남한 사회적응의 실태를 분석하고 과제를 찾고자 한다면 그러한 방법이 가장 효과적일 것이다. 그러나 이 장은 기존에 조사되어 있는 면담자료를 활용하되,[4] 북한이탈주민들의 사회적응을 논의하기 위한 세 가지 다문화적 인식의 틀에 기초하여 남북한 사회의 통합적 요소를 추려내고 다문화적 통일교육의 과제를 제시하고자 한다.

---

3 위의 책; 이금순 외 6인, 『북한이탈주민 분야별 지원체계 개선방안』(서울: 통일연구원, 2004); 조정아·임순희·정진경, 『새터민의 문화갈등과 문화적 통합 방안』(서울: 한국여성개발원·통일연구원, 2006) 등이 있다. 1995년부터 2004년까지 북한이탈주민 관련 연구성과들의 목록은 이금순 외 6인(2004), pp. 190~204 참조할 것.

4 주로 유지웅, "북한이탈주민의 사회적 배제", 평화문제연구소, 『統一問題硏究』, 제19권 1호(2007), pp. 145~175; 윤인진, "탈북과 사회 적응의 통합적 이해: 국내 탈북자를 중심으로", 북한대학원대학교, 『현대북한연구』, 제3권 2호(2000), pp. 122~184; 이금순 외 9인(2003); 조용관, "탈북자의 남한사회 적응을 통해 본 통일교육의 과제", 한국국민윤리학회, 『국민윤리연구』, 제57호(2004.12), pp. 217~240; 조정아·임순희·정진경(2006); 최경환, "북한이탈주민의 가치관 변화", 평화문제연구소, 『統一問題硏究』, 제19권 2호(2007), pp. 343~371 등을 참고했다.

2. 논의를 위한 다문화적 인식의 틀

가. 동화주의와 다문화주의

북한이탈주민의 남한 사회적응을 위한 그동안의 정책은 동화주의적 접근이었다는 지적이 일반적이다. 동화주의는 다양한 소수의 문화를 주류 문화 속에 통합시키려는 경향을 의미한다. 동화주의 사회는 이주자들을 받아들이는 데는 개방적이지만, 이주자들에게 주류 언어를 사용하도록 하며 주류 문화를 받아들이도록 강요한다. 이주자들은 자신의 고유한 문화적 정체성을 포기하고 주류 문화에 용해되도록 요구받는다. 미국의 용광로(melting pot)정책이 대표적인 모델이다. 북한이탈주민들도 남한 사회에 들어오면 자신의 문화적 정체성을 버리고 남한 사회에 용해되어야 했다. 물론 북한이탈주민 스스로가 남한 사회에 온 이상 남한식으로의 동화를 원하는 경우도 많다. 그러나 그렇다 하더라도, 문제는 동화주의가 지닌 일방성, 강제성, 우월성 등이 작용했고, 그 부작용은 적지 않았다는 점이다.

이에 대한 개선으로 다문화주의가 많이 언급되고 있다. 실제 우리 사회의 다문화 추세가 빨라지면서 북한이탈주민 가정은 다문화가정의 한 유형으로 자리매김해 있다. 다문화가정이란 용어는 정부가 정책 추진을 위해 만든 용어인데, 주로 국제결혼 가정, 이주노동자 가정, 북한이탈주민 가정을 중심으로 범주화되고 있는 것이다.[5]

---

5 다문화가정이란 용어는 2006년 4월 교육인적자원부(현 교과부)가 발표한 『다문화가정 자녀 지원 대책』에서 처음 사용되었고, 2008년 3월 『다문화가족지원법』이 공포되면서 공식 용어가 되었다. 다문화가정은 민족, 인종, 문화적 배경이 다양한 구성원으로 이루어진 가정을 뜻하며, 보다 넓게는 다양한 이주자 가정을 포괄하는 용

사전적 의미로 다문화주의는 한 나라 안에서 몇 가지 문화가 공존하는 것을 뜻한다. 물론 실제에서는 여러 의미로 쓰일 때가 많지만, 일반적으로 다문화주의는 인간 사회의 다양성과 문화적 다양화를 강조하기 위해 사용된다.[6] 따라서 다문화주의는 한 국가 안에서 소수자들의 문화적 권리를 존중하고 정치적, 사회적, 경제적, 문화적 불평등을 없애려는 정책 목표를 설정한다. 이러한 상황에서는 이주자들에게 굳이 출신 문화를 버리고 주류 문화에 동화하도록 요구하지 않으며, 오히려 출신 문화를 유지하도록 지원한다.

동화주의는 소수자를 새로운 자국민으로 만들어 사회통합을 이루려 하는 반면, 다문화주의는 다문화 사회에서 다양한 인종 혹은 문화 간의 불평등을 없앰으로써 새로운 사회통합을 이루려고 한다. 동화주의와 다문화주의는 분명 대칭적이다. 이론적으로도 동화주의와 다문화주의는 이분법적 연속선상에서 개념화된다.[7] 이분법적 연속선상에서 동화주의와 다문화주의를 대비시켜 보면 몇 가지 차원에서 분명하게 구분된다. 그것은 첫째, 사회내 차이를 갖는 다른 집단과의 상호 작용 의지가 어느 정도인가에 따라 통합(integration) 대 분리(separation)로, 둘째, 가치, 형태, 태도의 다양성 정도에 따라 문화적 특수주의(cultural paticularism) 대 문화적 다원주의(cultural pluralism)로, 셋째, 규범철학의 관점에서 보편주의(universalism) 대 상대주의(relativism)로 나뉘게 된다.[8] 이러한 구분에 근거해 본다면,

---

어가 되고 있다. 최충옥 외 9인, 『다문화교육의 이해』(파주: 양서원, 2010), p. 256.

6 마르코 마르티니엘로 지음, 윤진 옮김, 『현대사회와 다문화주의: 다르게, 평등하게 살기』(파주: 한울, 2002), p. 88.

7 D. Hartmann and J. Gerteis, "Dealing with Diversity: Mapping Multiculturalism in Sociological Terms," *Sociological Theory*, Vol. 23, No. 2(2005), pp. 218~240.

8 원숙연, "다문화주의시대 소수자 정책의 차별적 포섭과 배제: 외국인 대상 정책을 중심으로 한 탐색적 접근", 한국행정학회, 『한국행정학보』, 제42권 3호(2008 가을), p. 33.

북한이탈주민들의 사회적응을 위한 다문화주의의 목표는 분리, 문화적 다원주의, 상대주의가 될 수 있을 것이다. 물론 다문화주의 자체를 협의로 볼 것인가 혹은 광의로 볼 것인가, 그리고 접근방식을 유연하게 볼 것인가 혹은 강경하게 볼 것인가에 따라 이러한 구분은 논란이 있을 수 있다.

그러면, 여기서 북한이탈주민은 동화주의의 대상인가 아니면 다문화주의의 대상인가가 의문일 수 있다. 북한이탈주민은 동화주의와 다문화주의의 이분법적인 이론틀로는 구분해 볼 수 없는 양가성이 있다. 그 이유는 첫째, 민족 동질성을 추구해야 하는 당위성이 우리 사회에 여전히 남아 있기 때문이다. 남한 사회에서의 원만한 적응을 위해 '차이에 대한 인정'도 필요하지만, 민족 구성원으로서 동화주의를 정책적으로 지향해야 할 필요도 있는 것이다. 둘째, 대다수의 북한이탈주민 스스로가 남한 사회에의 동화를 원하고 있기 때문이다. 여러 면담자료에서 보면, 북한이탈주민들은 남한 사회에서 탈북자 신분임을 드러내기를 대체로 꺼려하고 있는 것으로 나타난다. 물론 남한 사회에서의 차별을 우려하여 신분을 숨기는 면도 있겠지만, 대다수의 북한이탈주민들은 빨리 남한 사회에 동화되어 남한식으로 사는 것을 바라고 있는 것이다.

북한이탈주민들을 동화주의와 다문화주의의 이분법적인 이론틀로 단순하게 구분할 수 없는 양가성은 북한이탈주민들의 사회적응에 관한 교육적 관점을 통일교육으로 접근해야 하는가, 아니면 다문화교육으로 접근해야 하는가에서도 재현될 수 있다. 단순하게 구분해 통일교육의 관점에서 보면, 민족 동질성을 추구하는 동화주의적 전략이 필요할 것이고, 다문화교육의 관점에서 보면, 차이의 인정이라는 다문화주의적 문제의식이 요구될 것이다. 그러면, 통일교육은 다문화교육과 정반대의 발상인가에 대해서도 논의가 필요하게 된다.

통일교육과 다문화교육은 이분법적 연속선상에 있다고 할 수 없다. 통일교육이 자유민주주의체제와 민족 동질성에 기초해서 통일에 대비한 교육이라면, 그 과정에서 차이의 인정, 관용의 실천, 포용력의 확장 등과 같은 교육이 전제될 수밖에 없다. 그렇다면, 통일교육과 다문화교육은 전혀 별개의 것이 될 수 없다. 오히려 통일교육이 다문화 시대에 걸맞게 다문화교육의 요소를 적극 담아내야 하는 것이다. 이러한 인식은 북한이탈주민의 사회적응의 문제에도 적용되어야 할 것이다. 따라서 북한이탈주민의 사회적응은 동질성에 기초한 통일교육의 접근과 동시에 차이의 인정에 기초한 다문화주의적인 제도적·집합적 노력이 필요한 대상으로 보아야 할 것이다.[9] 이런 이유 때문에 북한이탈주민의 남한 사회적응의 문제를 논의할 때는 보다 세분화된 모형이 필요할 것이다.

나. 주변화와 통합

세분화된 모형을 설정하기 위해 검토할 것은 베리의 문화적응 모형이다.[10] 베리의 문화적응 모형은 국내 연구에서도 많이 언급되었다.[11] 선행연구에서 보듯이, 베리의 모형이 갖는 장점은 첫째, 동화주의와 다문화주의 사이의 구체적인 변이를 파악하는 데 유용하다. 동화주의와 다문화주의 사이를 단선적인 개념으로 규정할 경우,

9 위의 논문, p. 32.

10 John W. Berry, "Immigration, Acculturation, and Adaptation", *Applied Psychology: An International Review*, Vol. 46, No. 1(1997), pp. 5~34.

11 최근의 연구로는 조정아·임순희·정진경(2006); 원숙연(2008) 등이 있다. 참고로 베리의 모형과 유사하게 윤인진도 사회적응 유형으로서 통합형, 고립형, (문화적) 동화형, 주변화형으로 구분했다. 윤인진(2000), pp. 136~137.

다문화 실태의 내부에 존재하는 변이를 고려하지 못하는 과오를 범할 수 있다. 베리의 논의는 그러한 변이를 인식할 수 있는 틀을 제공하고 있는 것이다. 둘째, 상이한 문화 사이에 존재하는 차이와 다양성에 대한 일종의 적응전략을 다양하게 분석하는 데 유용하다. 베리는 새로운 사회에 접한 사람들의 적응전략을 네 가지로 유형화하여 제시했다.

베리는 특정 사회의 소수집단이 주류 집단과의 관계유지나 접촉에 대해 긍정적인가 또는 부정적인가를 한 축으로 하고, 또다른 축으로는 소수집단 구성원이 자신들의 본연의 정체성과 특징을 유지하는 데 적극적인가 소극적인가를 중심으로 논의를 전개한다. 이 두 축의 조합에 따라 베리는 통합(Integration), 동화(Assimilation), 분리(Separation), 그리고 주변화(Marginalization) 등의 네 가지 유형으로 문화적응 전략의 모형을 설명한다.

통합은 자신들의 문화적 정체성을 유지하면서 동시에 타주류 문화와의 관계유지에도 긍정적인 경우를 말하며, 동화는 비주류 집단이 자신들의 정체성 유지에는 적극적이지 않으면서 타주류 문화에 대한 수용에는 긍정적인 경우를 말한다. 분리는 자신들의 정체성과 문화에 집착하면서 타주류 문화와의 접촉에 소극적인 경우를 말하며, 주변화는 비주류 집단이 자신들의 문화적 정체성에 대한 유지나 타주류 문화와의 관계유지 모두에 대해 소극적이고 부정적인 경우를 말한다.

베리가 구분한 네 가지 유형은 새로운 사회에 접한 사람들의 문화적응의 반응을 유형화한 설명으로서, 북한이탈주민들의 사회・심리적 적응을 이해하는 데도 잘 적용될 수 있는 이론이다. 그것은 첫째, 베리의 유형론이 북한이탈주민들의 현재 상태가 어느 유형에 속하는지, 그리고 그에 따른 어떤 특징을 지니고 있는지를 쉽게 살펴볼 수 있도록 하기 때문이다. 그것은 베리의 유형론이 기본적으로 기존 사회를 한 축으로 하고 새로운 사회를 다른 축으로 하여 적응 유형을 구분하고 있기 때문이다. 둘째는, 베리의 유형론이 남한 사회에 적응하기 위한 북한이탈주민들 스스로의 전략을 드러내주고 있기 때문이다. 남한 사회적응에는 북한이탈주민들 스스로의 노력이 무엇보다 중요하다는 점에서 볼 때, 이러한 점은 더욱 의미가 있는 것이다. 셋째는, 베리의 유형론이 북한이탈주민들이 지닌 양가성의 의미를 통합하여 인식할 수 있는 틀을 제공하기 때문이다. 위에서 언급했듯이, 북한이탈주민들은 동화주의와 다문화주의의 이분법적 구조로 접근하지 못하는 양가성의 측면이 있는데, 베리의 유형론은 이를 통합하여 인식할 수 있는 통합의 지점을 제시하고 있는 것이다. 베리의 유형론을 북한이탈주민들의 경우에 적용하여 구분해보면 다음의 〈표 6-9〉와 같다.

〈표 6-9〉 북한이탈주민의 남한 사회적응에 관한 유형과 반응

반응 / 유형	남한 사회와의 관계 유지	북한 사회의 문화적 정체성 유지
통합(Integration)	긍정적	적극적
동화(Assimilation)	긍정적	소극적
분리(Separation)	부정적	적극적
주변화(Marginalization)	부정적	소극적

위의 표에서 구분된 유형을 놓고 보면, 북한이탈주민들을 위한 가장 바람직한 사회적응 유형은 통합이라고 할 수 있다. 우리 정부의 그동안의 정책 방향이나 많은 북한이탈주민들이 남한 사회에서의 적응을 위해 추구했던 유형은 동화에 가깝다고 할 수 있다. 그러

나 실제 우리의 정책 성과는 주변화 유형에 머물러 있다는 지적도 있다.[12] 북한이탈주민들로 하여금 남한 사회와의 관계유지에 부정적이게 하면서, 북한 사회의 문화적 정체성 유지에도 소극적이게 했다는 것이다. 이러한 연구결과에 주목한다면, 북한이탈주민들의 남한 사회적응은 동화나 주변화의 단계에서 통합의 단계로 나아가야 한다고 단순화할 수 있을 것이다. 다시 말하면, 북한이탈주민들의 원만한 사회적응을 위해서는 남한 사회와의 관계유지에 긍정적인 요소를 활성화시키면서, 동시에 북한 사회의 문화적 정체성 유지에 적극적인 요소를 활성화시키는 노력이 필요할 것이다. 다른 측면에서 보면, 남한 사회와의 관계유지에 부정적인 요인을 긍정화시키면서, 동시에 북한 사회의 문화적 정체성 유지에 소극적인 요인을 적극화시키는 접근이 필요할 것이다.

이러한 의미에서 북한이탈주민들이 지적하는 남한 사회와의 관계유지에 긍정적인 요소와 부정적인 요소, 북한 사회의 문화적 정체성 유지에 적극적인 요소와 소극적인 요소들의 내용을 추려볼 필요가 있는 것이다.

다. 포섭과 배제

북한이탈주민들이 지적하는 남북한 사회의 통합적 요소를 추려내며, 또 이를 다문화적 통일교육의 과제와 연관짓기 위해서는 주의해야 할 몇 가지가 있다. 그것은 첫째, 명목상 북한이탈주민들을 포용해야 한다는 점에서는 우리가 별 이견을 갖지 않지만, 실제상에서는 포섭과 배제의 인식을 구분한다는 점이다.[13] 다시 말해 북한이탈

---

12 원숙연(2008), pp. 41~42.

13 위의 논문, pp. 34~35.

주민들이 명목상으로는 포섭해야 하는 대상이지만, 실제상에서는 몇 가지 기준에 따라 포섭의 정도가 달라지는 대상이 된다는 점이다. 우선 북한이탈주민의 가치와 자격, 그리고 도구적 활용성에 따라 포섭의 정도가 다르게 나타난다. 또한 북한이탈주민이 지닌 사회적 권력에 따라서도 포섭의 정도가 다르며, 지원단체의 영향력이 더해지느냐의 여부에 따라 사회적 권력의 평가도 달라진다.

그러면, 명목상과 실제상에서의 이러한 작동을 우리가 왜 인식해야 하는가? 그것은 북한이탈주민들을 포섭할 것인가, 배제할 것인가를 결정하는 중요한 차별적 요인이 되기 때문일 것이다. 또한 베리의 유형론처럼 북한이탈주민들의 사회적응의 전략을 구분하여 설명한다 하더라도, 실제로는 모든 소수집단이 동일한 방식과 정도로 남한 사회의 공적 영역에 편입되지는 않기 때문이다. 그 이유를 설명하기 위해서는 명목상과 실제상의 이중성이 고려되어야 하는 것이다. 따라서 다문화적 통일교육에서는 무엇보다 이러한 실제상의 작동을 제대로 드러내고 차별하지 않도록 지도하는 노력이 필요할 것이다. 그렇게 될 때, 북한이탈주민들을 진정으로 포섭할 수 있는 개인적·사회적 저변을 확대할 수 있을 것이다.

주의해야 할 둘째는, 배제에는 일반적으로 거론되는 빈곤의 문제뿐만 아니라, 사회적 차별과 문화적 소외 등 새로운 빈곤도 포괄적으로 포함된다는 점이다.[14] 좁은 의미에서 배제란 이주자를 인정하지 않으며 굳이 주류 사회에 동화시키려 노력하지도 않는 최소화의 방식을 지칭한다. 때로는 주류 문화가 이주자들의 문화에 오염되지 않도록 이주자들의 문화를 특정한 지역에서 유지하도록 하는 것이 장려되기도 한다. 그러나 배제를 포괄적으로 정의해 놓고 보면,

14 유지웅(2007), pp. 148~151.

배제를 줄이기 위해서는 한 개인이나 집단이 그 사회의 구조적인 환경의 변화에 따라 나타나는 경제적, 사회적, 문화적, 제도적, 공간적 차원에서 그 사회의 주류로부터 차단되어가는 과정을 막아야 할 과제가 나타나게 된다.

포괄적 배제를 북한이탈주민들의 경우에 대입해 보면, 남한 사회의 노동시장으로부터의 배제, 경제적인 배제, 사회적 고립에 의한 배제, 공간적인 배제, 제도적 교육공간에서의 배제 등처럼 세분해서 인식할 수 있게 된다.[15] 여기서 사회적 고립에 의한 배제란 사회적 접촉을 줄이고 개인적으로 고립되는 것, 그리고 자신과 같은 처지에 놓여 있는 소규모 동료집단과 차별적으로 교제하는 것을 모두 의미한다. 물론 북한이탈주민들의 입장에서 보면, 자신들에게 익숙하지 않은 사회문화적 차이에 대해 매우 낯설어 하기 때문에 이러한 구분보다 더욱 다양한 형태로 새로운 주류 문화에서 배제되는 상황도 있을 것이다.

포섭과 배제의 인식에 비추어 볼 때, 북한이탈주민들에 대한 우리의 정책 현실은 적극적인 포섭과 적극적 배제의 중간에 위치해 있다.[16] 물론 북한이탈주민에 대한 정책 방향은 여타의 외국인 집단과 비교해 볼 때, 상대적으로 적극적인 편입이라고 볼 수 있다. 하지만, 그것은 한민족으로서 또는 인권적 차원에서 정책적 지원의 필요성에 대해서는 공감하면서도, 동시에 북한이탈주민들에 대해 다수집단이 갖는 이중적이고 모순적인 태도가 개입된 결과라고 할 수 있을 것이다. 북한이탈주민들에 대해 이중적이고 모순적인 태도가 나타나는 주된 이유는 무엇보다 실제적 차원에서 구체적인 피해나 비용

---

15 위의 논문, pp. 151~169.
16 원숙연(2008), pp. 41~42.

부담을 우려하기 때문일 것이다. 이러한 우려는 대개 '관대한' 다문화주의로 나타나게 된다. 관대한 다문화주의의 정서는 개인적·사회적으로 북한이탈주민들에 대한 적극적인 포섭보다는 일정한 거리를 유지하려는 중간의 방식 혹은 주변화의 방식으로 나타나게 되는 것이다.[17]

북한이탈주민에 대한 중간의 방식 혹은 주변화의 방식이 나타나게 된 데는 몇 가지 이유가 추가될 수 있을 것이다. 첫째는 일반적으로 북한이탈주민이 확고한 내부적 집단 정체성을 가지고 있다고 보기 어렵다는 점이다. 북한을 탈출해 왔다는 공통점이 있지만, 출신배경이나 탈출동기가 다르며, 또 자칫 우려되는 불이익으로 인해 상호 융화되지 못하는 면이 있는 것이다. 북한이탈주민들의 남한 사회적응의 문제는 북한이탈주민의 개인, 사회, 경제, 문화적 요인에 따른 개인적 편차가 크게 나타날 수밖에 없다. 둘째는 북한이탈주민에 대한 외부적 정체성도 유동적이라는 점이다. 호칭에서부터 보면, 귀순용사, 귀순동포, 북한이탈주민, 탈북자, 새터민, 탈북민 등에서 나타나듯이 이념과 남북관계의 지형 변화에 따라 다르게 불려왔다. 셋째는 북한이탈주민들을 대하는 남한 사회의 태도 역시 양가적이라는 점이다. 북한이탈주민을 동등하거나 동질적인 구성원으로 보기보다는 민족 및 인권적 차원에서의 동정심을 가지고 있으면서, 동시에 북한에 대한 부정적인 인식이 북한이탈주민에게 투사되어 나타남으로써 혼재된 감정을 갖기 때문이다.

이상에 살펴본 바와 같이 동화주의와 다문화주의, 주변화와 통합, 포섭과 배제 등의 인식틀에서 볼 때, 북한이탈주민들의 사회적응의 문제는 그만큼 다차원적인 현상이 될 수밖에 없다. 우리는 이

---

17 위의 논문, p. 42.

러한 점들을 염두에 두면서 북한이탈주민들의 사회적응의 문제를 살펴보고, 다문화적 통일교육의 과제를 찾도록 해야 할 것이다.

3. 남한 사회적응에서 나타난 남북한 사회의 '통합적 요소'

여기서는 북한이탈주민들의 남한 사회적응에서 나타난 남북한 사회의 통합적 요소를 찾아보고자 한다. 이를 위해 남한 사회와의 관계유지에 긍정적인 요소와 부정적인 요소, 그리고 북한 사회의 문화적 정체성 유지에 적극적인 요소와 소극적인 요소가 구분되어야 한다.

가. 남한 사회와의 관계유지에 긍정적인 요소

1) 가족안정성 혹은 가족결속력

북한이탈주민들로 하여금 남한 사회와의 관계유지에 긍정적으로 작용하게 하는 첫째 요소는 가족안정성 혹은 가족결속력의 정도이다.[18] 북한이탈주민들에게도 다른 사회의 가족과 마찬가지로 가족과의 안정성, 결속력 정도는 남한 사회 정착 및 적응에 적극적이고 긍정적인 원동력이 된다. 남한 사회적응에 어려움이 있을 때마다 가족이 힘이 되어주고 위로가 되는 것이다. 가족들에게서 심리적·정서적 안정감을 얻는 것이다.

실제로도 혼자 입국한 북한이탈주민보다는 가족이 함께 한 북

18 조정아·임순희·정진경(2006), pp. 45~46; 이금순 외 9인(2003), p. 301.

한이탈주민이 남한 사회에 적응하는 데 빠르고 유연하다고 한다. 그것은 가족이 함께 죽음의 고비를 넘기면서 생긴 유대감 때문이기도 하며, 북한이탈주민들이 북한에서 갖게 된 집단주의 가치관의 영향 때문이기도 한 것으로 볼 수 있다.

물론 가족안정성 혹은 가족결속력이 가정생활 자체에 대한 만족의 정도를 의미하는 것은 아니다. 북한이탈주민들 중에서는 가족안정성 혹은 가족결속력의 정도는 높지만, 새로운 사회문화에 적응하면서 가족 구성원들 간에 갖게 된 부부간, 세대간 갈등이 적지 않은 경우도 있다. 실제 가족 구성원들 간의 갈등 양상이 부부역할문제, 자녀양육문제, 교육문제 등에서 다양하게 나타나고 있음을 주위에서도 볼 수 있다.

2) 취업과 안정적인 직업생활

둘째 요소는 남한 사회에서의 취업과 안정적인 직업생활의 여부이다.[19] 이는 경제 현실적인 면에서 가장 핵심적인 요소이기도 할 것이다. 북한이탈주민들의 입장에서 취업을 한다는 것은 단순히 생활영위의 측면만 있는 것은 아니다. 직장생활은 사회생활로서 남한 사람과 교류하고 갈등하면서 전면적인 인간관계를 형성하는 장의 역할을 한다. 동시에 북한이탈주민들이 남북한 사회와 남북한 사람들 간의 차이에 대해 직접적으로 체험하는 창구가 된다.

물론 취업의 문은 좁다. 북한이탈주민들이 취업에의 어려움으로 많이 거론하는 것은 자신의 능력부족과 자신의 사회적 자본 부재이다. 경우에 따라서는 미래를 위해 진학이나 직업훈련 등 자기개발에 더 투자하는 사람도 있지만, 그렇게 많지는 않다. 반대로 제도적

19 조정아 · 임순희 · 정진경(2006), pp. 94~107; 이금순 외 6인(2004), pp. 11~17.

허점을 이용해 적극적으로 직장을 얻기 위해 노력하기 보다는 정부의 지원금과 비정규적인 수입에 의존하면서 그럭저럭 지내는 자발적 실업의 경우도 있다.

북한이탈주민들이 직장을 구하면서 겪는 애로사항의 하나는 북한에서의 직업경력과 학력의 단절이다.[20] 2003년의 조사이긴 하지만, 북한이탈주민들 중에서 무직의 비율은 41.5%나 되는데 반해 그들의 희망 직업으로는 전문직과 사업이 50%를 차지한다.[21] 이를 통해 보면, 안정된 일자리를 구하기가 쉽지 않은 요즘의 현실에서 북한이탈주민들이 체감하는 직업경력의 단절감은 더욱 심할 것이다.

3) 남한 사회의 경제적인 풍요

셋째 요소는 남한 사회의 경제적인 풍요이다.[22] 남한 사회의 경제적인 풍요로움은 북한이탈주민들에게 남한 사회와의 관계유지에 상당한 동기부여가 되고 있다. 북한이탈주민들은 대개 초기에 남한 사회의 모든 풍요로움에 놀란다. 그들은 서민들이 누리는 일상의 사소한 편리함에도 감탄한다. 물론 시간이 지나고 남한 생활에 익숙해지면서 놀라움은 상당부분 사그라들고 비판적 관점도 갖게 되지만, 북한이탈주민들은 남한 사회가 갖고 있는 일상의 풍요로움과 편리함을 자신이 누리게 된 것에 적지 않게 감격해 한다. 동시에 북한에서의 가난, 기근, 질병을 생각하면서 남북한 사회를 대조해 보게 되고, 지금이 얼마나 다행스러운지를 생각하게 된다.

자연히 북한이탈주민들은 남한 사회와의 관계유지에 긍정적이게 되면서 어느 누구보다도 열심히 살아야겠다고 생각하게 된다.[23]

---

20 이금순 외 9인(2003), pp. 141~144.
21 위의 책, pp. 129, 135~136.
22 조정아 · 임순희 · 정진경(2006), pp. 125~127.

북한이탈주민들은 무엇보다 경제적 자립을 위해 노력하게 된다. 자연히 돈의 중요성을 절감하게 되고 부의 축적을 위해 부단히 애를 쓰게 된다. 그러다 보면, 남한 사람들의 무절제한 소비 패턴과 낭비, 식생활의 허세에 대해서는 비판하게 된다.

주목할 것은 정착 초기에는 동경의 대상이 되는 남한 사회의 경제적 풍요로움이 정착기간이 길어지면서 오히려 상대적 박탈감으로 작용하게 되는 측면이다. 자본주의 사회의 풍요로움 속에서 북한이탈주민들의 물질에 대한 욕구는 강하지만, 현실적으로 그러한 욕구를 충족시킬 만한 여건과 주변의 상황이 만만치 않은 것 때문에 좌절감과 우울증에 빠지기도 하는 것이다.[24]

4) 남한 사회의 자유

넷째 요소는 남한 사회의 자유이다.[25] 새로운 궁리가 가능하며, 그로 인해 노력한 만큼의 대가를 얻을 수 있는 자본주의에 기반한 남한 사회의 자유는 북한이탈주민들로 하여금 남한 사회와의 관계 유지에 긍정적인 요소로 작용한다. 통제와 감시 속에서 살다가 남한에 온 북한이탈주민들은 남한 사회의 자유에 대해 신기하게 느낀다. 물론 스스로의 선택과 책임이 따르는 문화에 대해서 어렵게 느끼기도 하지만, 북한이탈주민들은 대체로 남한 사회의 자유 속에서 새로운 삶에 대한 모색을 하게 된다. 때론 스스로가 일자리를 찾고 직장생활을 유지하며 자신의 경쟁력을 키워 나가야 하는 자본주의적 방식에 적응하지 못하는 경우도 있다. 또한 북한 사회에서 갖고 있던 국가에의 의존성을 쉽게 버리지 못하는 경우도 있다.

---

23 최경환(2007), pp. 356~357.

24 고려대학교 행동과학연구소, 『북한이탈주민의 한국사회 적응과정에서 나타나는 행동성향 분석』(서울: 고려대학교 행동과학연구소, 2004), pp. 44~45.

25 조정아 · 임순희 · 정진경(2006), pp. 133~134.

그렇다 해도, 새로운 시도가 가능하며 노력한 만큼 보상을 얻을 수 있도록 하는 남한 사회의 자유는 북한이탈주민들에게 남한 사회와의 관계유지에 긍정적으로 나서게 하는 원동력임에는 분명하다. 특히 노력한 만큼의 대가가 온다는 자본주의적 방식을 이해하는 데는 개인차가 있겠지만, 대개는 남한 사회에서의 새로운 생활에 기대를 갖고 적극적으로 의욕을 갖는다.

북한이탈주민들은 계급적인 북한 사회와 달리 남한 사회가 부유층, 중산층, 빈곤층 등 계층적 차이가 있지만, 개인의 능력에 따라 계층 간의 이동이 자유롭다는 점, 남한 사회가 노력 여하에 따른 자아성취가 가능한 사회라는 점, 기회와 선택이 주어진 열린 사회라는 점에 대해서 긍정적으로 인식하고 있다.[26]

나. 남한 사회와의 관계유지에 부정적인 요소

1) 남한 사회의 어두운 면

북한이탈주민들이 남한 사회와의 관계유지에 부정적으로 느끼는 첫째 요소는 남한 사회의 어두운 면이다.[27] 남한 사회의 어두운 면은 북한이탈주민들로 하여금 남한 사회와의 관계유지에 부정적인 인식을 갖게 하며, 동화되는 것을 우려하기도 한다. 북한이탈주민들이 남한 사회의 문화에서 많이 우려하는 것은 노래방, 술집 등 유흥업소, 강도·살인·강간 등 사건 사고, 가정주부의 가출·이혼, 자녀 유기, 여성들의 술·담배 등 여성답지 못한 처신, 남한 사회의 무질서 등으로 나타난다.

---

26 최경환(2007), p. 357.
27 조정아·임순희·정진경(2006), pp. 48~50.

그러한 우려는 북한이탈주민의 부모 세대에게서 많이 나타나는데, 부모 세대들은 남한의 청소년을 비롯한 신세대 문화에 대해 특히 부정적으로 인식하고 있으며, 자녀들이 그러한 문화에 물들어가는 것을 많이 걱정한다. 그러한 걱정은 남한의 부모 세대보다도 결코 작지 않아 보인다. 북한이탈주민의 부모 세대들이 남한 사회의 신세대 문화에 대해 걱정하는 것은 청소년들의 습관적인 상스러운 언행 습관, 흡연행위, 겉치장, 이성교제, 여성 흡연과 음주 등으로 나타난다.

이러한 것들로 인해 북한이탈주민들은 남한 사회와의 관계를 유지하는 데 있어 소극적이고 조심스러워 한다. 동시에 그들은 그러한 분위기에 자녀들이 동화될 것을 우려해 단속하고 경계하고 있는 것으로 나타난다.

2) 남한 사람들의 사회적 편견

둘째 요소는 남한 사람들의 사회적 편견이다.[28] 남한 사람들의 사회적 편견은 북한이탈주민들로 하여금 남한 사회와의 관계유지에 대해 부정적으로 인식하게 만든다. 북한이탈주민들은 무엇보다 자신들이 북한 출신이라는 이유만으로 받는 사회적 편견이 강하다고 생각한다. 다음으로는 사고방식이 달라서 남한 사람들로부터 사회적 편견을 받고 있다는 인식도 적지 않다. 또한 자신들이 남한 사람들의 말씨를 잘 못알아 들을 때나, 그로 인해 의사소통이 잘 되지 않는다는 말을 들을 때도 많이 당황되고 무시당하는 느낌이 든다고 한다. 남한 사람들이 자신들을 의식적으로 과도하게 동정하거나 지나

---

28 이금순 외 9인(2003), pp. 125~126; 이금순 외 6인(2004), pp. 18~20; 조정아 · 임순희 · 정진경(2006), pp. 89~94.

친 관심과 호기심을 보이는 것도 오히려 좋지 않은 느낌이 든다고 한다.

물론 남한 사람들의 사회적 편견을 지적하는 북한이탈주민들 스스로의 문제도 없지는 않다.[29] 자신의 노력 없이 기대가 크거나 삶의 목표가 불확실한 경우도 있다. 태도가 지나치게 소극적이거나 자신감이 부족한 탓도 있으며, 그로 인해 스스로가 남한 사람들과는 다르다고 생각해 버리는 경향도 있다. 또한 남한 사람들이 자신들을 경계한다고 생각하거나 스스로 소외감을 느끼기도 한다. 이웃과의 교류에 있어서도 자신이 북한이탈주민임을 지나치게 의식하여 접촉을 기피하는 때도 있다. 이렇게 보면, 북한이탈주민들은 피해의식이 있어서 좋지 않은 상황이 발생하면 북한이탈주민이라 차별을 당한다고 해석해 버리는 면도 없지 않다고 볼 수 있다.

여기서 고려할 것은 남한 사람들이 북한이탈주민들에 대해 갖고 있는 거부감의 근원이 무엇인가 하는 점이다. 남한 사람들에게 비쳐진 북한이탈주민들의 이미지는 배신자, 거지, 범죄자 등과 같은 부정적인 이미지이다.[30] 이는 대체로 대중매체에 나타난 북한의 이미지와 중첩되는데, 그러한 이미지는 실제 생활에서 여러 종류의 비우호적인 태도로 나타나기도 하고 근거없는 불신, 의심, 거부감 등으로 나타나기도 한다. 때로는 노골적인 적대감도 있다. 그것은 자신 혹은 부모 세대가 경험한 6.25전쟁이나 분단의 역사와 관련된 것이기도 하고, 때로는 취약계층의 빈곤이나 실업과 같은 제도적·사회구조적 문제를 북한이탈주민들에게 전가하는 형태로 나타난 것이기도 하다. 냉전시대에는 적대감이 핵심이었다면, 1990년대 북한의

29 위의 책, pp. 152~155: 이금순 외 9인(2003), pp. 116~117, 269.
30 조정아·임순희·정진경(2006), pp. 145~149.

경제난 이후에는 남한의 상대적 우월감에 기초한 일방적 무시, 업신여김 등이 거부감의 핵심이 되고 있다. 이러한 점에서 보면, 북한이탈주민들 스스로가 느끼는 일정한 자격지심과 별개로 북한에 대한 부정적인 이미지와 남한의 상대적 우월감에 기반한 사회적 편견을 남한 사람들이 갖고 있는 것은 사실이다.

3) 직장생활에서의 갈등과 어려움

셋째 요소는 직장생활에서의 갈등과 어려움이다.[31] 취업한 북한이탈주민들이 직장생활에서 느끼는 갈등과 어려움은 남한 사회와의 관계유지에 나서는 데 적지 않은 부정적인 요소가 된다. 북한이탈주민들이 초기에 느끼는 어려움은 언어차이, 편견과 차별대우, 직장내 문화적 갈등, 저임금, 인간관계의 어려움 등이다. 시간이 지날수록 직무관련 사항이나 해당 분야의 지식 부족, 근무조건의 문제가 부각되며, 장기적으로는 직장의 장래성이나 관련 분야의 전문적 지식습득의 문제가 중요해진다.

북한이탈주민들이 느끼는 직장생활에서의 갈등이나 어려움을 구체적으로 들면, 첫째는 남북한 간의 언어차이이다. 북한이탈주민들이 구사하는 북한말은 가난하고 촌스러운 북쪽에서 왔다는 언어적 낙인이 있는 것이다. 북한이탈주민들은 언어적 낙인이 제거되기까지 겪는 의사소통의 부자유스러움과 인간관계에서의 오해로 인해 어려워하는 것이다.

둘째는 영어와 컴퓨터로 인한 직무수행의 어려움이다. 특히 저학력자, 고령자, 생산자, 단순노무직 종사자들의 경우에는 도저히 넘을 수 없는 현실적인 장벽이 된다. 의사소통시 나타나는 외래어, 한자어도 상당한 걸림돌이 된다.

31 위의 책, pp. 107~121.

셋째는 남북한간 노동강도의 차이이다. 북한에서는 잦은 휴식과 느릿느릿 일하기의 형태가 보편적이었다면, 남한에서는 몇 시간씩 서서 일하는 경우가 허다하다. 북한이탈주민들은 이러한 남한의 노동강도를 착취수준으로까지 받아들인다. 그러다 보니 직장 상사와 동료들로부터 질책당하기 십상이며, 이로 인해 동료들과 어색함이 잦아지고, 이직이 반복되기도 한다.

넷째는 직장문화의 차이이다. 남한에서는 개인주의적 특성이 두드러지지만, 북한에서는 문화공동체적 성격이 짙다. 북한에서는 작업반장을 중심으로 내적 결속력을 우선시한다면, 남한에서는 지나치게 경쟁적이고 이기주의적인 측면이 강하다.

다섯째는 직장 내에서 겪는 의사소통 방식의 차이이다. 일반적으로 북한이탈주민들은 남한 사람들에 비해 직설적으로 대화하는 편이다. 북한 사회에서는 사회적 감시 때문에 공적인 자리에서의 정치·사상적인 화제에 대해 개인의 자유로운 의사 표현을 억압받지만, 일상적인 화제에 대해서는 개인들 간에 직설적인 의사 표현이 이루어지는 것이다.[32] 남한 사람들에게 그러한 모습은 대체로 직선적이고 공격적으로 느껴져서 거북하고 불편하다. 그러면 북한이탈주민들은 자신들의 의사소통 방식이 남한 사람들에게 자연스럽게 받아들여지지 않거나 예기치 않은 부정적 반응을 유발하는 데 당황하게 된다. 이로 인해 오해와 갈등이 생기는 것이다. 반면, 남한 사람들은 북한이탈주민들의 의사소통 방식에 대해 상대의 기분을 배려하지 않으며, 터무니없이 자존심이 강하여 타협할 줄 모른다고 인식하게 된다. 주의할 것은 이러한 의사소통 방식의 차이가 대체로

---

32 양수경·권순희, "새터민 면담을 통한 남북한 화법 차이 고찰", 국어교육학회, 『국어교육학연구』, 제28집(2007.4), pp. 467~472.

거리감을 더욱 확대시키고, 나아가 북한이탈주민들이나 남한 사람들 전체를 통째로 불신하는 감정으로 증폭된다는 점이다.

여섯째는 직장생활에서 동료나 고객들로부터 받는 편견이다. 북한이탈주민들은 이들로부터 일방적인 불신이나 의심, 이유없는 거부감, 무시와 경멸, 따돌림과 부당한 대우 등을 경험한 적이 많다고 한다.

모든 직장생활에는 갈등과 어려움이 있기 마련이지만, 북한이탈주민들이 직장생활에서 겪는 갈등과 어려움은 남한 사회에의 적응 자체를 상당히 부정적으로 인식하게 할 가능성이 적지 않은 것이다.

4) 스스로의 신분에 대한 부정적인 인식

넷째 요소는 북한이탈주민들이 갖고 있는 스스로의 신분에 대한 부정적인 인식이다.[33] 북한이탈주민들은 대체로 자신의 신분을 드러내고 싶지 않아 하는 경향이 있다. 그러한 경향은 남한 사회와의 관계유지에 소극적으로 나타나게 되며, 때로는 폭력적 과잉행동으로도 나타나게 된다. 북한이탈주민들이 실제로 남한의 말투로 교정하는 데 힘을 쏟는 것도 이와 무관하지 않을 것이다.

북한이탈주민들이 스스로의 신분에 대해 부정적으로 인식하게 되는 것은 북한에서의 상처 때문이기도 하며, 탈북과 입국과정에서 겪은 어려움으로 인해 성격이 까칠해져 있기 때문이기도 할 것이다. 실제로 그러한 고생 탓에 북한이탈주민들은 대개가 불평이 많게 될 수밖에 없다고 여긴다고 한다. 이로 인해 북한이탈주민들의 부모들은 자녀들에게 가급적 북한이탈주민들과의 교제보다는 남한 아이들과 어울릴 것을 권하게 된다고 한다.

---

33 조정아 · 임순희 · 정진경(2006), pp. 72~77.

물론 정반대의 경우도 없지는 않다. 남한 사람들과 관계를 맺지 못하고 남한 사회에 소속감을 갖지 못하게 되면서 북한이탈주민들끼리의 교제가 심화되는 경우도 많다. 지역사회에서나 직장에서 남한 사람들로부터 따돌림을 당하거나 배제된 북한이탈주민들은 남한 사람들과 어울리기 보다는 동료 북한이탈주민들과 더욱 어울리는 경향을 나타내기도 한다.[34]

다. 북한 사회의 문화적 정체성 유지에 적극적인 요소

1) 북한 사회의 정

첫째 요소는 북한 사회에서의 정(情)이다.[35] 북한이탈주민들은 북한 사회의 문화적 정체성 중에서 유지했으면 하는 요소의 하나로 정을 꼽는다. 대부분의 북한이탈주민들은 남한 사회를 정이 없는 심한 경쟁사회로 인식한다. 첨예한 경쟁행동이 일상화되어 있다고 본다. 자연히 남한 사람들은 개인주의적이고 이기주의적인 사람들로 인식된다. 반면, 북한은 정이 있는 곳이다. 북한이탈주민들은 북쪽에서는 힘들면 함께 해주고 함께 호흡하는 정서가 있다고 한다. 물론 이는 북한 사회에서의 집단주의적인 협동 방식에 익숙했기 때문이기도 할 것이다.

실제 일상생활에서 보면, 북한이 집단 목표와 협동을 중시하면서 일탈을 경계하는 집단주의가 강한 반면, 남한은 상대적으로 좀 더 개인의 목표를 중시하고 사생활을 존중하는 개인주의가 짙다. 자연히 북한이탈주민들에게는 남한의 문화가 집단 전체의 인간관계를

---

34 유지웅(2007), p. 162.

35 조정아 · 임순희 · 정진경(2006), pp. 134~136.

위한 노력이 없는 것으로 비쳐지는 것이다. 자기 일만 하고 서로 사무적으로 대하는 것 같은, 그리고 인간관계를 중시하지 않는 듯한 남한 사회의 분위기에서 북한이탈주민들은 부족감과 소외감을 느끼게 되는 것이다.

2) 북한 문화의 예술성과 도덕성

둘째 요소는 북한 문화의 예술성과 도덕성이다.[36] 북한이탈주민들은 북한 문화의 예술성과 도덕성에 대해 나름의 상당한 자부심을 가지고 있다는 점에서 북한 사회의 문화적 정체성 유지에 대해 적극적으로 기대하고 있다고 볼 수 있다. 북한이탈주민들은 북한의 영화들이 체제를 위한 선전수단이었다 하더라도 인생의 의미를 돌아보게 하거나 숭고한 가치를 생각하게 하는 예술작품이라고 생각한다. 반면, 남한의 영화들은 상업성만 생각하고 의미없는 내용들을 쏟아내는 것이라고 본다. 북한이탈주민들이 예술성 있게 생각하는 작품은 이념이나 가치를 위해 투쟁하면서 숭고한 희생이 있는 대하드라마적 성격을 띤 것들이다. 이런 드라마들을 북한이탈주민들은 내용적으로도 훌륭하고 감동적인 작품들이라고 평가하는 것이다. 이러한 판단에서 북한이탈주민들은 상업적 소비문화와 쾌락을 추구하는 남한의 문화에 대해 도덕성이 약하다고 간주하게 된다.

---

36 위의 책, pp. 136~139.

라. 북한 사회의 문화적 정체성 유지에 소극적인 요소

1) 북한에서 속고 살았다는 인식

첫째 요소는 북한에서 속고 살았다는 인식이다.[37] 북한이탈주민들은 남한 사회에 정착하면서 어려움도 있겠지만, 대체로 북한에서 속고 살았다는 인식을 하게 된다. 그러한 인식은 북한 사회의 문화적 정체성 유지에 소극적이도록 만드는 요소가 된다. 북한이탈주민들은 그동안 북한에서의 정보통제로 인해 외부 사정을 너무 모르고 살았다는 생각을 하게 된다. 개인차가 있겠지만, 대다수는 그로 인해 그동안 속고 살았구나, 세뇌당했구나 하는 인식을 하게 되며, 허탈감과 억울함에 충격을 받고 배신감까지 느낀다고 한다.

북한에서 속고 살았다는 인식은 하나의 감정으로 끝나지 않는다. 북한이탈주민들은 실생활에서 남한 사회의 역사 인식이나 지식을 대할 때마다 자신이 알고 있는 것과 너무도 달라 현실적으로 좌절스러운 경험도 하게 된다고 한다. 이러한 배신감과 좌절감은 북한 사회의 문화적 정체성 유지에 자연히 소극적으로 나타날 수밖에 없도록 하는 것이다.

2) 북한에서의 아픈 기억들

둘째 요소는 북한에서의 아픈 기억들이다.[38] 북한이탈주민들은 배고픔, 절망, 황폐화 등 북한에서의 아픈 기억들로 인해 북한 사회의 문화적 정체성 유지에 소극적으로 행동하게 된다. 북한이탈주민들은 상당수가 북한에서 살기 어려워서 떠나온 사람들이다. 북한하

37 위의 책, pp. 129~131.
38 위의 책, p. 125.

면 떠오르는 이미지는 배급의 중단, 극심한 가난, 처절한 생존 등이다. 마음 한 구석에는 언젠가 돌아가 보고 싶은 고향이기도 하지만, 배고픔과 절망, 가족의 죽음, 사회의 황폐화 등으로 살 수가 없어서 탈출해야 했던 곳이 북한인 것이다. 이런 아픈 기억들로 인해 북한이탈주민들은 자연히 북한의 정체성 유지에 회의적이게 되는 것이다.

4. 다문화적 통일교육의 모색

이상에서 논의한 내용을 중심으로 보면, 북한이탈주민들의 남한 사회적응을 위해서는 가족안정성 혹은 가족결속력 증진, 취업과 안정적인 직업생활 뒷받침, 남한 사회의 경제적 풍요와 자유에 대한 균형적 이해 등과 함께 따뜻한 정에 대한 정서적 접근, 북한이탈주민들이 지니고 있는 도덕성·예술성에 대한 고려 등의 요소를 잘 아울러야 할 것이다. 동시에 남한 사회와 남한 사람들에 대한 이해, 직장생활의 어려움 등에 대한 문화적 이해 증진과 함께 북한이탈주민들 스스로가 갖고 있는 위축감, 북한에서 속고 살았다는 인식, 아픈 기억 등에 대한 치유가 지속적으로 이루어져야 할 것이다. 이러한 내용들을 바탕으로 다문화적 통일교육에 주는 시사점으로는 네 가지를 지적하고자 한다.

가. 북한의 사회문화적 특성이 북한이탈주민에게 미친 영향에 대한 이해

첫째, 북한의 사회문화적 특성이 북한이탈주민에게 미친 영향에 대해 이해하려는 마음이 필요하다. 북한이탈주민들의 남한 사회적응에 관한 네 가지 유형을 간략하게나마 구분해 살펴본 결과 북한이탈주민들은 분명 그들이 태어나고 자란 북한의 사회문화적 특성에서 자유로울 수 없다. 북한이탈주민들은 그것을 남북한 간의 사회문화적 특징의 차이에서 기인하는 사회문화적 이질감이라고 받아들이고 있는 것이다. 우리가 다문화적 통일교육을 통해 지녀야 할 것은 바로 사회문화적 이질감에 기초하여 북한이탈주민들의 사회문화적 배경에 대해 이해하려는 마음이다.

사회문화적 이질감은 해당 사회구성원인 개인들의 성격과 생활양식에 영향을 미치고, 이것들은 남북한 사회구성원들이 상호 작용하는 일상에서 차이를 낳아 쉽게 갈등이나 차별로 이어지게 만든다. 사회문화적 이질감은 또한 개인 차원에서는 부적응을, 사회 차원에서는 비통합이나 분열을 낳게 한다. 그것은 특정한 문화에 소속되어 있는 각 개인들의 모습이 해당 문화의 특징과 유사한 부분이 많기 때문이다. 문화와 개인의 성격은 일치하는 것도 아니지만 전혀 별개의 것도 아닌 것이다.[39]

북한이탈주민들의 사회문화적 배경에 대한 이해를 위해 대체로 구분한 남북한의 이질성과 동질성은 다음의 〈표 6-10〉처럼 정리해 볼 수 있다. 여기에서 주의하여 고려할 것이 있다.

---

39 채정민 · 이종한, "심리학적 관점에서의 남북한 문화이질성: 북한이탈주민의 심리적 적응을 중심으로", 한국사회문제심리학회, 『한국심리학회지: 사회문제』, 제10권 2호(2004), pp. 81~82.

하나는 북한 사회와 주민의 이중성의 문제이다. 이중성의 문제란 겉으로 드러나 있는 법, 규칙, 제도 등의 명시적 규범이나 구조와, 잘 드러나지 않고 진행되는 암묵적 규범이나 행동원리 간의 상당한 불일치를 보이는 것을 말한다. 이를 공식 부문과 비공식 부문으로 지칭하기도 하는데, 이러한 이중성의 문제로 인해 북한에서는 겉으로는 사회주의형 인간으로서의 의식을 가지면서, 속으로는 현실주의형 인간으로서의 의식을 갖게 되는 것이다. 물론 이러한 이중의식은 분명 북한 사회에서만 나타나는 것은 아니다. 남한 사회에서도 겉으로는 서구의 물질주의형 의식을 가지면서, 속으로는 전통주의적 유교주의형 의식을 갖기도 한다.[40] 중요한 것은 북한 주민들의 의식구조는 공적인 세계에서는 공적 원칙을 따르지만 사적인 세계에서는 개인주의를 지향하며, 공적 세계에서는 복종하지만 사적 세계에서는 비판하는 이중의 사고와 도덕적 기준을 지니고 있다는 점이다.[41]

---

40 위의 논문, pp. 84~85.

41 서재진, 『또 하나의 북한사회: 사회구조와 사회의식의 이중성 연구』(서울: 나남출판, 1995), pp. 234~236.

〈표 6-10〉 남북한의 이질성과 동질성

		남 한	북 한
이질성	이념체계	자유민주주의 – 시장경제적 가치관	주체사상 – 사회주의적 가치관
		개인주의	집단주의
	규범적 가치의식	개인의 권리 중심	집단의 이익 중심
		개인주의적 도덕관	집단주의적 도덕관
		합리적 사고 중시	혁명적 사고 중시
	근대화와 전통	근대화 지향적	전통 지향적
	선호되는 가치 순위	1. 행복한 가족 관계 2. 편리한 삶 3. 자유 4. 타인의 인정 5. 국가의 인정 등	1. 국가의 발전 2. 평등 3. 편안한 삶 4. 행복한 가족관계 5. 자유 등
동질성	사회적 가치의식	집단주의가 강하게 온존	집단주의 가치관
		유교적 가치관의 전승	유교적 가치관의 잔존
		가족적, 온정적	가족적, 연대적
	민족의식	강한 민족의식	강한 민족의식

출처: 채정민 · 이종한, "심리학적 관점에서의 남북한 문화이질성: 북한이탈주민의 심리적 적응을 중심으로", 한국사회문제심리학회, 『한국심리학회지: 사회문제』, 제10권 2호(2004), p. 83.

고려할 다른 하나는 북한도 사회변화와 맞물려 북한 주민들의 일상생활과 의식들이 변화하고 있다는 점이다. 남북한의 이질성과 동질성을 언급하면서 북한 주민들의 일상생활과 의식들을 고정된 것으로 전달해서는 안될 것이다. 세대간 차이와 같은 자연적 변화가 있을 것이고, 동시에 식량난을 비롯한 극심한 경제난이나 부분적 체제개방으로 인한 외부사조 · 문물의 침투 등으로 인해 나타나는 의식변화도 있을 것이다.[42]

42 임순희, 『북한 새 세대의 가치관 변화와 전망』(서울: 통일연구원, 2006), pp. 119~136; 조정아 외 4인, 『북한 주민의 일상생활』(서울: 통일연구원, 2008), pp. 265~295.

이렇게 보면, 북한이탈주민들의 사회문화적 배경을 이해하는 데 있어 우리는 북한의 사회문화적 큰 틀에서 그들을 보면서 그 영향을 이해하려는 자세가 필요할 것이다. 동시에 공식 부문과 비공식 부문에 따른 사회문화적 이중성의 영향과 북한의 사회변화에 따른 의식구조의 변화를 함께 보려는 노력도 필요할 것이다.

나. 북한이탈주민들의 남한 사회적응에서 나타나는 특성 이해

둘째, 남북한 사회의 통합적 요소로서 구분해 본 내용을 바탕으로 북한이탈주민들의 남한 사회적응의 특성을 이해하는 것도 다문화적 통일교육에서 중요하다. 그 특징의 하나는 북한이탈주민들이 남한 사회적응에 있어 복잡한 양가감정을 가지고 있다는 점이다. 북한이탈주민들은 남북한을 비교할 때, 한 축에서는 가난·통제로 상징되는 북한과 풍요·자유로 상징되는 남한을 대비시킨다. 그러면서도 또 한 축에서는 국가가 알아서 모든 것을 해주는 따뜻한 정이 있는 사회로서의 북한과 스스로의 선택과 책임이 전제되는 개인주의적이자 팍팍한 사회로서의 남한을 대비시킨다. 또한 북한 사회에 대한 깊은 배신감을 갖고 있지만, 언젠가는 돌아갔으면 하는 고향으로도 인식한다. 남한 사회에 대한 동경심을 갖고 있지만, 심한 경쟁에 따른 회의감도 갖고 있다. 남한 사회에 적응해야 하면서도 어두운 문화에 대해서는 경계한다. 외형적인 모습에서는 자본주의적으로 바뀌어가고 있지만, 내면적으로는 북한식 사고방식의 구조가 여전히 남아 있다. 결국 북한이탈주민들은 남한 시민으로서의 정체성, 북한 사람으로서의 정체성, 같은 민족으로서의 정체성, 이방인으로서의 정체성 등 다중적인 정체성을 가질 수밖에 없다. 우리는 북한이탈주민들을 대할 때, 그들의 복합적인 감정을 이해하고 존중하는 자세가 필요할 것이다.

북한이탈주민들의 남한 사회적응에서 나타나는 또 하나의 특징은 남한 사람들의 인식과 평행선을 이루는 부분이 적지 않다는 점이다. 북한이탈주민들은 남한 사회에서 구조적·문화적·일상적 차별에 직면해 있다고 인식하지만, 남한 사람들은 북한이탈주민들이 피해의식에 쌓여 있거나 사회주의적 의존성이 문제라고 지적하기도 한다. 북한이탈주민들은 자신들의 열악한 실정을 남한 사람들의 편견이나 자본주의적 고용의 원리에서 찾고 있지만, 남한 사람들은 북한 사람들의 인성적 특성이나 위축된 행동에서 찾기도 한다. 이렇게 보면, 북한이탈주민들 스스로도 남한의 문화를 배우고 능력을 키워서 자기가 처한 자리에서 훌륭한 인력이 되도록 노력해야 할 것이다.

다. 동화나 주변화의 단계에서 통합의 단계로 이끌기

셋째, 통합, 동화, 분리, 주변화의 네 가지 유형을 기준으로 볼 때, 다문화적 통일교육은 북한이탈주민들의 남한 사회적응이 동화나 주변화의 단계에서 통합의 단계로 나아갈 수 있도록 돕는 역할을 해야 한다. 북한이탈주민들은 네 가지 유형 중에서 주변화의 유형에 자기효능감을 가장 낮게 느끼는 것으로 나타난다.[43] 남한 사회적응에서 북한이탈주민들의 주변화를 막는 것 자체가 우선 중요하다. 이를 위해서는 남한 사회의 지속적인 관심과 사회문화적 포용력을 높이는 정책적 노력이 계속되어야 할 것이다.

북한이탈주민이 느끼는 자기효능감은 동화나 분리 유형의 경우

---

43 채정민·이종한(2004), p. 95.

가 주변화의 경우보다 높게 나타난다. 이는 남한 문화를 배워 남한식으로 살아야겠다는 마음이 북한 문화를 유지하겠다는 마음보다 대체로 강하다는 점에서 볼 때 이해가 된다. 동시에 사회적응에 어려움을 겪는 북한이탈주민들이 자신들끼리의 교제를 심화시키려 하는 것을 볼 때도 납득이 된다. 이렇게 볼 때, 남한 사회에의 동화를 위한 정책적 배려는 지속되어야 할 것이다. 또한 분리의 유형을 감안할 때, 북한이탈주민들을 위한 일정한 공동체도 필요하다는 점을 인식해야 할 것이다.

네 가지 유형 중에서 북한이탈주민들의 남한 사회적응으로 가장 바람직한 것은 통합의 유형을 강화하는 노력이다. 통합의 유형이란 이미 지적한 것처럼 북한이탈주민들로 하여금 북한 사회의 문화적 정체성 유지에 적극적인 요소들을 유지하도록 하면서, 동시에 남한 사회와의 관계유지에 긍정적인 요소들을 통합적으로 발전시켜 가는 노력을 말한다. 남한의 사회문화적 지향성을 높이면서 동시에 북한이탈주민이 느끼는 북한적 정체성을 남한 사회에서 보완되도록 하는 노력이 필요한 것이다. 이를 위해서는 북한이탈주민들로 하여금 남한의 사회문화를 보다 적극적으로 수용할 수 있도록 도와주어야 할 것이다. 이는 남한인화(南韓人化)를 추구하는 동화와는 다른 차원에서의 접근을 말한다. 기본적으로는 북한이탈주민들에게 남한의 사회문화적 특성을 제대로 이해하도록 하는 기회와 창구를 확대하면서, 동시에 북한이탈주민들의 통합적 효능감을 높이기 위해서 목표의식, 긍정적 사고, 관계성의 증진, 사회성 향상 등에 초점을 둔 프로그램도 필요할 것이다.

이를 위해 다문화적 통일교육은 무엇보다 남한 사람들의 북한이탈주민들에 대한 관심을 제고시키는 일이 필요하다. 궁극적으로는 북한이탈주민들을 사회구성원의 동등한 일원으로 인식하도록 교육해야 할 것이다. 또한 명목상으로는 북한이탈주민들을 포용해야 하는 대상으로 인식하면서도 실제상에서는 북한이탈주민의 가치, 자격, 도구적 활용성, 지원단체의 영향력 등에 따라 다르게 인식하는 실태에서도 벗어날 수 있도록 지도해야 할 것이다. 아울러 북한이탈주민들의 거주지 정착단계에서부터 남한 지역주민들과의 교제와 접촉의 범위를 확대시켜 지역단위 네트워크를 활성화해야 할 것이다.[44] 이를 통해 북한이탈주민들과 함께하는 공동체의식이 우리 사회 내부에서 확산되도록 해야 할 것이다.

라. 통일교육과 다문화교육의 접목

넷째, 통일교육과 다문화교육의 접목을 통해 북한이탈주민들의 남한 사회적응을 대하는 개인적·사회적 포용력을 넓히는 일이 필요하다. 다문화 시대의 통합은 '이미 존재하는 그 무엇으로서의' 단일한 통합을 의미하지 않는다. 다문화 시대의 통합이란 개별적인 것들의 '횡단성'을 통해 이루어내는 '그 무엇'이다. 횡단성이란 다양한 관점·신념체계·관심영역 등을 서로가 방문하면서 소통을 통해 만들어내는 횡단적 통합을 의미한다.[45]

이러한 점에서 통일교육은 다문화주의와 관련될 수밖에 없다. 북한이탈주민들에게 필요한 차이의 인정과 사회적 통합이라든지, 소수자로서의 정체성 문제 등을 감안하면 실제에서도 통일교육은 다문

44 안혜연·이금순, "북한이탈주민 정착지원을 위한 지역 네트워크 분석", 통일연구원, 『통일정책연구』, 제16권 2호(2007), pp. 165~169.
45 이동수, "지구시민의 정체성과 횡단성", 21세기정치학회, 『21세기정치학회보』, 제20집 3호(2010.12), p. 186.

화주의와 연관되어야 한다. 그것은 통합의 주체가 결국 북한이탈주민들이기 때문이다. 북한이탈주민들은 궁극적으로 남한인화시켜야 할 대상이 아니다. 북한이탈주민들은 통일한국을 이끌어 갈 동반자라는 행위 주체의 관점에서 새롭게 인식되어야 할 대상이다. 이렇게 북한이탈주민들을 남한 사람들과의 상호 이해가 필요한 주체라는 관점에서 보면, 통일교육은 다문화주의와 접목될 소지가 많은 것이다.

통일교육이 다문화주의와 접목된다면 북한이탈주민들에 대한 이해와 관용의 문화를 형성하는 데도 도움이 될 것이다. 통일의 과정에서 보면 우리는 대외적으로 열린 민족의식과 보편성을 추구하며, 대외적으로는 포용적인 사회의식을 성숙시켜가야 한다. 배타적 민족주의로는 국제사회와 한반도 주변국가들로부터 우리의 통일에 대해 협조나 동의를 구하기 어려울 것이다. 또한 폐쇄적 사회의식으로는 북한 주민들과의 통합을 추구하기 전에, 이미 우리 사회의 구성원인 이주노동자, 결혼이민자, 북한이탈주민 등과의 불협화음이 먼저 부각될 것이다. 열린 민족의식과 보편성, 포용적인 사회의식의 성숙 등은 다문화 시대에 필요한 다문화주의적 소양이기도 한 것이다.

이 장에서는 북한이탈주민들의 남한 사회적응을 남북한 사회의 통합적 요소의 관점에서 접근해보고, 다문화적 통일교육의 과제를 제시했다. 남북한 사회의 통합적 요소란 북한이탈주민들이 남한 사회와의 관계유지에 적극적으로 느끼는 요소와 북한 사회의 문화적 정체성 유지에 긍정적으로 느끼는 요소를 통합한 것을 말한다. 북한이탈주민들이 남한 사회와의 관계유지에 부정적으로 느끼는 요소와 북한 사회의 문화적 정체성 유지에 소극적으로 느끼는 요소를 제어하는 것도 통합적 요소의 일환이다. 통합적 요소에 관한 구상은 베리의 문화적응 모형에서 제시된 통합의 유형을 원용한 것이다. 이러한 통합적 요소를 잘 유지하는 노력은 북한이탈주민들이 남한 사회에 원만히 적응하도록 하는 가장 바람직한 방법이라고 할 수 있다.

북한이탈주민들의 남한 사회적응을 위해서는 무엇보다 가족안정성 혹은 가족결속력을 증진시키는 것이 중요하다. 또한 취업과 안정적인 직업생활을 뒷받침하며, 남한 사회의 경제적 풍요와 자유에 대한 균형적 이해를 도모하는 것이 필요하다. 아울러 정에 대한 정서적 접근과 함께 북한이탈주민들이 지니고 있는 도덕성·예술성에 대한 이해와 존중도 필요하다. 남한 사회와 남한 사람들에 대한 이해, 직장생활의 어려움 등에 대한 문화적 이해를 증진시키는 노력과 함께 북한이탈주민들 스스로가 갖고 있는 위축감, 북한에서 속고 살았다는 인식, 아픈 기억 등에 대한 치유도 계속해서 이루어져야 할 것이다.

다문화적 통일교육의 과제로는 다음의 몇 가지를 제시했다.

첫째, 북한의 사회문화적 특성이 북한이탈주민들에게 미친 영향에 대해 이해하려는 마음이 필요하다. 북한이탈주민들은 그들이 태어나고 자란 북한 사회의 영향으로부터 자유로울 수 없다. 우리는 북한의 사회문화적 틀에서 북한이탈주민들을 보면서 그들에게 미친 영향을 이해하려는 자세가 필요하다. 동시에 공식 부문과 비공식 부문에 따른 사회문화적 이중성의 영향과 북한의 사회변화에 따른 의식구조의 변화를 함께 보려는 노력이 필요할 것이다.

둘째, 북한이탈주민들은 남한 사회적응에 있어 복잡한 양가감정을 가지고 있으며, 동시에 남한 사람들의 인식과 평행선을 이루는 부분이 적지 않다. 우리는 북한이탈주민들의 복합적인 감정을 이해하고 존중하는 자세가 필요할 것이다. 북한이탈주민들 스스로도 남한의 문화를 배우고 능력을 키워서 자기가 처한 자리에서 필요한 인력이 되도록 노력해야 할 것이다.

셋째, 통일교육은 북한이탈주민들의 남한 사회적응이 동화나 주변화의 단계에서 통합의 단계로 나아갈 수 있도록 돕는 역할을 해야 한다. 남한 사회의 지속적인 관심과 사회문화적 포용력을 높이는 정책적 접근이 계속되어야 할 것이며, 북한이탈주민들을 사회구성원의 동등한 일원으로 인식하도록 교육하는 노력이 필요할 것이다. 북한이탈주민들의 통합적 효능감을 높이기 위해서는 목표의식, 긍정적 사고, 관계성의 증진, 사회성의 향상 등에 초점을 둔 프로그램도 필요할 것이다.

넷째, 통일교육과 다문화교육의 접목을 통해 북한이탈주민들의 남한 사회적응을 대하는 우리의 개인적·사회적 포용력을 넓히는 일이 필요하다. 북한이탈주민들에게 필요한 차이의 인정과 사회적 통합이라든지, 소수자로서의 정체성 문제 등을 감안하면 통일교육은 다문화교육과 연관되어야 한다. 그것은 통합의 주체가 결국 북한이탈주민들이기 때문이다. 통일교육이 다문화교육과 접목된다면 북한이탈주민들에 대한 이해와 관용의 문화를 형성하는 데 크게 도움이 될 것이다.

다문화적 통일교육의 실천은 북한이탈주민들의 남한 사회적응에 기여할 것이며, 북한이탈주민들의 남한 사회적응을 보는 우리 사회의 인식을 개선하는 데도 도움이 될 것이다.

[참고문헌]

고려대학교 행동과학연구소. 『북한이탈주민의 한국사회 적응과정에서 나타나는 행동성향 분석』. 서울: 고려대학교 행동과학연구소, 2004.

마르코 마르티니엘로 지음. 윤진 옮김. 『현대사회와 다문화주의: 다르게, 평등하게 살기』. 파주: 한울, 2002.

서재진. 『또 하나의 북한사회: 사회구조와 사회의식의 이중성 연구』. 서울: 나남출판, 1995.

안혜연 · 이금순. "북한이탈주민 정착지원을 위한 지역 네트워크 분석." 통일연구원. 『통일정책연구』. 제16권 2호(2007).

양수경 · 권순희. "새터민 면담을 통한 남북한 화법 차이 고찰." 국어교육학회. 『국어교육학연구』. 제28집(2007.4).

원숙연. "다문화주의시대 소수자 정책의 차별적 포섭과 배제: 외국인 대상 정책을 중심으로 한 탐색적 접근." 한국행정학회. 『한국행정학보』. 제42권 3호(2008 가을).

유지웅. "북한이탈주민의 사회적 배제." 평화문제연구소. 『統一問題研究』. 제19권 1호(2007).

윤인진. "탈북과 사회 적응의 통합적 이해: 국내 탈북자를 중심으로." 북한대학원대학교. 『현대북한연구』. 제3권 2호(2000).

이금순 외 6인. 『북한이탈주민 분야별 지원체계 개선방안』. 서울: 통일연구원, 2004.

이금순 외 9인. 『북한이탈주민 적응실태 연구』. 서울: 통일연구원, 2003.

이동수. "지구시민의 정체성과 횡단성." 21세기정치학회. 『21세기정치학회보』. 제20집 3호(2010.12).

임순희. 『북한 새 세대의 가치관 변화와 전망』. 서울: 통일연구원, 2006.

조용관. "탈북자의 남한사회 적응을 통해 본 통일교육의 과제." 한국국민윤리학회. 『국민윤리연구』. 제57호(2004.12).

조정아 외 4인. 『북한 주민의 일상생활』. 서울: 통일연구원, 2008.

조정아 · 임순희 · 정진경. 『새터민의 문화갈등과 문화적 통합 방안』. 서울: 한국여성개발원 · 통일연구원, 2006.

채정민 · 이종한. “심리학적 관점에서의 남북한 문화이질성: 북한이탈주민의 심리적 적응을 중심으로.” 한국사회문제심리학회. 『한국심리학회지: 사회문제』. 제10권 2호(2004).

최경환. “북한이탈주민의 가치관 변화.” 평화문제연구소. 『統一問題硏究』. 제19권 2호(2007).

최충옥 외 9인. 『다문화교육의 이해』. 파주: 양서원, 2010.

통일부. 『2013 통일백서』. 서울: 통일부, 2013.

Berry, John W. “Immigration, Acculturation, and Adaptation.” *Applied Psychology: An International Review*. Vol. 46, No. 1(1997).

Hartmann, D. and J. Gerteis. “Dealing with Diversity: Mapping Multiculturalism in Sociological Terms.” *Sociological Theory*. Vol. 23, No. 2(2005).

7장

다문화 시대의 민족 통일과 교육

1. 탈민족주의와 반민족주의
2. 다문화 시대의 민족주의와 다문화주의
3. 다문화 시대의 통일이념으로서 민족주의의 조건
4. 다문화 시대의 민족 통일의 의미와 가치 지향
5. 다문화 시대의 민족 통일을 위한 교육의 방향

1. 탈민족주의와 반민족주의

우리 사회의 가파른 다문화 추세 속에 많은 다문화 논의가 이루어지고 있다. 그러한 논의에는 대체로 탈(脫)민족주의 시각이 전제되어 있다. 다양성을 기반으로 하는 다문화 시대에 '우리' 민족 중심의 배타적 인식은 적절하지 않기 때문일 것이다.

이러한 탈민족주의 시각은 무엇보다 교육인적자원부(현 교육부)가 2006년 발표한 『다문화 가정 자녀 교육지원 대책』 보고서에 잘 나타났었다. 보고서는 다문화주의 자체를 "민족중심주의의 반대 개념으로 한 국가 내에 존재하는 서로 다른 문화의 존재를 인정하고 독자성을 인정하자는 입장"이라고 정의했다.[1] 이러한 시각은 2007년 8월 유엔 인종차별철폐위원회(International Convention on the Elimination of All Forms of Racial Discrimination: UN CERD)의 지적에서 더욱 강조되었다. 위원회는 한국 사회가 다민족적 성격을 인정하고 단일민족 국가의 이미지를 극복해야 한다고 권고했다.

탈민족주의 시각은 국내 학자들의 주장에서도 찾아볼 수 있다. 학자들은 민족주의의 역사적 폐해와 부정적 유산을 지적하면서 우리 사회의 진정한 다문화 공존은 근대에 '만들어진' 민족의 신화와 상상에서 깨어날 때 비로소 가능할 것이라고 한다.[2] 이보다 직설적으로, 한국 사회에 끼쳐 왔던 기존의 민족주의나 국가주의의 영향력이 결코 약화되지 않는 상황에서 추진되는 다문화 대책들은 결과적

---

1 교육인적자원부, 『다문화 가정 자녀 교육지원 대책』(2006).

2 김기봉, "다문화 사회의 한국인 정체성과 한국사 다시 쓰기", 유네스코 아시아·태평양 국제이해교육원 엮음, 『다문화 사회와 국제이해교육』(파주: 동녘, 2009), pp. 41~55; 양영자, "분단-다문화시대 교육 이념으로서의 민족주의와 다문화주의의 양립가능성 모색", 한국교육과정학회, 『教育課程硏究』, 제25권 3호(2007), pp. 29~30.

으로 근대화의 '재동원 프로젝트'에 가까울 뿐이거나 애초부터 일정한 한계가 있을 수밖에 없다고 주장한다.[3]

여기서 우리가 주의해야 할 것은 이러한 탈민족주의 시각이 곧 반(反)민족주의를 지칭한 것이 아니라는 점이다.[4] 탈민족주의 시각의 진정한 의미는 과거의 우리 중심적 민족주의 인식의 틀을 뛰어넘어 진정으로 다문화 시대를 고민하라는 촉구인 것이다. 그렇다면, 다문화 시대의 민족주의는 새로운 역할이 있을 것이며, 다문화 시대의 이념인 다문화주의와도 반드시 대칭적인 개념은 아닐 것이다. 또한 우리 사회에서 논의되고 있는 탈민족주의가 곧 반민족주의를 지칭한 것이 아니라면, 우리 사회가 맞고 있는 다문화 시대에 민족주의와 다문화주의는 조화될 수 있는 이념일 것이다.

이러한 논리는 다문화 시대의 민족 통일을 위한 교육에도 연관지을 수 있다. 다문화 시대에 걸맞는 통일교육을 위해서는 우리 사회의 이주노동자, 결혼이민자, 북한이탈주민 등도 아우를 수 있도록 해야 한다. 그것은 대전제이다. 문제는 통일교육의 시행에 있어서 민족주의를 제어해야 하는지, 아니면 민족 정체성을 강화하기 위해서 민족주의를 강조해야 하는지 하는 점이다.[5] 결론부터 말하자면,

---

3 오경석, "다문화와 민족-국가: 상대화인가, 재동원인가?" 한국공간환경학회, 『공간과 사회』, 제28호(2007), pp. 99~100; 김희정, "한국의 관주도형 다문화주의: 다문화주의 이론과 한국적 적용", 오경석 외, 『한국에서의 다문화주의: 현실과 쟁점』(파주: 한울, 2007); 윤인진, "국가주도 다문화주의와 시민주도 다문화주의", 한국사회학회, 『한국적 '다문화주의'의 이론화』(한국사회학회 · 동북아시대위원회 용역과제 07-7, 2007.8), pp. 251~291.

4 김기봉(2009), p. 44.

5 정순미, "다문화시대 민족 정체성 교육의 방향: 2007 개정 도덕과 교육과정 내용체계를 중심으로", 한국윤리학회, 『윤리연구』, 제75호(2009.12), pp. 131~152; 박찬석 · 최현호, "열린 민족주의와 통일교육 연구", 한국윤리교육학회, 『윤리교육연구』, 제14집(2007.12), pp. 257~274; 오기성, "학교 통일교육의 다문화교육적 접근", 한국교육과정평가원, 『교육과정평가연구』, 제11권 2호(2008), pp. 135~163.

이주노동자, 결혼이민자, 북한이탈주민 등과 더불어 살기 위해서 민족주의 이념을 약화시켜야 한다는 주장은 일리가 있다. 하지만, 민족 정체성은 우리 민족이 분단을 극복하고 통일을 이루어 가는 과정에서 절실하기 때문에 단순하게 생각할 것도 아니다.

다문화 시대의 탈민족주의 시각의 의미가 단순히 반민족주의에 있지 않다는 점을 염두에 두면, 다문화 시대의 통일교육에서도 기억할 것은 과거와 같은 우리 민족 중심의 인식의 틀을 뛰어 넘도록 하는 탈민족주의이지 반민족주의가 결코 아니라는 점이다. 그렇다면, 다문화 시대에 걸맞는 통일이념으로서의 민족주의의 역할을 새롭게 설정해야 할 것이다. 또한 다문화 시대의 통일교육에서 민족주의는 다문화주의와 대칭적인 이념이 아니다. 다문화 시대의 통일교육은 민족주의와 다문화주의의 가치를 잘 조화시켜야 한다. 더욱이 지금 우리 사회가 분단의 현실과 다문화 추세가 중첩적으로 나타나고 있는 '분단 · 다문화 시대'라는 점에서,[6] 두 가치를 잘 조화시키는 것이 필요하다.

이 장은 민족주의와 다문화주의의 조화론적 관점에서 다문화 시대의 통일이념으로서 민족주의의 조건과 추구할 가치 등을 살펴보고, 이에 기초하여 민족 통일을 위한 교육의 방향을 모색하고자 한다. 이러한 논의는 분단 · 다문화 시대에 민족에 대한 바람직한 인식을 바탕으로 통일교육의 역할을 확장시켜주는 시의(時宜)적인 의미가 있을 것이다.

---

6 양영자(2007), pp. 23~25.

2. 다문화 시대의 민족주의와 다문화주의

가. 다문화 시대의 민족주의

19세기 이래 근대 국가형성의 기본 원리가 되고 있는 정치이념인 민족주의는 민족의 독립과 통일을 가장 중시한다. 자연히 민족주의라는 이념에는 정치적 단위인 민족이 어떻게 구성되는지, 독립과 통일이 무엇을 의미하는지 등에 관해 상당한 주관성이 개입될 수밖에 없다. 콘(Hans Kohn)은 민족주의란 "민족 구성원 간에 느끼는 공동운명체적인 마음의 상태"라고 했다.[7] 민족주의는 지극히 감정적인 존재이며, 형상화되지 않은 국민정서의 문제라는 것이다. 기든스(Anthony Giddens)도 민족주의란 "기본적으로 심리현상을 의미한다"고 보았다. 그는 민족주의를 "정치체제 구성인자들 사이에서 공동체 의식을 강조하는 일련의 상징과 신념체계에 대한 개인들의 정신적인 연관성"이라고 설명했다.[8]

민족주의가 이렇게 주관적으로 해석될 여지가 많다 보니, 민족주의의 양상 역시 다양하고 다의적으로 전개되었다. 그것은 크게 세 가지로 유형화할 수 있다. 프랑스혁명을 통해 비롯된 시민권 중심의 국가민족, 혈연과 계통을 중심으로 한 독일식 문화민족, 제3세계 등에서 이민족의 지배로부터 민족해방을 목적으로 삼는 저항민족 등이 그것이다.[9]

---

7 Hans Kohn, *Nationalism: its Meaning and History* (Princeton: D. Van Nostrand Co., 1965), pp. 9~10.

8 Anthony Giddens, *Nation State and Violence* (Oxford: Blackwell, 1985), 진덕규 옮김, 『민족국가와 폭력』(서울: 삼지원, 1992), p. 143.

9 박호성, 『남북한 민족주의 비교연구: '한반도 민족주의'를 위하여』(서울: 당대, 1997), pp. 31~49.

이들 유형의 내용은 조금씩 다르지만, 몇 가지 공통된 특징이 있다.

첫째, 민족주의는 공산주의, 전체주의, 제국주의, 자본주의 등 다른 이데올로기들과 융합되어 존재해왔다.[10] 각 나라마다 정치·경제·사회적 요인에 따라 이념적 요인과의 결합 양상은 다르게 나타났다. 강대 민족인가 혹은 약소 민족인가 하는 입장에 따라 논리도 다르게 나타났고, 한 쪽에서의 국가 동질성의 이념이 다른 쪽에게는 저항의 이념으로 보이기도 했다. 따라서 민족주의는 언제, 왜, 어떤 이유 때문에 특정한 이념적 요인과 결합하게 되었는지가 중요한 의미를 갖는다.

둘째, 언어, 혈통, 종교, 문화 등 민족을 구성하는 객관적 요인이 존재하느냐에 따라 민족주의의 전개 양상은 다르게 나타났다.[11] 이러한 객관적 요인이 민족의식이라고 하는 주관적 요인과 결합한 경우, 민족주의는 매우 공고하게 나타났다. 따라서 민족주의는 민족을 구성하는 객관적 요인이 어떻게 활용되었는가 하는 점이 중요하다.

셋째, 민족주의는 근대 민족국가의 형성을 이념적으로 뒷받침했으며, 때로는 민족국가 형성을 앞에서 끌고 나가기도 했다. 민족주의는 근대 이래 구성원을 단합하고 동원할 수 있는 원천이기도 했지만, 동시에 민족의 문제를 또다른 차원에서 복잡하게 만드는 양면성을 지녔다.

다문화 시대에 민족주의는 폐기할 대상인가라는 의문을 가질 수 있다. 그러나 이처럼 다른 이데올로기와 융합되어 존재했고, 다양한 전개 양상 속에 양면성의 모습을 띤 민족주의를 다문화 시대에 단순히 처분해야 할 대상으로만 여긴다면 정체성과 소속감의 상실

---

10 차기벽, 『민족주의원론』(서울: 한길사, 1990), pp. 86~120, 163~303.
11 위의 책, pp. 45~62.

과 같은 또다른 폐해가 있을 수 있다. 민족주의 자체가 그릇된 이념이었다기 보다는 그 가치를 잘못 선동하고 활용한 시대적 야욕에 더 큰 책임이 있기 때문이다.

민족주의에 관한 여러 평가들은 이를 뒷받침해주고 있다. 우선, 다양한 개인과 집단이 공존하기 위해서는 공통의 정체성과 상호 신뢰가 필요한데, 민족적 정체성 이외의 그 어떤 사회적 정체성도 이를 제공하지는 못했다는 평가가 있다.[12] 다른 지적을 보면, 민족주의는 정치적 주체로서 인민을 정당화시킴으로써 새로운 정치적 연대감을 형성하게 하여 인민주권의 의미를 구현하는 측면이 있다. 나아가 민족 의식은 집단적인 책임성을 갖도록 하는 민주적 심의와 결정과정에 긍정적으로 작용할 수 있다.[13] 아울러 민족 의식을 개개인의 자율적 선택을 가능하게 하는 문화적 맥락의 하나로 이해한다면, 민족성은 문화적 정체성의 발현으로 존중될 수 있는 것이다.[14]

다문화 시대는 개인의 자율성을 풍부하게 해주고 사회적 연대의 기초가 될 수 있도록 민족주의를 잘 활용하는 것이 중요하다. 동시에 개인의 자유를 침해하고 특정 집단이 독점적으로 지배하는 데 민족주의가 이용되지 않도록 경계하는 것이 필요하다.

---

12 David Miller, *Citizenship and National Identity*(Cambridge: Polity, 2000), pp. 81~96.

13 Liah Greenfeld, "Nationalism and Modernity", *Social Research*, Vol. 63, No. 1 (1996), pp. 3~40; Craig Calhoun, *Nations Matter: Culture, History, and the Cosmopolitan Dream*(London: Routledge, 2007), pp. 27~49, 147~167.

14 Yael Tamir, *Liberal Nationalism*(Princeton: Princeton University Press, 1993).

나. 다문화주의의 본질과 진정성

다문화 시대는 분명 과거와는 다른 문제의식과 실천이 필요하다. 그러나 다문화주의가 모든 문제를 해결해 줄 것이라고 기대하는 것은 순진한 발상이다. 다문화주의 역시 민족주의처럼 쓰임에 따라 다양한 입장과 현실을 반영하고 있기 때문이다. 따라서 다음과 같은 다문화주의의 본질을 따져보는 것이 필요하다.

첫째, 다문화주의가 추구하는 기본적인 이상은 다른 문화들이 가지고 있는 상대적인 가치들을 수용하면서, 동시에 자기 문화의 가치에 대해 계속해서 비판적인 성찰을 해나가는 것이다. 이를 통해 끊임없이 내적인 다양성을 확보하려는 이념이 다문화주의인 것이다.

둘째, 다문화주의는 특정 개인이나 사회 혹은 문화가 특권화된 독점적 지위를 가질 수 없는 사회문화적 환경을 만들어 내기 위한 정치적 노력이자 정책적 시도이다. 그리하여 새로운 사회통합을 이루어 낼 수 있다고 믿는 이념이 다문화주의인 것이다.

셋째, 다문화주의가 곧바로 다문화 공존을 의미하는 것은 아니다.[15] 다문화주의는 일상에서 정치화되기 십상이며, 자유주의란 명분으로 동화주의에 빠지거나 사회통합을 위해 국민국가 형성에 동원될 가능성도 없지 않다. 다문화란 이름으로 또다른 경계를 만들거나 사회적 연대를 침해할 수 있으며, 사회적·경제적 불평등을 은폐하거나 개인성을 침해할 가능성도 있는 것이다. 따라서 다문화주의가 현대 사회에서 처한 이론적 논쟁과 논리적 도전을 파악하는 것이 필요하다.

이러한 점에 기초해 볼 때, 다문화주의가 갖는 진정성으로는 다음을 고려해야 할 것이다.

---

15 김창근, "다문화 공존과 다문화주의: 다문화 시민성의 모색", 한국윤리학회, 『윤리연구』, 제73호(2009.6), pp. 21~38.

첫째, 다문화주의의 진정성은 자유주의의 틀 내에서 공동체를 보호하기 위해 자유주의적인 맥락을 과거보다 확장해가는 데 있다.[16] 1970년대와 1980년대 초기에 다문화주의를 둘러싼 논쟁은 공동체주의자와 자유주의자들 간에 개인과 집단 중 무엇이 우선하는가에 관한 것처럼 여겨졌다. 그러나 다문화주의 논쟁의 핵심은 자유주의 이론 내에서 가능한 다문화주의의 수용 범위가 어디까지인가 하는 문제와 연관된다.[17] 다문화 문제의 핵심은 '다문화'라는 새로운 용어에 있다기보다는 자유주의의 의미와 본질에 관한 또다른 고민인 것이다.

둘째, 다문화주의의 진정성은 과거 '정치적 경계와 문화적 경계를 일치시키려는 의지'[18]에서 비롯된 동질한 국민만들기를 성찰하는 데 있다. 다문화 사회는 새로운 현상이라고 할 수 없다. 정도의 차이가 있었을 뿐이지 어느 사회이건 언제나 다양화되어 있었다. 모든 사회에 이미 존재해 왔었던 문화와 정체성의 다양성은 단지 가려져 있었을 뿐인데, 그 이유는 근대 이후 추구되어온 문화적으로 동질한 국민만들기와 관련된다. 따라서 다문화주의는 국민만들기 속에 가려져 있던 다문화의 의미를 잘 드러내고 해법을 찾아가는 것이 중요하다.

셋째, 다문화주의의 진정성은 막연히 공존의 문제로만 치중되던 차원을 넘어 시민권의 확장을 위한 다원주의적 접근에 입각하여 어떤 정체성과 이익을 어떻게 증진시킬 것인가 하는 구체적인 문제와

---

16 위의 논문, pp. 29~31.

17 Will Kymlicka, *Contemporary Political Philosophy*, 장동진 외 역, 『현대 정치철학의 이해』(서울: 東明社, 2006), p. 470.

18 마르코 마르티니엘로 지음, 윤진 옮김, 『현대사회와 다문화주의: 다르게, 평등하게 살기』(파주: 한울, 2002), p. 23.

직면하는 데 있다. 이를 통해 기본적으로는 인권에 기반한 새로운 휴머니즘을 발견할 수 있어야 하며, 궁극적으로는 정치단위로서의 새로운 시민공동체를 모색할 수 있어야 한다.

다문화주의는 자유주의의 확장, 동질한 국민만들기에 대한 성찰, 새로운 휴머니즘에 기초한 새로운 시민공동체의 모색 등에 그 진정성이 있다. 이러한 진정성을 추구할 때, 다문화주의는 다양한 민족, 인종, 문화 등이 더불어 살아갈 수 있는 새로운 사회의 통합성을 제시할 수 있을 것이다.

다. 다문화 시대의 민족주의와 다문화주의의 조화

이상에서 볼 때, 다문화주의는 다문화 시대의 민족주의가 지녀야 할 역할과 반드시 대립되는 것은 아니다. 민족주의와 다문화주의는 조화론적 관점에서 다음과 같은 중첩된 역할이 있다고 할 수 있다.

첫째, 민족주의나 다문화주의는 현실적으로 다문화 시대에 필요한 두 이념이다. 다문화 시대에 두 이념은 공통적으로 새로운 사회 통합성을 추구하고 있기 때문이다. 이 점을 기반으로 하면서 두 가치는 방법적인 면에서 각각의 역할이 조화롭게 추구되도록 해야 하는 것이다.[19]

둘째, 민족주의는 다양한 민족과 문화의 관점을 수용할 수 있는 방향으로 재구성되어야 한다. 다문화 시대에 걸맞게 과거의 배타성과 종족성에서 벗어나 다문화적 포용력을 지녀야 하기 때문이다.

셋째, 다문화주의는 자유주의의 확장과 동시에 인권에 기반한 새로운 휴머니즘을 형성할 수 있어야 한다. 다문화 시대의 다문화주

---

19 양영자(2007), pp. 23~48.

의가 갖는 진정성은 자유주의의 한계를 계속해서 되물어보는 데 있으며, 궁극적으로는 새로운 휴머니즘을 발견해 내는 데 있기 때문이다.

넷째, 민족주의나 다문화주의는 정치단위로서의 새로운 시민공동체를 지향할 수 있어야 한다. 다문화 시대의 민족주의는 새로운 사회통합성을 이루는 주체가 시민 구성원들이라는 점을 잊지 않아야 한다. 동시에 다문화 시대의 다문화주의는 단순히 여러 문화의 공존을 의미하는 것이 아니라 어떤 정체성과 이익을 증진시킬 것인가에 대한 고민을 바탕으로 공동체의 새로운 통합성을 추구해야 한다는 점을 유념해야 한다.

3. 다문화 시대의 통일이념으로서 민족주의의 조건

아래에서는 다문화 시대의 민족주의와 다문화주의가 조화될 수 있는 역할들에 유념하면서 통일이념으로서 민족주의가 필요하게 되는 조건들을 탐색하고자 한다.

가. 한국에서의 민족주의

민족주의의 역사적 전개가 다양했듯이, 한국의 민족주의 역시 시대의 부침에 따라 적지 않은 변화를 겪어왔다. 한국에서 근대적 의미의 민족주의가 시작된 것은 구한말 이후이다. 그 기폭제가 된 것은 서구와 일본의 침입에 맞서 일어난 동학운동과 3.1 독립운동과 같은 저항적인 민족운동이었다.

구한말 이전까지의 통일이나 저항운동은 근대적 의미의 민족주의에 기반했다고 볼 수 없다. 예컨대, 통일신라의 경우, 통일 이후에도 봉건적 귀족층이 충성의 대상이었으며, 신분제가 엄격히 유지되고 있었다. 전체 구성원이 동등한 권리와 의무를 지닌 것은 아니었다. 이후 조선시대까지 왕조의 권위는 개인의 권리를 압도했다. 개인이 스스로의 권리에 대한 각성과 동시에 계급적 이해관계를 넘어선 운명공동체로서 민족을 자각한 것이 아니었다.[20]

이는 구한말 이전까지도 지속되었다. 실제로, 1896년에서 1899년까지의 『독립신문』에는 당시의 분위기와 달리 민족이란 말이 등장하지 않는다. 인민, 신민, 백성, 동포 등의 표현이 사용되었을 뿐이다.[21] 반면, 1904년에서 1910년까지에 나온 『대한매일신보』를 보면 민족이란 용어가 177건이 나온다.[22]

이렇게 구한말 시기부터 등장한 한국 민족주의는 이후 기본적으로 저항 민족주의적 특징을 지니게 되었다. 외세의 침입과 위협 속에서, 또 일제 식민지화의 경험 속에서 한국 민족주의는 자연히 저항적인 성격을 강하게 띨 수밖에 없었다. 외세에 대한 대항, 반제, 반침략적인 측면이 특히 강조되었던 것이다.

이러한 저항 민족주의적 경향은 기본적으로 외부의 적을 놓고 국민들의 단결을 호소한다는 점에서 6.25전쟁 이후 지금의 분단시대에도 일정 부분 지속되고 있다고 할 수 있다. 물론, 분단시대에는 문화민족 개념을 강조하는 경향도 짙게 나타났다. 그래서 혈연, 언어, 관습 등 민족의 객관적 요소가 부각되었다.

---

20 조지훈, 『한국독립운동사』(서울: 나남출판, 1996), p. 20.
21 권보드래, "근대 초기 '민족' 개념의 변화: 1905~1910년 『대한매일신보』를 중심으로", 민족문학사학회, 『민족문학사연구』, 제33호(2007), pp. 198~200.
22 탁석산, 『한국의 민족주의를 말한다』(서울: 웅진닷컴, 2004), p. 15.

1960년대 이후 한국 사회가 급변하면서 민족주의의 세부 내용에는 다소 변화가 있었다. 1960년대 이후에는 근대화의 추진, 사회구조의 재편성, 사회통합 등 내적인 자기발전의 과제 속에서 민족주의가 강조되었다. 1980년대 이후에는 남북한 체제경쟁에서의 우위를 바탕으로 분단 극복을 위한 통일의 과제 속에서 민족주의가 역설되었다.

한국에서의 민족주의를 통일과 연관지어 보면, 그동안 혈연, 언어, 문화 등 민족의 객관적 요소에 기반한 통일의 당위론이 많이 강조되었다. 이러한 경향은 대개 개인보다는 국가나 민족의 운명공동체에 초점을 두게 된다. 이는 북한에서도 마찬가지로 나타나는 특징이었다.[23] 남북한은 기본적으로 저항 민족주의의 속성을 지녔으며, 민족주의를 체제유지의 한 방편으로 이용하면서, 동시에 민족의 객관주의적 요소를 중시하는 경향을 나타낸 것이다.

이렇게 볼 때, 한국의 민족주의는 근대화, 사회통합, 남북한 체제경쟁 등의 시대 속에서 동질한 국민만들기와 철저히 연관되었다고 보는 것이 적절하다. 그러다 보니, 자연스럽게 단일 민족은 강한 신앙처럼 간주되었고, 민족적 순수성이나 전통성은 강한 믿음처럼 여겨졌다. 그래서 나, 우리, 국가, 민족은 동일시되는 경향이 짙게 되었다. 이로 인해 타문화에 대한 편견이나 고정관념은 상대적으로 강했으며, 문화적 다양성과 공존의 관념은 그만큼 약할 수밖에 없었다.

---

23 김창근, 『평화를 위한 통일교육: 하나될 미래를 위한 출발』(고양: 인간사랑, 2007), pp. 62~80.

나. 다문화 시대의 통일이념으로서 민족주의의 조건

다문화 시대에 우리의 통일이념으로서 민족주의는 필요한가? 그에 관해서는 엇갈린 주장이 있다. 민족주의를 경계해야 한다는 주장은 민족주의가 배타성과 종족성으로 경도될 가능성을 우려한다. 반면, 통일이념으로서 민족주의가 여전히 필요하다는 주장은 완전한 민족국가가 수립될 때까지 종족적 민족주의의 역할이 남아 있다고 본다.

민족주의를 경계해야 한다는 주장은 주로 탈근대주의의 견해에서 빈번하게 등장한다. 이들 견해는 민족주의에 대한 규범적 이해를 넘어 민족주의가 실제 우리 사회에서 기능하는 이면을 직시하게 해준다. 그러나 탈근대주의 견해들은 대체로 민족주의가 갖는 건설적 기능을 도외시하며, 민족주의를 국가주의와 동일시하여 전체주의적 이념으로 치부하는 경향이 있다. 그 견해들은 민족주의를 넘어설 것을 강조하지만, 그 대안으로서 필요한 사회통합적 정체성의 실체에 대해서는 분명히 하지 않기도 한다.[24]

이러한 관점에서 보면, 민족주의의 역할이 필요한지 여부에 관한 논란보다 우선되어야 할 것은 민족주의가 필요하게 되는 조건에 대한 탐색이라고 할 수 있다. 그러한 조건이 먼저 탐색된다면, 민족주의가 필요한지 혹은 필요치 않은지에 관한 논란 속에서 벗어날 수 있을 것이다. 나아가 민족주의를 필요로 하는 조건에 걸맞는 또다른 민족주의의 유형을 찾아낼 수도 있을 것이다. 통일이념으로서 민족주의가 필요하게 되는 조건은 다음과 같다.

첫째, 글로벌 시대에도 민족은 여전히 인류의 삶의 단위이며, 민족주의는 그 기반이다. 글로벌화하는 국제사회 속에서 민족의 경

---

24 이경식, "통일의 구체적 작동 메커니즘으로서의 민족주의", 한국시민윤리학회, 『國民倫理學會集』, 제15집(2002.12), p. 264.

계선이 다소 완화되고 있는 것은 사실이다. 하지만 민족이라는 공동체를 중심으로 하는 단위가 소멸된 것도 아니며, 그에 관한 확정적인 징후가 있는 것도 아니다. 민족을 중심으로 하는 국가의 활동도 계속되고 있다. 글로벌 시대에도 민족주의에는 자기 정체성이라는 의미가 내포되어 있는 것이다. 최근 유럽연합 내에서도 각국의 민족주의가 새로운 국면을 맞고 있는 것이나, 동남아시아의 지역주의나 동북아시아의 민족주의 갈등도 이를 반증하고 있다고 할 수 있다.

둘째, 민족주의는 필요한지 필요치 않은지 하는 선택의 대상이라기 보다는 적절히 관리해가야 하는 이념이라고 보는 것이 바람직하다. 사회주의나 전체주의 등과 같은 이념은 '근본적인 것'에 대한 신념이 무엇보다 앞섰다. 이들 이념은 사회 내의 빈부격차나 파벌 등을 근본적으로 제거할 수 있다고 믿었다. 그러나 그런 대상들은 근본적으로 제거될 수 있는 것이 아니었다. 오히려 사회 내의 빈부격차나 파벌 등을 일정 부분 인정하면서 적절히 관리했던 사회체제가 우월했다. 민족주의도 적절히 관리해가야 하는 대상이다. 또한 서구 계몽주의의 전통을 이어받은 어떤 근대적 사회사상도 자기완결적인 체계를 갖춘 독자적 사상으로 존립할 수 없었으며, 민족주의와 결합하면서 생명력을 얻을 수 있었다.[25] 따라서 민족주의는 다른 사상과 건강하게 결합할 수 있도록 관리하는 것이 보다 중요하다.

셋째, 우리의 통일에 대한 접근방법 혹은 공통분모는 여전히 민족주의이다. 지금은 물론 다음 세대에게도 민족주의는 통일의 희망을 이어가게 하는 끈이다. 남북한간 민족적 동질감이 통일의 가장 굳건한 기반이며, 민족주의는 남북한을 정서적으로 통합할 수 있는 최고의 도구적 언어이기 때문이다.

---

25 김동춘, 『근대의 그늘: 한국의 근대성과 민족주의』(서울: 당대, 2000), p. 273.

넷째, 통일은 새로운 한민족 국가를 건설하는 것이어야 한다는 점에서 민족주의의 역할이 필요하다. 민족은 역사적으로 구성된 정체성으로서, 민족 형성의 과정은 문화적 성격을 나타낼 수밖에 없다. 문화적 성격이란 구성원들로 하여금 민족 동질성을 갖도록 하기 위하여 제시되는 표상과 신념체계들을 말한다. 통일은 단순히 과거의 회복이 아니라 새로운 민족국가를 형성해야 하는 미래 지향의 과제이다. 이러한 통일에는 복합적 정체성이 필요하겠지만, 민족주의는 그 정체성의 하나인 것이다.

다문화 시대가 진행된다고 해서 한국의 민족주의는 단순히 순혈주의나 혈통주의에 입각한 구시대적인 산물로만 치부되어 버릴 만큼 간단한 것이 아니다. 그보다는 통일이념으로서 민족주의가 필요하게 되는 이상의 조건들을 염두에 두면서, 이를 바탕으로 다문화 시대의 민족 통일의 의미와 어떤 가치를 지향해야 하는지를 고민하는 것이 적절하다.

4. 다문화 시대의 민족 통일의 의미와 가치 지향

가. 다문화 시대의 민족 통일의 의미

다문화 시대에 통일은 목표이기도 하겠지만, 그보다는 분단으로 인해 훼손된 전통적 가치관과 민족 정체성을 새롭게 회복하고, 새로운 민족 구성원을 포괄하며, 복잡한 사회적 갈등을 치유하는 수단의 의미가 부각되어야 한다. 우리의 통일은 단순히 재통일이 아니라 새롭게 만들어가야 하는 신통일이어야 하기 때문이다. 다문화 시대에는 분단 상태의 문제점과 갈등을 다양한 민족 구성원과 함께 극복해 가는 치유로서의 통일이 필요한 것이다.

통일의 과정에서 우리는 대외적으로 열린 민족의식과 보편성을 추구하며, 대내적으로는 열린 사회의식을 성숙시켜 나가야 한다. 배타적 민족주의로는 국제사회와 한반도 주변국들로부터 우리의 통일에 대한 협조나 동의를 구하기 어려울 것이다. 또한 폐쇄적 사회의식으로는 북한 주민과의 통합은커녕 이미 우리 사회의 구성원인 혼혈인, 이주노동자, 결혼이민자, 북한이탈주민 등과의 갈등과 대립이 먼저 부각될 것이다. 이러한 의미에서 통일은 정치권력의 정당성, 경제적 이익의 통합, 사회문화적 정체성의 수립, 그리고 통일을 위한 국제정치적 조건의 성숙 등을 동시에 내포하는 복합적인 과정이 될 수밖에 없는 것이다.[26]

나. 다문화 시대의 민족 통일이 추구할 세 가지 가치

다문화 시대의 민족 통일은 적어도 세 가지의 가치를 추구해야 한다. 그것은 시민권적 가치, 민주주의적 가치, 국제주의적 가치 등이다.

시민권적 가치란 시민권적 개인의 기본적인 권리를 존중하는 것에서부터 시작해 궁극적으로 민족공동체를 자발적인 시민공동체로 발전시켜 가는 것을 뜻한다. 이를 위해 새로운 구성원 모두의 자유, 평등, 인권 등과 같은 기본권과 의사결정과정에 참여할 수 있는

---

26 이정복 외, 『21세기 민족통일에 대한 사회과학적 접근』(서울: 서울대학교 출판부, 2000).

정치권이 보장되어야 한다. 민족 구성원 모두의 기본권과 정치권이 보장될 때, 민족공동체는 정치적으로 각성된 자발적 시민들의 공동체로 발전할 수 있을 것이다.

민주주의적 가치란 통일과정에서 이질성과 다양성에 대한 관용과 조화가 이루어질 수 있도록 민주주의에 기반해 관련 정치·사회적 기제를 수립해 나가는 것을 뜻한다. 민주주의는 전체로서의 민족의 이익과 개체로서의 개인 혹은 집단의 이익이 서로 조화될 수 있도록 하는 조정의 틀로서 기능해야 한다. 통일문제는 지역과 세대 간의 견해 차이가 크기 때문에 그로 인한 갈등과 이견들이 의회정치의 틀로 잘 수렴되도록 해야 한다. 정치·사회적 기제가 잘 수립되어야 민족 구성의 외연을 확대하자는 주장들 속에서 포괄과 배제를 둘러싼 갈등도 잘 조화될 수 있을 것이다.

국제주의적 가치란 국제주의적 보편성을 구현하는 체계를 갖추어 가면서, 민족적 특수성 대신 보편적 인류애를 기반으로 타민족과 공존하며 국제사회의 평화와 화해·협력을 구현해가는 것을 뜻한다.[27] 한반도가 주변국들의 이해관계에 영향을 많이 받는 지역이라는 점에서 보면 국제주의적 가치는 더욱 필요하다. 한반도 통일에 대한 국제적 지지를 얻기 위해서 다문화 시대의 민족 통일은 국수주의적이거나 배타적 차원에 머물러서는 안될 것이기 때문이다.

이상에서 언급한 시민권적 가치, 민주주의적 가치, 국제주의적 가치 등에 기초해 다문화 시대의 민족 통일은 세부적으로 보면, 새로운 민족 구성원의 기본권과 정치권 존중, 자발적 시민공동체로의 발전, 이질성과 다양성에 대한 관용과 조화, 타민족과의 공존, 국제

27 주봉호, "통일한국의 정치이념 구상", 한국동북아학회, 『한국동북아논총』, 제44집(2007), p. 212.

사회의 평화와 화해·협력 등의 가치를 지향해야 할 것으로 정리할 수 있다([그림 7-2] 참조).

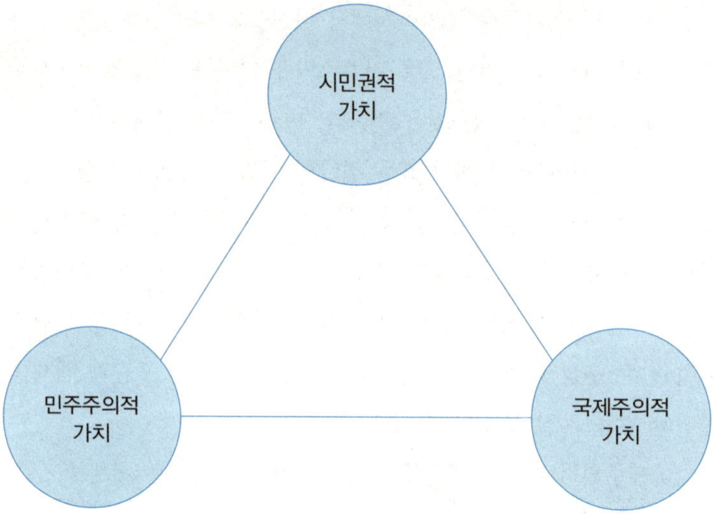

[그림 7-2] **다문화 시대의 민족 통일이 추구할 세 가지 가치**

5. 다문화 시대의 민족 통일을 위한 교육의 방향

가. 탈분단의 과정에 대한 이해와 다문화교육의 필요에 대한 인식

다문화 시대의 민족 통일을 위한 교육의 방향으로는 먼저, 탈분단의 과정에 대해 이해하고 그 과정에서 다문화교육이 필요하다는 점을 인식하는 것이다. 분단의 반대말이 곧 통일을 의미하지는 않는다. 분단의 극복을 통일과 곧바로 연결하여 사용한다면 자칫 통일비용에 대한 부담이나 통일편익주의가 부각될 수 있다. 그래서 필요한 것이 탈분단의 과정에 대한 이해와 다문화교육의 필요에 대한 인식이다.

탈분단의 과정이란 시각에서 보면, 통일은 단순한 제도적, 정치경제적 통합이 아닌 사람과 사람 간의 사회문화적 통합을 의미한다.[28] 자연히 통일이란 분단에 의해 만들어진 이분법적인 사고와 관행, 획일성과 전체성, 군사주의와 대결주의, 권위주의와 배타적 민족주의 등을 성찰하고 극복해가는 장기적인 과정이 된다. 궁극적으로는 차이에 대한 인정과 소통을 통해 타자의 존재를 받아들일 수 있는 개인과 사회의 포용력을 넓히는 과정이 되는 것이다.

탈분단의 과정으로서의 통일을 이해하게 되면, 다문화교육의 필

---

28 조한혜정, "분단과 공존: 제3의 공간을 열어 가는 통일 교육을 지향하며", 조한혜정・이우영 엮음, 『탈분단 시대를 열며: 남과 북, 문화 공존을 위한 모색』(서울: 삼인, 2000), pp. 334~366.

요에 대한 인식과 연결짓기가 수월할 것이다. 차이에 대한 인정과 소통을 통해 다양한 민족, 인종, 문화 등이 더불어 살아갈 수 있는 새로운 사회의 통합성을 지향하는 다문화교육의 원칙과 탈분단의 과정에 관한 논의는 기본적으로 닮아 있기 때문이다.

탈분단의 과정에 대한 이해와 다문화교육의 역할에 대한 인식이 필요한 것은 남한 사회의 구성원이 이미 문화적으로 다원화되어 있으며, 차후 남북한 사람들이 더불어 살아가기 위해서는 다름의 인정과 공존에 대한 이해가 사회문화적으로 선행되어야 하기 때문이다.

나. 한국인이면서 아시아인이자 세계인이라는 복수 혹은 다중심의 정체성을 강조

흔히 정체성이란 변하지 않는 존재의 본질을 깨닫는 성실, 또는 그 성질을 가진 독립적 존재를 의미한다. 여기서 핵심은 스스로를 영속적이며 독립적인 개체로 인식하는 자의식이라고 할 수 있다. 그런데 문제는 자의식이라는 것이 자주 변할 수 있다는 데 있다. 그렇다면 정체성이란 흔히 인식하는 것처럼 영속성이나 단일성 그 자체라기보다는 일종의 경향이라고 보는 것이 적절하다.[29] 그러한 의미에서 정체성은 애초부터 단수의 개념이라기보다는 복수 혹은 다중심의 개념인 것이다.

다문화 시대의 정체성 역시 복수이며 다중심의 것이다. 다문화 시대의 민족 통일을 위한 교육은 한국인이면서 동시에 아시아인이자 세계인이라는 복수 혹은 다중심의 정체성을 가르칠 수 있도록 해

---

29 양승태, "국가정체성 문제와 정치학 연구: 무엇을, 어떻게: 하나의 거대 연구 기획을 위한 방법론적 시론", 한국정치학회, 『한국정치학회보』, 제40집 5호(2006 겨울), pp. 71~73.

야 한다. 다문화 시대는 하나의 민족을 중심으로 하는 정체성에 귀속되어서는 안되며, 서로 이질적인 민족의 결합에 따른 차이의 인정이 필요한 시대이기 때문이다. 이에 기반해야 배타적인 단일 민족주의에 근거한 민족 정체성의 개념에서 벗어나 다문화 시대의 새로운 민족 정체성을 생각할 수 있을 것이다. 다문화 시대의 새로운 민족 정체성이란 우리 민족에 대한 고유성을 인정하면서, 동시에 다른 민족에 대한 상호 유대와 공존의 가치를 수용하는 것을 의미한다.

복수 혹은 다중심의 정체성이 수용될 때, 문화를 보는 시각도 다중심적으로 변화할 수 있을 것이다. 그렇게 될 때, 타문화를 통해 자신의 문화에 대한 이해를 더욱 깊게 하면서, 동시에 다른 문화의 의미를 새롭게 볼 수 있는 심성을 갖게 될 것이다. 이러한 심성이 기반이 될 때, 남북한의 문화를 보는 시각도 달라질 수 있을 것이다. 남북한 간의 동질적인 문화는 민족 동질성을 구성하는 건강한 자산으로 삼으면서, 동시에 이질적인 문화는 오히려 남한의 문화를 성숙하게 인식하도록 하는 근거로 만들 수 있다. 북한 문화에 대해서도 다양성의 차원에서 나름의 의미를 부여할 수 있게 될 것이다.[30] 북한과의 문화 차이를 차별하지 않는 시각이 자리할 때, 북한 주민을 통일의 상대로 인식할 수 있을 것이며, 북한 사회에 대한 이해도 보다 객관적으로 접근할 수 있을 것이다.

다. 개방적이고 보편적인 민족주의로의 재설정

다음은 기존의 배타적이고 종족적인 우리의 민족주의의 의미를 개방적이고 보편적인 민족주의의 개념으로 재구성하는 일이 필요하

30 오기성(2008), pp. 146~148.

다. 이는 과거의 민족주의나 민족국가 중심의 사고를, 다문화 시대에 걸맞게 다양한 민족과 문화의 관점을 수용할 수 있도록 재설정하는 것을 의미한다. 배타적 민족주의 혹은 다양한 문화적 권리를 경계하려는 국가주의적 주장은 다문화 시대의 다문화 공존이나 통일교육의 기초가 될 수 없다. 보편적이고 열린 민족주의 의식은 다문화 시대의 공존과 소통을 위한 가치로 새롭게 자리매김해야 한다.

민족주의의 의미를 재구성하는 것은 한반도 통일환경의 조성이라는 차원에서도 필요하다. 다문화 시대에 우리 민족 중심의 통일 논의는 한민족 중심의 배타적인 '한(韓)이즘(ism)'으로 치부되어 통일과정에서 외교적 갈등과 배척을 초래할 가능성이 클 것이다. 과거의 부정적 역사를 넘어설 수 있도록 민족주의의 가치와 정서를 잘 활용하도록 하는 노력이 필요한 것이다.

라. 우리 국가나 민족에 대한 책임성의 동심원을 세계 인류와 국제사회로 확장

다음은 우리 국가나 민족에 대한 책임성의 동심원을 세계 인류와 국제사회에 대한 책임성으로 확장시켜 가는 일이 필요하다. 누구나 태어나거나 자란 곳에 귀속감이나 정체성을 갖는 경향은 자연스럽다. 한국인으로 태어나고 자라면서 한국을 사랑하는 정서나 의식을 갖는 것은 당연하다. 문제는 그것이 맹목적 책임성으로 변질되는 경우이다.

다문화 시대는 우리 국가나 민족에 대한 책임성을 세계 인류와 국제사회에 대한 책임성으로 동심원을 확장시켜 가는 일이 필요하다. 중요한 점은 우리 국가나 민족에 대한 건강한 긍지와 자부심은 그 기반이 되고 출발점이 되도록 해야 하는 것이다.

책임성의 동심원을 확장하는 방법은 두 가지 논리적 접근으로 가능할 것이다. 하나는 “우리 민족이 소중한 것처럼 다른 민족도 소중할 수 있다.”이며, 다른 하나는 “우리 민족이 다른 민족에 의해 존중받기 위해서 다른 민족을 먼저 존중할 수 있어야 한다.”이다. 이러한 점에 기초해야 북한 사회에 대해 이분법적으로 폄하하는 인식이나 북한 주민들에 대한 차별 인식도 달라질 수 있을 것이다.

우리 국가에 대한 긍지나 민족애적 가치가 동심원의 중심이 되어야 한다는 점에서 볼 때, 다문화 시대의 애국심은 결코 부정적인 개념이 아니다. 문제는 애국심을 건강하게 갖도록 하는 것이다. 그러기 위해서 애국심은 도덕적 덕목으로 다루어지기 보다는 시민적 덕목으로 간주되는 것이 바람직하다. 애국심은 진심의 지지(wholehearted endorsement)를 얻기 위해 노력하기 보다는 진지한 이해(sincere consideration)를 구하도록 주력해야 할 대상이다.[31] 이렇게 보면, 책임성의 동심원을 확장하는 과제는 다문화 시대의 시민적 덕목으로 간주하고 그에 관한 진지한 이해를 구하고자 하는 방향으로 접근하는 것이 바람직할 것이다.

마. 세계시민으로서의 의식 고양

마지막으로 세계시민으로서의 의식을 고양시켜 세계 속의 한반도 통일에 대한 비전을 갖게 하는 일에도 관심을 두어야 한다. 세계시민의식이란 세계시민적 정체성으로서의 세계시민주의를 강조하는 것이다. 세계시민주의는 “모든 인간의 공통적 특성에 내포된 정의나

31 Sigal Ben-Porath, “Civic Virtue out of Necessity: Patriotism and Democratic Education”, *Theory and Research in Education*, Vol. 5, No. 1(2007), pp. 41~59.

선을 지향하고, 모든 사람과 국가 형식의 공동체를 포함한 일체의 공동체를 동등하게 존중하는 도덕원리"이다.[32]

다문화 사회가 전지구적인 현상이 되고 있으며, 더불어 국제사회에서의 상호 연관성이 심화되고 있는 현실에서 세계시민주의의 필요성은 적지 않다. 또한 힘의 국제정치 현실에서 여전히 배타적 민족주의나 맹목적 애국심의 위험성이 고스란히 나타나고 있다는 점에서 보편적 세계시민의 가치는 더욱 부각되고 있다고 할 수 있다.[33]

여기서 논란이 될 수 있는 것은 세계시민의식이 다문화 시대의 민족 통일을 위한 교육으로서 현실감이 떨어진다는 주장이다. 통일에 대한 국민들의 무관심이 큰 상황에서 국내 단위에서의 통일의식을 제고하기에도 벅찬 것이 현실이기 때문이다. 그러나 다문화 시대의 민족 통일을 위한 교육에 있어서도 절실한 것이 북한 사회와 주민을 보는 다문화적 심성이라는 점에서 세계시민의식과 전혀 무관하다고 볼 수 없다. 오히려 한반도 통일이 대(大)한국 건설이나 한민족 중심주의의 배타적 관념을 넘어 국제사회의 평화와 인류애적인 보편적 가치를 담아야 한다는 점에서 볼 때, 세계시민의식의 문제제기는 현실적이다.

또한, 논란이 될 수 있는 것은 세계시민의식을 고양하면서 민족성이나 애국심과 같은 국가 단위의 정체성을 버려야 하는지에 관한 의문이다. 다문화적 정체성에 관한 여러 연구들은 세계시민의식과 민족성·애국심 등의 관계가 상반된 것이 아니라는 점을 보여준다.

---

32 Martha C. Nussbaum and Joshua Cohen, *For Love of Country* (Massachusetts: Beacon Press, 1996), 마사 너스봄 외, 오인영 옮김, 『나라를 사랑하는 것: 애국주의와 세계시민주의의 한계 논쟁』(서울: 삼인, 2003), p. 9.

33 Kwame Anthony Appiah, *Cosmopolitanism: Ethics in a World of Strangers*, 실천철학연구회 옮김, 『세계시민주의: 이방인들의 세계를 위한 윤리학』(서울: 바이북스, 2008) 참조.

한 연구는 문화적 애착심이 없는 시민보다는 소속된 공동체의 문화에 대해 사려깊은 애착심을 가진 시민이 국가에 대한 반성적 정체성을 형성할 가능성이 높다고 한다.[34] 그러한 시민들이 세계공동체의 시민으로서의 책임성을 자각할 가능성도 더 크다는 것이다. 또다른 연구는 세계시민성을 둘러싸고 있는 다문화적인 기초가 서구로부터 파생된 문화 정체성에 종속되는 것을 막아줄 수 있다고 한다.[35] 세계시민의식이 다문화적 다양성의 기초가 될 수 있다는 주장인 것이다.

다음은 세계시민의식을 언급하는 것 자체가 일상에서 먼저 중시되어야 할 다문화 노력과 동떨어질 수 있다는 주장이 있다. 실제로, 국가의 경계를 초월한 문제 보다는 국가 경계 내에서 가까운 이방인들과의 연대에 먼저 초점을 두어야 한다는 '국가적 다문화주의'와 같은 주장이 제기되기도 한다.[36] 그러나 그렇다 하더라도, 세계시민의식과 일상에서의 다문화 노력을 선후관계로 보아 어느 이후에 무엇을 하자는 식으로 보기보다는 양자를 함께 고려하는 것이 적절해 보인다.[37] 세계시민의식과 일상에서의 다문화 노력은 심성적으로 상호 보완적이기 때문이다. 세계시민적 심성은 일상에서의 다문화적 심성을 갖게 하는 데도 긍정적으로 작용할 것이다.

종합하면, 다문화 시대의 통일이념으로서 민족주의와 다문화주의는 양자택일의 가치가 아니다. 분단의 현실과 다문화 추세가 중첩적으로 나타나고 있는 우리 사회에서 두 가치는 조화되어야 한다.

---

34 James A. Banks, *An Introduction to Multicultural Education*, 4/E, 모경환 외 공역, 『다문화교육 입문』(서울: 아카데미프레스, 2008), pp. 37~38.

35 R. Falk, "The Making of Global Citizenship", Bart Van Steenbergen, ed., *The Condition of Citizenship* (London: Sage Publications, 1994), p. 140.

36 양영자(2007), pp. 39~41.

37 김현덕, "다문화 사회의 도래와 국제이해교육의 역할", 유네스코 아시아 · 태평양 국제이해교육원 엮음(2009), pp. 132~135.

이 장은 민족주의와 다문화주의의 조화론적 관점에서 다문화 시대의 통일이념으로서 민족주의의 조건을 새롭게 설정해보고, 그에 기초해 다문화 시대의 민족 통일이 추구할 가치와 교육의 방향을 찾아보았다.

다문화 시대의 통일이념으로서의 민족주의는 시민권적 가치, 민주주의적 가치, 국제주의적 가치 등을 추구해야 한다. 세부적으로는 새로운 민족 구성원의 기본권과 정치권 존중, 자발적 시민공동체로의 발전, 이질성과 다양성에 대한 관용과 조화, 타민족과의 공존, 국제사회의 평화와 화해·협력 등의 가치가 존중되어야 한다.

다문화 시대의 민족 통일을 위한 교육은 먼저 탈분단의 과정에 대한 이해와 다문화교육의 역할에 대한 인식을 갖도록 하는 것이 필요하다. 다문화 시대의 정체성은 복수이며 다중심의 것이다. 통일교육을 통해 한국인이면서 동시에 아시아인이자 세계인이라는 정체성을 가질 수 있도록 해야 한다. 배타적이고 종족적인 민족주의 개념은 보편적이면서 열린 민족주의의 개념으로 재설정하는 것이 필요하다. 다문화 시대의 민족 통일을 위한 교육은 우리 국가나 민족에 대한 건강한 애정을 기반으로 하면서, 그 책임성을 인류와 국제사회로까지 확장시켜가야 한다. 이를 위해 우리는 세계시민으로서의 의식을 고양시켜 세계 속의 한반도 통일에 대한 비전을 갖게 하는 일에도 관심을 두어야 한다.

다문화 시대의 민족 통일의 의미와 교육의 방향을 고민하는 것은 지금 시대에 대한 점검을 바탕으로 통일을 준비하는 또다른 길이자 '하나될 미래를 위한 출발'[38]이다.

---

38 김창근(2007).

[참고문헌]

교육인적자원부. 『다문화 가정 자녀 교육지원 대책』. 2006.

권보드래. "근대 초기 '민족' 개념의 변화: 1905~1910년 『대한매일신보』를 중심으로." 민족문학사학회. 『민족문학사연구』. 제33호(2007).

김기봉. "다문화 사회의 한국인 정체성과 한국사 다시 쓰기." 유네스코 아시아·태평양 국제이해교육원 엮음. 『다문화 사회와 국제이해교육』. 파주: 동녘, 2009.

김동춘. 『근대의 그늘: 한국의 근대성과 민족주의』. 서울: 당대, 2000.

김창근. 『평화를 위한 통일교육: 하나될 미래를 위한 출발』. 고양: 인간사랑, 2007.

______. "다문화 공존과 다문화주의: 다문화 시민성의 모색." 한국윤리학회. 『윤리연구』. 제73호(2009.6).

김현덕. "다문화 사회의 도래와 국제이해교육의 역할." 유네스코 아시아·태평양 국제이해교육원 엮음. 『다문화 사회와 국제이해교육』. 파주: 동녘, 2009.

김희정. "한국의 관주도형 다문화주의: 다문화주의 이론과 한국적 적용." 오경석 외. 『한국에서의 다문화주의: 현실과 쟁점』. 파주: 한울, 2007.

마르코 마르티니엘로 지음. 윤진 옮김. 『현대사회와 다문화주의: 다르게, 평등하게 살기』. 파주: 한울, 2002.

박찬석·최현호. "열린 민족주의와 통일교육 연구." 한국윤리교육학회. 『윤리교육연구』. 제14집(2007.12).

박호성. 『남북한 민족주의 비교연구: '한반도 민족주의'를 위하여』. 서울: 당대, 1997.

양승태. "국가정체성 문제와 정치학 연구: 무엇을, 어떻게: 하나의 거대 연구 기획을 위한 방법론적 시론." 한국정치학회. 『한국정치학회보』. 제40집 5호(2006 겨울).

양영자. "분단-다문화시대 교육 이념으로서의 민족주의와 다문화주의의 양립가능성 모색." 한국교육과정학회. 『教育課程研究』. 제25권 3호(2007).

오경석. "다문화와 민족-국가: 상대화인가, 재동원인가?" 한국공간환경학회. 『공간과 사회』. 제28호(2007).

오기성. "학교 통일교육의 다문화교육적 접근." 한국교육과정평가원. 『교육과정평가연구』. 제11권 2호(2008).

윤인진. "국가주도 다문화주의와 시민주도 다문화주의." 한국사회학회. 『한국적 '다문화주의'의 이론화』. 한국사회학회 · 동북아시대위원회 용역과제 07-7(2007.8).

이경식. "통일의 구체적 작동 메커니즘으로서의 민족주의." 한국시민윤리학회. 『國民倫理學會集』. 제15집(2002.12).

이정복 외. 『21세기 민족통일에 대한 사회과학적 접근』. 서울: 서울대학교 출판부, 2000.

정순미. "다문화시대 민족 정체성 교육의 방향: 2007 개정 도덕과 교육과정 내용체계를 중심으로." 한국윤리학회. 『윤리연구』. 제75호(2009.12).

조지훈. 『한국독립운동사』. 서울: 나남출판, 1996.

조한혜정. "분단과 공존: 제3의 공간을 열어 가는 통일 교육을 지향하며." 조한혜정 · 이우영 엮음. 『탈분단 시대를 열며: 남과 북, 문화 공존을 위한 모색』. 서울: 삼인, 2000.

주봉호. "통일한국의 정치이념 구상." 한국동북아학회. 『한국동북아논총』. 제44집(2007).

차기벽. 『민족주의원론』. 서울: 한길사, 1990.

탁석산. 『한국의 민족주의를 말한다』. 서울: 웅진닷컴, 2004.

Appiah, Kwame Anthony. *Cosmopolitanism: Ethics in a World of Strangers*. 실천철학연구회 옮김. 『세계시민주의: 이방인들의 세계를 위한 윤리학』. 서울: 바이북스, 2008.

Banks, James A. *An Introduction to Multicultural Education*. 4/E. 모경환 외 공역. 『다문화교육 입문』. 서울: 아카데미프레스, 2008.

Ben-Porath, Sigal. "Civic Virtue out of Necessity: Patriotism and Democratic Education." *Theory and Research in Education*. Vol. 5, No. 1(2007).

Calhoun, Craig. *Nations Matter: Culture, History, and the Cosmopolitan*

Dream. London: Routledge, 2007.
Falk, R. "The Making of Global Citizenship." Bart Van Steenbergen. ed. *The Condition of Citizenship*. London: Sage Publications, 1994.
Giddens, Anthony. *Nation State and Violence*. Oxford: Blackwell, 1985. 진덕규 옮김. 『민족국가와 폭력』. 서울: 삼지원, 1992.
Greenfeld, Liah. "Nationalism and Modernity." *Social Research*. Vol. 63, No. 1(1996).
Kohn, Hans. *Nationalism: its Meaning and History*. Princeton: D. Van Nostrand Co., 1965.
Kymlicka, Will. *Contemporary Political Philosophy*. 장동진 외 역. 『현대 정치철학의 이해』. 서울: 東明社, 2006.
Miller, David. *Citizenship and National Identity*. Cambridge: Polity, 2000.
Nussbaum, Martha C. and Joshua Cohen. *For Love of Country*. Massachusetts: Beacon Press, 1996. 마사 너스봄 외. 오인영 옮김. 『나라를 사랑하는 것: 애국주의와 세계시민주의의 한계 논쟁』. 서울: 삼인, 2003.
Tamir, Yael. *Liberal Nationalism*. Princeton: Princeton University Press, 1993.

맺는 글

이 책은 다문화주의와 한반도 통일론이라는 두 화두를 연관지어 보고자 했다. 이를 위해 다문화 시민성, 한반도 통일론의 방향, 북한의 도덕규범, 유럽통합의 경험, 대북 개발지원, 북한이탈주민의 남한 사회적응, 민족 통일과 교육 등의 주제가 다문화주의의 관점에서 논의되었다. 그 결과는 다음과 같다.

1.

다문화주의의 진정성은 다문화 공존에 있으며, 다문화 시민성의 모색은 다문화 공존을 위한 출발이다. 다문화주의는 다문화 공존의 이상을 추구하지만, 그것이 반드시 다문화 공존을 보장하는 것은 아니다. 때문에 다문화주의가 규범적·당위적으로 수용되어서 다문화 공존의 교육적 원천으로 전제되어서는 안될 것이다. 그보다는 다문화주의가 갖는 현대 사회에서의 이론적 복합성과 정치성의 함의를 먼저 검토한 후, 그에 기초해서 다문화 공존을 위한 시민성의 실체를 찾아보는 것이 적절하다.

다문화 공존을 위한 시민성의 네 가지 요소로는 다원적 문화의식, 자유주의적 공화주의의식, 열린 민족의식, 세계시민의식 등이 필요하다. 다문화적 시민의 이상형은 다양한 문화공존에 대한 의식을 가지고 있으며, 자유와 평등과 참여에 기초한 공적 심의 및 법·제도를 기반으로 한 사회적 신뢰와 통합성을 중시하는 사람이다. 나아가 자기가 속한 공동체에 정체성을 가지면서도 열린 민족의식을 바탕으로 세계시민으로서의 책임의 범주를 확장해가는 사람이다.

2.

다문화 시대의 한반도 통일론은 세 가지 쟁점을 제기한다. 첫째는 다문화 시대의 통일의 의미의 확대이다. 다문화 시대의 통일은 새로운 사회구성원들과 함께 한국 사회의 정체성을 새롭게 회복하고 분단으로 인한 우리 사회의 다양한 갈등을 치유하는 수단으로서의 의미가 부각되어야 한다. 둘째는 한반도 통일의 주체의 확장이다. 다문화 시대의 한반도 통일은 다중적 주체들의 참여에 의해 함께 만들어 가는 과정이 되어야 한다. 셋째는 민족공동체의 범주가 재해석되어야 한다. 다문화 시대의 민족의 관념은 세계차원의 문제와 결합한 정의에 대한 새로운 관점을 추구해야 한다.

다문화주의는 이러한 세 가지 쟁점에 대해 다음의 함의를 준다. 첫째는 우리 사회의 다양한 구성원들이 새로운 통일을 추구해가는 과정에서 새로운 문화적 정체성의 필요를 인정하고, 이를 위해 다양한 문화간 상호 이해와 대화를 이루는 것이 중요하다. 이를 통해 문화간 다양성 속에 통일을 향한 새로운 통일문화적 정체성의 형성이 추구되어야 할 것이다.

둘째는 통일을 위한 다중적 주체들의 시민권의 확장이다. 확장되는 통일의 주체들을 단순히 시민으로 범주화하고 확장하는 차원에 그치는 것이 아니라, 이들에게 시민적 권리와 함께 통일을 위한 시민으로서의 의무를 제시해야 하며, 통일에 참여하는 시민적 덕성을 강조해야 한다.

셋째는 한반도 통일을 위한 민족·민족주의 담론이 보다 개방된 논리로 재구성되어야 한다. 우리의 민족·민족주의의 담론은 보편적 인류애를 기반으로 한 국제주의적 보편성을 구현하는 체계를 갖추어 타민족과 공존하며 국제사회의 평화와 화해 · 협력을 구현해 갈 수 있어야 할 것이다.

3.

북한의 소학교용 『공산주의 도덕』(현 『사회주의 도덕』) 교과서에 나타난 도덕규범은 7개 범주로 구성되어 있다. 그것은 ① 수령 · 당 · 인민에 대한 충실성, ② 사회생활에서의 혁명적 의리와 동지애, ③ 사회공동생활을 위한 공민의 도덕, ④ 사회주의 우월성, ⑤ 조국애, ⑥ 반제 · 반미 · 반일 · 반한, ⑦ 개인생활 도덕규범 등이다. 이러한 규범에서 나타나는 특징은 교조주의적 성격, 집단주의적 성격, 정치사상교양의 성격 등이며, 이러한 특징은 한 마디로 '수령 중심의 체제유지를 위한 수단적 도덕규범'으로 집약된다.

통일교육에 주는 시사점으로는 첫째, 북한의 도덕규범은 결코 '도덕적'이라 할 수 없으며, 인권과 사회정의와 같은 도덕교육의 본질적 가치도 찾아보기 어렵다. 둘째, 교과서는 북한 교육의 이념에 충실하고 있는 매개체일 뿐이어서, 남북한 도덕 교과서의 통합 및 수렴 논의는 한정된 의미를 가질 뿐이다. 셋째, 여전히 냉전 인식에 기초하고 있는 북한 도덕규범의 실상을 감안할 때, 북한에게 국제사회 변화의 추세와 남한 사회의 객관적인 실상을 제대로 알게 하는 정책적 접근이 중요하다. 넷째, 북한의 도덕규범에서 나타나는 전통가치 규범이 갖는 민족 동질성은 제한적일 뿐이며, 따라서 통일교육의 초점은 그보다는 보편가치의 중요성에 맞추는 것이 필요하다.

4.

흡수통일을 배제한 국가연합제는 이념과 체제가 다른 남북한이 우선 접근할 수 있는 현실적인 통합목표이다. 남북한은 작은 쟁점에서부터 구심점을 형성하도록 하고 상호 합의된 분야별 제도들을 서로의 사회·경제적, 정치적 삶에 도움이 되는 방식으로 확장해가야 할 것이다. 협상과 협력 및 하부구조와 제도 마련 등을 위한 정부간 역할은 중요하다. 이를 위해 남북한은 기존의 정부간 합의의 기조를 유지하면서, 부분적인 면에서부터 초국가적 역할을 모색하는 부분통합을 점진주의적으로 추구하는 것이 바람직하다.

비정치분야에서의 단계적·점진적인 접근을 통해 정치분야로의 파급효과를 추구하며, 역류 및 지체효과를 방지하기 위한 정부관료와 정치단체의 역할을 중시하는 기능주의와 신기능주의적 접근방식은 대북 접근의 전략으로서 여전히 유용하다. 이러한 접근방식은 1970년대 이후 남북관계에서 순환적으로 나타났던 것이기도 하다. 2000년 6.15 남북공동선언은 1991년 기본합의서의 신기능주의적 접근방식을 복원한 의미가 있으며, 2007년 10.4 남북정상선언은 6.15 남북공동선언의 부문별 확대를 추구하면서 신기능주의적 접근의 기조를 유지한 것으로 볼 수 있다. 향후 남북한은 일련의 규칙과 관행의 축적을 통한 제도적 역할의 증대, 다층적인 관계 구조의 형성, 사회적 상호 행위와 공동의 규범 증가 등을 위해 꾸준히 접근해가야 할 것이다.

5.

대북 개발지원은 북한에 인도주의적 도움을 주기 위한 목적을 넘어 북한의 경제적·사회적 개발과 역량 강화를 통해 북한의 질적 변화를 도모하려는 것이다. 민간단체는 그동안 추진했던 대북 지원 사업의 경험을 바탕으로 대북 개발지원을 모색하는 데 있어 강한 동기와 역량을 갖추고 있다.

향후 대북 개발지원의 발전을 위해 민간단체는 다음의 과제를 안고 있다. 첫째, 민간단체는 개발지원에 대한 국민적 공감대를 형성하고 확산하기 위해 노력해야 한다. 민간단체는 개발지원에 대한 국민의 여론을 확산시켜 갈 수 있도록 적극적 사고와 전략적 노력을 경주해야 한다. 둘째, 민간단체는 국가 차원의 대북 개발지원을 위한 통합전략과 종합계획을 정부에 요구해야 한다. 이를 통해 대북 개발지원이 지니는 전략적·정책적 유용성을 강화할 수 있을 것이다. 셋째, 민간단체는 국제사회의 개발지원에 관한 쟁점의 변화에 주목하면서 개발효과성을 제고할 수 있는 사업의 방법과 모델을 다방면에서 발굴해야 한다. 국제사회의 쟁점은 지원효과성에서 개발효과성으로 변화하고 있으며, 투명성을 기반으로 쌍방향성의 접근을 강조하고 있다. 넷째, 민간단체는 인도적 지원성의 개발지원 혹은 개발지원성의 인도적 지원을 적극적으로 모색해야 한다. 북한의 실정과 국제사회의 논의를 감안할 때, 인도적 지원과 개발지원의 연계는 잠정적 대안이 될 수 있을 것이다. 다섯째, 민간단체는 차별화한 개발지원의 콘텐츠를 발굴하기 위해 노력해야 한다. 북한의 실질적인 역량을 발전시키고 콘텐츠의 책무성을 확보하기 위한 노력이 필요하다. 여섯째, 민간단체는 다양한 민간단체를 개발지원체계에 연합하도록 하면서 협력을 위한 포괄적 파트너십을 활성화시켜야 한다. 다양한 개발지원의 주체가 협력적으로 어우러지고 나아가 국제적 연대로 발전할 수 있다면 상당한 힘을 가질 수 있을 것이다.

6.

북한이탈주민들의 남한 사회적응을 위해서는 무엇보다 가족안정성 혹은 가족결속력을 증진시키는 것이 중요하다. 취업과 안정적인 직업생활을 뒷받침하며, 남한 사회의 경제적 풍요와 자유에 대한 균형적 이해를 도모하는 것도 필요하다. 정(情)에 대한 정서적 접근과 함께 북한이탈주민들이 지니고 있는 도덕성·예술성에 대한 이해와 존중도 요구된다. 남한 사회와 남한 사람들에 대한 이해, 직장생활의 어려움 등에 대한 문화적 이해를 증진시키는 노력과 함께 북한이탈주민들 스스로가 갖고 있는 위축감, 북한에서 속고 살았다는 인식, 아픈 기억 등에 대한 치유도 계속해서 이루어져야 한다.

다문화적 통일교육의 네 가지 과제는 다음과 같다. 첫째, 북한의 사회문화적 특성이 북한이탈주민들에게 미친 영향에 대해 이해하려는 마음이 필요하다. 우리는 북한의 사회문화적 틀에서 북한이탈주민들을 보면서 그들에게 미친 영향을 이해하려는 노력을 해야 한다. 동시에 공식 부문과 비공식 부문에 따른 사회문화적 이중성의 영향과 북한의 사회변화에 따른 의식구조의 변화를 보려는 노력이 필요하다.

둘째, 북한이탈주민들은 남한 사회적응에 있어 복잡한 양가감정을 가지고 있으며, 남한 사람의 인식과 평행선을 이루는 부분을 적지 않게 가지고 있다. 우리는 북한이탈주민들의 복합적인 감정을 이해하고 존중하는 자세가 필요하다. 북한이탈주민들 스스로도 남한의 문화를 배우고 능력을 키워서 자기가 처한 자리에서 필요한 인력이 되도록 노력해야 한다.

셋째, 통일교육은 북한이탈주민의 남한 사회적응이 동화나 주변화의 단계에서 통합의 단계로 나아갈 수 있도록 돕는 역할을 해야 한다. 남한 사회의 지속적인 관심과 사회문화적 포용력을 높이는 정책적 접근이 계속되어야 할 것이다. 북한이탈주민들의 사회통합적 효능감을 높이기 위해서 목표의식, 긍정적 사고, 관계성의 증진, 사회성의 향상 등에 초점을 둔 프로그램도 필요할 것이다.

넷째, 통일교육과 다문화교육의 접목을 통해 북한이탈주민들의 남한 사회적응을 대하는 우리의 개인적·사회적 포용력을 넓히는 일이 필요하다. 북한이탈주민에게 필요한 차이의 인정과 사회적 통합이라든지, 소수자로서의 정체성 문제 등을 감안하면 통일교육은 다문화교육과 연관되어야 한다. 통일교육이 다문화교육과 접목된다면 북한이탈주민들에 대한 이해와 관용의 문화를 형성하는 데 크게 도움이 될 것이다.

7.

분단의 현실과 다문화 추세가 복합적으로 나타나고 있는 우리 사회에서 통일 이념으로서 민족주의와 다문화주의의 가치는 조화되어야 할 것이다. 다문화 시대의 통일 인식에서 전제할 것은 반민족주의적 인식이 아니다. 과거의 배타적·혈연적 민족주의의 틀을 넘어 다문화주의와 조화된 가치가 추구되어야 하는 것이다.

다문화 시대의 민족 통일은 시민권적 가치, 민주주의적 가치, 국제주의적 가치의 세 영역을 포괄하는 신(新)통일이 되어야 한다. 이를 위해 새로운 민족 구성원의 기본권과 정치권 존중, 자발적 시민공동체로의 발전, 이질성과 다양성에 대한 관용과 조화, 포괄과 배제의 조화, 타민족과의 공존, 국제사회의 평화와 화해·협력 등의 가치가 추구되어야 한다.

다문화 시대의 통일교육을 위해서는 탈분단의 과정에 대한 이해와 다문화교육의 역할에 대한 인식을 갖도록 하는 것이 우선 필요하다. 다문화 시대의 정체성은 복수이며 다중심의 것이다. 통일교육을 통해 한국인이면서 동시에 아시아인이자 세계인이라는 정체성을 가질 수 있도록 해야 한다. 배타적이고 종족적인 민족주의 개념은 보편적이면서 열린 민족 개념으로 재설정되어야 한다. 다문화 시대의 통일교육은 우리 국가나 민족에 대한 건강한 애정을 기반으로 하면서, 그 책임성을 인류와 국제사회로까지 확장시켜가야 한다. 이를 위해 우리는 통일교육을 통해 세계시민으로서의 의식을 고양시키는 일에도 관심을 두어야 한다.

이 책은 다문화 시대의 한반도 통일론의 방향을 다문화주의의 관점에서 물어보는 작업이었다. 이러한 노력은 다문화 시대에 걸맞는 통일 인식과 교육의 과제를 찾아보는 의미를 갖는다.

미국에 있는 1년 동안 늘 머리 속에 떠나지 않았던 구절이 있다. 그것은 "우리가 가진 차이점 보다는 공통점이 여전히 많다"는 뜻의 "What we have in common is much greater than our differences"이다. 짧은 미국생활이었지만, 기후나 교통체계에서부터 언어, 문화, 사고방식에 이르는 여러 차이에도 불구하고 필자에게 미국 사회나 한국 사회는 인간 사회로서 갖는 공통성이 더 많다고 느껴졌다.

우리가 북한을 볼 때도 이러한 생각의 일정 부분은 통용될 수 있을 것이다. 정치와 이념의 차이가 상당하지만, 인간 사회로서 갖는 보편성에 먼저 주목해 본다면 남북한의 접점은 여전히 적지 않을 것이다. 나아가 그러한 시각을 놓지 않을 때, 우리는 북한체제의 모순을 보다 확연하게 드러낼 수 있을 것이고, 남북한 사회의 이질성도 훨씬 수월하게 줄여나갈 수 있을 것이며, 한반도 통일의 정서적 끈도 한층 튼튼하게 가질 수 있을 것이다.

한반도의 통일이 단순히 단일성과 통합성을 추구하는 차원을 넘어 '여럿이 이루어진 하나'의 정신과 '다양성 속의 일치'의 이상을 통일과정에서부터 구현할 수 있기를 바란다.

찾아보기

주제

기타

인명

• 저자 소개 •

김창근(金彰瑾)

현재 부산교육대학교 윤리교육과 교수
　　통일부 통일교육위원
　　부산지역통일교육센터 운영위원
　　민주평화통일자문회의 부산평화통일포럼 연구위원

단국대학교 정치외교학과 졸업
단국대학교 대학원 정치학 석사·박사
통일연구원 책임연구원
(사)통일교육협의회 부설 통일교육연구소 연구위원
Visiting Scholar, 미국 Fuller Theological Seminary

저서

『평화를 위한 통일교육: 하나될 미래를 위한 출발』(인간사랑, 2007)
『북한의 정치 2』(景仁文化社, 2006, 공저)
『중국조선족 증언으로 본 한국전쟁』(선인, 2006, 공저)
『화해·협력과 평화번영, 그리고 통일』(한울아카데미, 2005, 공저)
『개정판 북한이해의 길잡이』(博英社, 2005, 공저) 등

다문화주의와 만난 한반도 통일론

2013년 6월 15일 1판 1쇄 인쇄
2013년 6월 20일 1판 1쇄 발행

저　자 : 김　창　근
발행인 : 김　동　규
발행처 : 교육과학사

경기도 파주시 교하읍 문발리
파주출판문화정보산업단지 514-5
전화(031)955-6956~8/팩스(031)955-6037
Home-page : www.kyoyookbook.co.kr
E-mail : kyoyook@chol.com
등록 : 1970년 5월 18일 제2-73호

정가 12,000 원
ISBN 978-89-254-0703-6